数字赋能：高校网络思政育人体系的构建策略研究

费倩倩◎著

天　津

图书在版编目(CIP)数据

数字赋能：高校网络思政育人体系的构建策略研究 / 费倩倩著. — 天津：南开大学出版社，2025.8.
ISBN 978-7-310-06644-5
Ⅰ. G641-39
中国国家版本馆 CIP 数据核字第 2024Z24Y97 号

版权所有　侵权必究

数字赋能:高校网络思政育人体系的构建策略研究
SHUZI FUNENG GAOXIAO WANGLUO
SIZHENG YUREN TIXI DE GOUJIAN CELUE YANJIU

南开大学出版社出版发行
出版人：王　康
地址:天津市南开区卫津路 94 号　　邮政编码:300071
营销部电话:(022)23508339　　营销部传真:(022)23508542
https://nkup.nankai.edu.cn

河北文曲印刷有限公司印刷　全国各地新华书店经销
2025 年 8 月第 1 版　2025 年 8 月第 1 次印刷
240×170 毫米　16 开本　13.25 印张　2 插页　210 千字
定价:85.00 元

如遇图书印装质量问题,请与本社营销部联系调换,电话:(022)23508339

前 言

随着信息技术的迅猛发展，网络已经渗透到大学生的日常生活中，成为他们获取信息、交流思想、展示自我的重要平台。然而，网络信息纷繁复杂，给高校思想政治工作带来了前所未有的挑战。在这样的背景下，如何有效地利用数字技术，构建一个高效、精准、个性化的网络思政育人体系，成为当前高校思想政治工作亟待解决的重要课题之一。

顾名思义，网络思政育人是指通过网络平台和技术手段，对大学生进行思想政治教育和价值引领的一种新型育人模式。在数字技术的推动下，网络思政育人已经从传统的单一教育模式，逐渐演变为一种多元化、交互式的教育方式。通过网络平台，教育者可以将教育内容以更加生动、形象的方式呈现给学生，使思政教育更加具有吸引力和感染力。

网络思政育人是高校思想政治工作的重要组成部分，也是数字时代思政教育的重要发展方向。高校应该积极探索和实践网络思政育人的新模式和新方法，不断创新和完善教育体系，为培养有理想、有道德、有文化、有纪律的新时代大学生贡献智慧和力量。同时，高校也应该加强对学生的网络素养教育，引导他们树立正确的网络价值观，共同营造一个健康、和谐、积极向上的网络环境。

网络思政育人是高校思想政治工作的重要创新方向，也是数字时代思政教育的重要发展趋势。高校应该充分利用数字技术，积极探索和实践网络思政育人的新模式和新方法，不断提高教育质量和效果，为培养德智体美劳全面发展的新时代大学生贡献力量。同时，高校还需要加强与家庭、社会的合作，共同为大学生的健康成长营造良好的网络环境。

本书主要探讨了数字时代下高校网络思政育人体系的构建策略。首先介绍了数字时代对传统思政教育的影响，以及开展网络思政教育的重要意义与时代价值。接着，对高校网络思政育人体系构建中的相关语涵进行了界定，并介绍了高校网络思想政治教育的概论。本书还分析了高校网络思政育人体系建设现状，并提出了更新高校网络思政育人方法的建议。最后，探讨了加强与课程思政的整合和互动，以促进高校网络思政育人的发展。

　　数字赋能下的高校网络思政育人体系构建是一个系统工程，需要多方面的协同努力和创新实践。通过强化顶层设计、建设优质内容、创新技术手段和完善评估机制等策略的研究和实施，我们可以推动高校思政工作向更高水平迈进，为培养德智体美劳全面发展的社会主义建设者和接班人作出新的更大贡献。展望未来，随着数字技术的不断发展和普及应用，高校网络思政育人将迎来更加广阔的发展空间和美好的发展前景。

目 录

第一章 绪论 ··· 1
 第一节 数字时代发展对传统思政教育的影响 ·············· 1
 第二节 开展网络思政教育的重要意义与时代价值 ········· 16
 第三节 高校网络思政育人体系构建中的相关语涵界定 ····· 19

第二章 高校网络思想政治教育概论 ······················ 21
 第一节 高校网络思想政治教育概述 ······················ 21
 第二节 高校网络思想政治教育的内容供给 ··············· 22
 第三节 高校网络思想政治教育的理论基础 ··············· 28
 第四节 高校网络思想政治教育的环境分析 ··············· 32

第三章 高校网络思政育人体系建设现状研究 ············ 62
 第一节 高校网络思政育人体系的内涵与构建原则 ········ 62
 第二节 当前高校网络思政育人体系构建中存在的问题 ···· 74
 第三节 高校网络思政育人体系构建存在问题的成因分析 ·· 77

第四章 更新高校网络思政育人方法 ······················ 81
 第一节 高校网络思政育人方法概述 ······················ 81
 第二节 高校网络育人方法运用的现状 ···················· 85
 第三节 高校网络思政育人方法论的创新 ················· 93

第五章 加强与课程思政的整合和互动 ··················· 107
 第一节 课程思政概述 ··································· 107
 第二节 课程思政与高校网络思政育人的关系 ············ 110
 第三节 课程思政视域下促进高校网络思政育人的现实路径 ·· 111

第六章 凝聚高校网络思政育人队伍力量 ················ 120
 第一节 高校网络思政育人队伍概述 ····················· 120

第二节　高校网络思政育人队伍建设现状 …………………… 123
　　第三节　高校网络思政育人队伍建设的规律与方法 …………… 126
　　第四节　加强高校网络思政育人队伍建设的具体路径 ………… 129
　　第五节　理论课教师与辅导员队伍协同育人优化研究 ………… 140

第七章　科学搭建高校网络思政育人平台 …………………………… 156
　　第一节　高校网络思政育人平台概述 …………………………… 156
　　第二节　高校网络思政育人平台的建设与运营 ………………… 160
　　第三节　高校网络思政育人平台的评价机制 …………………… 163
　　第四节　高校网络思政育人平台的优化策略 …………………… 166

第八章　提升网络舆情应对能力 ……………………………………… 168
　　第一节　网络舆情给高校思政育人工作带来的挑战与机遇 …… 168
　　第二节　思政育人工作对网络舆情引导的原则与策略 ………… 185
　　第三节　在网络舆情背景下创新思政育人工作机制 …………… 196

参考文献 ………………………………………………………………… 204

第一章 绪论

第一节 数字时代发展对传统思政教育的影响

一、数字时代的高校思想政治教育变革

在互联网被广泛应用于各个领域的当下，数据已经成为推动社会经济进一步发展的重要因素，大数据、云计算、人工智能、数字经济等新业态在海量数据的基础上催生、发展和壮大。数据已经作为一种重要的无形资产，在当代社会和经济生活中发挥着不可取代的基础性作用。①

（一）数字化生存已成为新时代标志

20世纪90年代初，在《数字化生存》一书中，美国学者尼古拉斯·尼葛洛庞帝（Nicholas Negroponte）基于数字化媒介对生产生活提出了"数字化生存"的新概念，他指出后信息化时代的根本特征是"真正的个人化"，"比特（BIT，即 Binary digit，二进制数据）作为'信息的 DNA'，正迅速取代原子成为人类社会生产生活的基本要素"。人类所创造的、虚拟的、数字化的生存活动空间是一个依托数字化、用于信息传播和交流的虚拟平台。区别于传统意义的物理时空，数字化时代的生存空间有一定程度的延伸和扩展，让大众的生活方式得到了极大的改变与重构，生活成长于这个时代的个体都带有浓重的数字化底色。"00 后"作为使用互联网的主力军，他们在学习方式、阅读方式、思维空间、交流方式与生活方式上都发生了很大的变化，数字化已经成为他们的基本生存方式，时代风尚与传统价值产生了激烈的碰撞与融合。因此，当前的教育必须建立在数字化时代的思维

---

① 李腊生. 网络文化与思想政治教育[M]. 武汉：武汉大学出版社，2023.

上。在这样的环境下，构建符合大学生个性化需求的智能化思想政治教育模式成为新时期高校思想政治教育的发展方向。

（二）"三全育人"大思政格局的新要求

当前，我国正在从教育大国迈向教育强国，教育事业的发展出现了历史性变革，取得了历史性成就，实现了历史性跨越。思想政治教育是高等教育的重中之重。2016年，习近平总书记在全国高校思想政治工作会议上特别指出："高校思想政治工作关系高校培养什么样的人、如何培养人以及为谁培养人这个根本问题。要坚持把立德树人作为中心环节，把思想政治工作贯穿教育教学全过程，实现全员育人、全程育人、全方位育人，努力开创我国高等教育事业发展新局面。"在该会上，习近平总书记还指出："做好高校思想政治工作，要因事而化、因时而进、因势而新。要遵循思想政治工作规律，遵循教书育人规律，遵循学生成长规律，不断提高工作能力和水平。要用好课堂教学这个主渠道，思想政治理论课要坚持在改进中加强，提升思想政治教育亲和力和针对性，满足学生成长发展需求和期待，其他各门课都要守好一段渠、种好责任田，使各类课程与思想政治理论课同向而行，形成协同效应。""要运用新媒体新技术使工作活起来，推动思想政治工作传统优势同信息技术高度融合，增强时代感和吸引力。"可见，面对数字化时代的教育变迁，教育的时空边界已非常模糊，教育信息呈现泛在化特点，人们对教育环境、教育评价的智能化、个性化要求越来越高。面对新形势、新要求，"三全育人"的大思政格局要求将高校思政教育置于数字化发展的时代背景下加以思考和分析。大思政格局的建设要求高校充分调动全员、全方位、全过程加强思政育人，充分利用课程、课堂、教材、资源、管理、组织、服务、实践、文化、心理、网络等育人途径，将大学生思想政治教育贯穿教育教学的全过程。与此同时，为学生提供多样化的成长平台，更好地促进每个学生多元化的健康成长与个性化发展，实现国家思政教育目标与符合学生成长需要相结合的精准化教育效果，对高校实现人才培养目标意义重大。因此，着力提高高校思想政治教育的智能化、精准化、科学化水平，推动形成精准化模式是目前高校亟待解决的问题。

（三）新技术发展为思政教育精准化奠定基础

数字时代，技术的发展为高校思政教育精准化提供了可能的技术环境和支撑，在此基础上对传统高校思政教育模式进行突破和革新成为可能。当今，信息技术的工具性应用已经成为教育变革的重要驱动力之一，大数据、人工智能等技术将人、财、物和知识、信息等要素空前广泛地联结起来，催生了教育决策、教育资源共享方式、教育传播途径的深刻变化。大数据技术通过对数据的整理、建构、分析和挖掘，在很大程度上能够为教育决策与教育行为提供帮助；对大量有价值、可利用的数据进行处理，能够助推高校思政教育由依赖经验的"大水漫灌"向依托数据分析的精准化"温情滴灌"转变。通过相关技术，大学生在校内生活足迹、网络空间的使用、社会实践足迹等都有迹可循，这些均能以数据的形式留存和呈现。高校思政教育工作者通过收集、整理和分析这些数据，可以在一定程度上掌握大学生思想情况的变化及发展趋向。大数据技术对海量数据的分析和即时反馈，能够更加客观地体现大学生生活全貌。同时，人工智能技术的发展能够对海量数据加以科学分类、系统分析，进而根据个体发展和思想政治教育工作的实际需要，实现思想政治教育的精准推送和定制服务。

与此同时，当代大学生思政教育无论内容、形式还是评价方式都在发生变化，认真思考时代发展的变化与诉求，加快数字化时代高校思政教育与大数据、人工智能等信息技术的结合势在必行。①

二、互联网对高校思想政治教育的影响

互联网技术的发展和普及，使得高校思想政治教育的环境发生了深刻的改变。这些改变的影响，既有积极的方面，又有消极的方面。世界上的任何事物都具有两面性，互联网技术也概莫能外。互联网技术的迅猛发展和广泛应用，在给高校思想政治教育带来新机遇的同时，也对高校思想政治教育提出了严峻的挑战。一方面，"现代信息网络技术的出现，表明了'人的无机身体'已经扩大到历史上任何时刻都不可比拟的领域之中，表明了人创造了一个能够满足他所需要的新空间、新社会。为此新技术充分反映了人的本性——主体性的存在"。也就是说，互联网已经成为高校思想政治教育的一个新阵地和新渠道，为高校思想政治教育提供了难得的机遇。另一方面，互联网给高校思想政治教育带来了挑战。互联网容易造成主体性的丧失，因为"网络社会中的人——主体完全可以为他们所创造的技术、符号、信息以及各种关系所控制、操纵，导致主体性的丧失"。正视高校思想政治教育在互联网环境下面临的新挑战和新机遇，抓住机遇，克服挑战，

---

① 邰晖，刘立清. 数字时代高校思想政治教育精准化模式的内涵要素及建构研究[J]. 教育观察，2022（19）：50-54.

是高校做好互联网时代思想政治教育的重要前提。①

（一）互联网给高校思想政治教育带来的机遇

在高度信息化的互联网时代，网络信息技术已经渗透到社会生活的各个领域并产生日益广泛的影响，正在深刻地改变着人们的社会生活，给大学生的世界观、价值观、道德观和思维方式带来深远的影响。网络信息技术不仅改变了大学生的学习、生活方式，也影响着他们的思想观念、政治态度、道德风范、价值取向和思维方式。信息时代已经对工业社会的技术元素产生革命性的作用。虽然这是革命性的，但是就所有的变迁与好处不会在一夜之间突然出现而论，其革命之处在于给我们社会带来的效应。因此，现代网络信息技术的出现以及在教育领域的运用，将给高校思想政治教育带来巨大的机遇。

1. 增强高校思想政治教育的实效性

所谓"实效性"，是指事物经过特定的实施过程以后，与预期目标相比，所达到的实际程度和结果。"高校思想政治教育实效性是指在高校学生思想政治教育活动中，思想政治教育的实际运作对思想政治教育目标的实现程度，即学生思想政治教育活动产生与出现正向结果的效能性。"它是判断思想政治教育水平的最主要标准。思想政治教育目标是我们希望达到的理想，属于"应然"；思想政治教育实效性是实践实际达到的结果，属于"实然"。二者之间的差别越小，思想政治教育水平就越高。教育者的水平与个人魅力、受教育者的需求、教育方式手段是影响思想政治教育实效性的主要因素。

现代社会，网络信息技术为高校思想政治教育提供了新的手段，有效地调和了传统高校思想政治教育的不足，为提高高校思想政治教育实效性提供了有利条件。

一是借助现代网络信息技术，思想政治教育工作者能够了解学生的真实想法和需求，能够增强思想政治教育的针对性。了解学生的真实想法和需求，是开展高校思想政治教育的基本前提。只有掌握了学生的真实想法和需求，才能有的放矢地开展教育，思想政治教育才能是有效的；不了解学生的真实想法和需求，思想政治教育就是盲目的，是不可能有效果的。

传统思想政治教育实效性之所以不够理想，不了解受教育者的真实想

---

① 朱耀华，郝小芳. 高校网络思想政治教育理论与实践[M]. 武汉：湖北科学技术出版社，2013.

法和需求是一个重要原因。传统的高校思想政治教育采取的是"一刀切"的教育模式，没有考虑到学生的思想基础、接受能力以及性格特征差异，更没有照顾到学生的个人需求。思想政治教育从根本上说是做人的工作，是一种个性特色很强的教育。思想政治教育必须照顾到受教育者的个体差异和个性需求，做到因材施教、因人而异，教育才能有效果。

网络具有虚拟、匿名等特点，受教育者在网络世界里能够抛开现实的约束和顾虑，敞开心扉，袒露自己真实的内心世界，不方便当面讲的问题也能够在网上大胆地表露。思想政治教育工作者可以通过学生的 QQ 空间、微博主页、微信留言等，更加真实、准确地了解受教育者的思想动态和利益诉求，了解学生的真实想法和需求，从而增强思想政治教育的针对性。

二是现代网络信息技术使教育方式方法和手段"新"起来，能够提高思想政治教育的吸引力。工作方式方法是我们党在革命和建设中极为重视的问题。毛泽东指出："我们不但要提出任务，而且要解决完成任务的方法问题。我们的任务是过河，但是没有桥或没有船就不能过。不解决桥或船的问题，过河就是一句空话。不解决方法问题，任务也只是瞎说一顿。"① 所谓"桥"和"船"，其实就是工作的方式方法。做好高校思想政治教育工作，找准了"桥"和"船"，"过河"自然不在话下。因此，高校思想政治教育工作者必须学会借用新媒体、新技术，努力让手段"新"起来，采用青年大学生喜欢的方式方法，使思想政治教育成为化解学生思想疙瘩的"利器"。

传统的高校思想政治教育主要采用"一支笔、一本书、一块板"的课堂教学，辅之以"开大会、听报告、读报纸"的方式。在这种"我说你听，我打你通"的灌输式、"填鸭式"教育下，受教育者只能被动地接受教育者输入的信息。在网络时代，这种教育方法已经滞后了，因为它对大学生的情感重视不够，且教育手段单一枯燥，容易引起大学生的反感，教育效果不理想。"上面无精打采，下面昏昏欲睡"就是这种教育方式效果的真实写照。

现代网络技术的使用，在很大程度上能够增强高校思想政治教育的效果，与传统思想政治教育相比有很大的优势。

---

① 《毛泽东选集》第 1 卷[M]. 北京：人民出版社，1991.

首先,教育主体的平等性。网络交往具有匿名性,消解了传统人际的"社会藩篱",教育者和受教育者双方真正处于平等的地位。在教育过程中,教育者不再以权威自居,受教育者也不再被动地接受教育,教育者与受教育者平等地进行讨论和交流,通过启发和入情入理的商讨,引导受教育者形成正确的思想观念。

其次,教育过程的互动性。传统思想政治教育是从教育者到受教育者的单向信息传输过程,教育者很难及时掌握教育对象的信息反馈,因而不能及时改进教育的内容和方法。网络的交互特点,实现了教育者与受教育者之间的双向互动,学生可以及时反馈意见,有利于教育者及时调整教育内容,改进教育方法。

最后,教育手段的生动性。在一定意义上,思想政治教育就是信息传播的过程,也就是用正确的信息影响、熏陶和引导大学生的思想观念、价值观念和精神世界的过程。信息传播的手段和方式对于思想政治教育的效果有重大影响。借助现代网络技术,教育者可以把教育内容通过图像、声音、动画、音乐等多种生动形象的方式展现出来,化抽象为具体、化枯燥为有趣,使教育内容实现从平面到立体、从静态向动态的转化,使教育更加形象化、现代化、科学化,增强思想政治教育的吸引力、感染力。

三是增强思想政治教育的时效性。一定的时间和空间是任何传播得以进行的必要条件。传统媒体发布信息需要经过繁杂的环节,如采集、筛选、加工、发布(出版)等,才能够传递给受众。方便快捷的网络则大大缩短了这个过程,人们不需要通过传统的方式就可以获悉国内外正在发生的政治、经济和社会生活等各方面的信息。如最近几年的两会,各大门户网站都进行了直播,网上直播的速度要比报纸新闻快很多。网络传播方便快捷,提高了高校思想政治教育的效率。利用网络,高校思想政治教育工作者能够及时地把党的政策、理论和重大决策对大学生进行宣传教育,能够及时发现大学生的问题,及时指导,从而迅速解决问题。

四是利用计算机及网络信息技术的强大功能,对思想政治教育信息进行定性定量分析、横向纵向比较,对思想政治教育主题决策提供有力的数据支持,从而能够提高高校思想政治教育的工作效率和工作水平。

2. 扩大高校思想政治教育的覆盖面

传统的高校思想政治教育主要依靠课堂、报纸和讲座等形式,是一种"面对面"的教育,无论在时间还是空间上都会受到这样或那样的约束。

由于存在时间、地点、场地等限制，传统的高校思想政治教育在狭小的范围进行，其效果不尽如人意，覆盖面有限。当然，高校思想政治教育也存在"一对一"的形式。这种形式通过教育者和受教育者面对面地促膝而谈，可能会有效解决个人的思想问题，但是这种形式的谈话内容无法得到广泛传播，这种形式的思想政治教育仍然存在覆盖面窄的问题。

近乎无时空限制的现代网络信息技术，打破了高校思想政治教育的时空限制，人们可以随时随地开展思想政治教育活动，而不必再受时间和地点的限制。无论是作为教育者的老师，还是作为受教育者的学生，只要拥有连通的网络，拥有一台网络终端，就可以全天候上网发布、获取、交换各种信息，进行思想政治教育活动。现代网络技术的发展打破了学校与社会之间的界限。不同国家、不同地区、不同高校的大学生乃至所有网民，都可以成为思想政治教育的对象，可以通过网络共享资源，开展问题咨询，交流讨论思想，接受思想政治教育。同时，每一位关心大学生成长的人士，无论他身处何处，都可以通过网络予以大学生必要的指导和帮助。现代网络技术这一颠覆性的改变，使高校思想政治教育的覆盖面大大扩展。

3. 丰富高校思想政治教育的内容

传统的思想政治教育内容是由教育者根据既定的目标和方案选择的，有的比较单调、陈旧；受传统媒介信息容纳少的限制和思想政治教育工作者自身知识储备不够的影响，受教育者接收的信息量比较少，不能满足受教育者成长成才的需求。

开放的网络将分散在全世界的信息资源"熔为一炉"，使之成为超级容量的数据库。互联网上信息浩如烟海，无所不有：既有传统的，也有现代的；既有国内的，也有国外的；既有过去的信息，也有最新的资讯；既有政治新闻，也有经济信息。由于网络具有很强的兼容性和资源共享性，它成为高校开展思想政治教育的重要信息来源，不断地为思想政治教育提供丰富、鲜活的信息资源，使思想政治教育的内容更加丰富、全面和充实。借助网络，我们无须再费时费力地从报纸、文件、书本中寻找、收集资料，就可以在网上大量有关信息资源中精选有针对性的、最新的时事材料、理论成果、典型事例，作为思想政治教育的内容和素材。网络汇集的信息成果极大地拓展了思想政治教育的内容，也有利于开阔教育对象的视野，提高其境界，从而达到更好的思想政治教育效果。

4. 突破高校思想政治教育的家校互联困境

教育绝不仅仅是学校的事情，更是整个社会的事情。思想政治教育需要将学校教育与家庭教育有机地结合在一起。2004 年《中共中央国务院关于进一步加强和改进大学生思想政治教育的意见》提出，学校要探索建立与大学生家庭联系沟通的机制，相互配合对学生进行思想政治教育。我国非常重视家校配合对学生进行思想政治教育，但由于种种原因，在高校思想政治教育过程中，家校互动困难，家庭教育的作用没有得到充分发挥。

我国一些高校虽然也有一些面对面交流等家校互动形式，但是由于高校学生分布范围广，只有少量的学生家庭处在高校所在的城市，大部分的学生家庭离学校的距离较远，高校教师无法像基础教育教师那样进行家访活动，在实践层面上面对面的家校交流活动极其有限。电话联系经济成本大，还受制于通话双方的时机，因此通常只有在紧急或重要的状况下才会利用电话进行家校联系，通信技术在家校联系中充当了应急交流工具的角色。书信等联系方式也因为速度慢、效率低、内容单一等因素而难以成为搭建家校联系的合适桥梁。由于家校之间缺少交流的通道，在实际生活中家长很容易对子女在校情况形成片面认识。家长主要通过子女来了解学校的基本情况，学校通过学生来了解学生的家庭情况，消息传递的通道过于狭隘，会导致信息的失真。在家校联系通道不畅的情况下，无论是家长还是学校，都没有足够的通道来核实学生信息的真假，使得家校之间的教育合作效果有限，甚至还容易产生误解，妨碍了高校思想政治教育的顺利进行。

现代网络技术的发展和普及，为家校互联互动提供了技术支持，突破了家校互联困境。基于现代网络技术打造的家校沟通服务平台操作简单、使用方便、全网覆盖，实现了学校、老师、家庭之间的实时有效沟通。通过它，家长可以实时掌握学生动态，随时与学校老师互动交流，学校和老师也可以随时与家长沟通，把学校教育与家庭教育有机地结合在一起，充分发挥家庭在高校思想政治教育中的作用。

(二) 互联网给高校思想政治教育带来的挑战

理想的东西都不是现实的，现实的东西都不理想。唯物辩证法认为，任何事物都具有两面性，既有积极的一面又有消极的一面。迅猛发展、应用广泛的互联网技术犹如一把双刃剑，在给高校思想政治教育带来新的机遇的同时，也使高校思想政治教育面临严峻的挑战。

1. 高校思想政治教育工作者方面

21世纪，网络已经成为人们工作、学习、生活不可或缺的一部分。西方敌对势力利用其在网络技术上的优势，企图通过网络对我国进行文化侵略和渗透。高校思想政治教育工作者必须进一步提高自身素质，掌握现代网络信息技术，把思想政治教育与现代网络信息技术有机结合，努力实现高校思想政治教育的现代化。思想政治教育的现代化包括信息内容的现代化和传播载体的现代化以及教育队伍的现代化。其中，教育队伍的现代化是关键，是实现其他两个现代化的前提。面对快速发展的网络信息技术，面对思维日益活跃的大学生群体，高校思想政治教育工作者的政治素质、专业知识水平、互联网知识技能正面临严峻的考验。

第一，高校思想政治教育工作者的素质与现代网络信息技术快速发展和广泛应用的要求不相适应。得益于现代网络信息技术的支持，多媒体技术在思想政治教育中被广泛应用。多媒体采用声、文、图并茂的综合表达形式来表达思想政治教育内容，增加了教育信息量，增强了教育的感染力和吸引力，有助于突破传统思想政治教育的局限，提高高校思想政治教育的有效性。但是由于高校思想政治教育工作者利用网络信息技术的意识薄弱、能力不强，高校思想政治教育的网络功能减弱。因此，提高高校思想政治教育队伍的素质显得极其迫切。

首先，教育者必须要跟上时代，如果孤陋寡闻，不善于捕捉网上各种各样的思想信息，无的放矢，就会使思想政治教育的有效性大打折扣。

其次，思想政治教育工作者如果自己没有坚定的政治信念、没有对共产主义的崇高信仰，就很容易在形形色色的网络文化中丢失自己，误导学生。

最后，思想政治教育工作者如果没有掌握熟练的电脑技术，不善于借助最新的软件工具，必然无法满足受教育者接受思想政治教育的需要。思想政治教育工作者既是引导学生健康成长的导师，也是学生学习的榜样，在此情况下，必然会面临能力与素质方面的挑战。所以只有不断地学习、提高认识、提升能力，才能成为一名合格的思想政治教育工作者。

第二，高校思想政治教育工作者的主导作用受到冲击。在传统的高校思想政治教育过程中，教育者处于一种信息优势的地位。通过这种信息优势，教育者在教育过程中比较容易树立威信，得到受教育者的尊重，从而更加有利于高校思想政治教育工作的开展。然而，在网络时代，教育者信息优势丧失了。如今，网络信息无所不包，极其丰富。教育对象可以通过手机等互联网终端方便地获取自己需要的各种信息，而教育者有时候却处于信息劣势的境地，部分教育工作者由于没有受到系统的计算机和英语教育，面对飞速发展的计算机和网络科技往往不知所措，上网查询获取信息很困难。教育者信息优势地位的丧失与教育对象获取信息方式的网络化，使得教育者无法再简单地命令或要求大学生收听收看单向度传播的信息内容，使得教育者的权威性和主导作用受到较大的挑战。这就必然要求高校思想政治教育工作者的主导作用方式要由过去的"灌输"转变为平等性的"引导"。

2. 高校思想政治教育内容方面

网络时代的思想政治教育与传统思想政治教育，从根本上说，它们最终的教育目的、目标和任务是一样的，所以，在教育的基本内容上也是相通的，即要用马克思列宁主义、毛泽东思想、邓小平理论、"三个代表"重要思想、科学发展观、习近平新时代中国特色社会主义思想和党的路线、方针、政策武装人们的头脑。具体地说，主要包括世界观、人生观、价值观以及政治观、道德观等几个方面的教育。

在传统的高校思想政治教育中，思想政治教育是在封闭、单向的环境中进行的，教育者对大学生接受的外界信息能够进行有效的控制，使得信息比较"纯净"。然而，开放的网络使信息的可控性大打折扣。一方面，网络信息传播速度快，给信息"过滤"带来很大难度，各种各样的信息都可能通过网络进行传播，特别是垃圾信息的泛滥和谣言的传播，对大学生的思想造成严重的侵蚀。另一方面，大学生使用网络的要求日益强烈，上网途径既多样又便捷，很多人甚至患上了"网络依赖症"。但由于网络缺少抵御不良信息的"天然屏障"，西方反华势力的政治、经济和文化理念的渗透，各种腐朽思想、错误言论，不经过任何"过滤"，直接进入大学生的视线，涌入他们的头脑，影响着他们的价值观念。因此，高校思想政治教育的可控性受到了严峻挑战。

现代网络信息技术是一种技术工具，是没有阶级属性的，但是一定的国家、阶级或个人通过它传播的信息必定表现出自身的某些思想、民族意识、文化特征和价值。一些西方国家不断倾销本国的思想、民族意识、文化等意识形态，他们利用自身优势，利用我国改革开放的机会，在网上大肆倾销西方文化，鼓吹其生活方式、政治制度、人权理论、价值观念，否定马克思主义、诋毁社会主义制度，企图消解社会主义主流价值观。这些充斥网络的不良信息，不仅造成严重的社会后果，威胁社会稳定，而且污染了高校思想政治教育环境，弱化主流意识形态对大学生的教化功能，腐蚀着大学生的思想，对大学生的健康成长和树立正确的政治观、价值观、道德观造成巨大危害。高校思想政治教育工作者必须对其危害及后果有清醒的认识，积极加以应对。

第一，大力组织中文信息上网，理直气壮地弘扬主旋律，用健康、积极向上的文化引导、影响、熏陶、教育大学生。网络作为中性的信息通道和载体，不同思想文化和道德观念都能通过网络传播，它是各种思想文化争夺的阵地。如果马克思主义不去占领，非马克思主义的东西必然会去占领；积极向上的思想不去占领，腐朽愚昧的思想必然会去占领；先进的价值观不去占领，消极落后的价值观就必然去占领。高校思想政治教育工作者应该主动出击，用中华优秀文化和社会主义先进文化去占领网络阵地，为大学生营造健康的网络信息环境。

第二，强化政治引导，加强教育力度。要主动面对网络时代高校思想政治教育出现的新情况、新特点，把以党的创新理论为主的政治理论教育与现代媒介手段结合起来，把唱响主旋律与大学生的生活娱乐结合起来，采取大学生喜闻乐见的形式，引导大学生树立正确的政治观念。坚持用党的创新理论武装头脑，用事实说话，以真理服人，确保大学生在杂乱的信息世界中，实实在在地感受到党的政策的强大吸引力与生命力，从而更加坚持党的领导，保证思想领域高度集中统一。

第三，增强大学生的"免疫力"。随着我国社会转型加快，各种社会矛盾也随之出现。收入分配、法治建设、住房、医疗、教育、社会治安等与老百姓利益息息相关的问题成为媒体争相报道的焦点和人们讨论的热点。微博、论坛等交互媒介广泛运用，成为思想文化信息的集散地和社会舆论的放大器，成为各阶层言论表达、情感宣泄、利益诉求和思想碰撞的重要舆情平台。一方面，由于信息发布者身份具有隐蔽性，在时下公众浮躁心态的驱使下，对社会各类突发事件、敏感问题的讨论，难免会出现一些偏激观点甚至与事实不符的报道，严重损害了党和政府的形象，降低了党和政府的公信力。另一方面，西方反华势力和分裂势力为了达到他们"西化""分化"的目的，制造和利用各种社会突发事件，并通过网络不遗余力地传播自己的价值观、信仰、生活方式，进行意识形态领域的渗透，增加了大学生在是非鉴别上的复杂性。这就要求教育工作者：一方面，加强政策法规教育。要反复强调国家有关规定，对人们进行持久的政策法规教育、网络安全常识教育、反面典型教育，从思想深处增强广大群众的法纪意识，避免造谣、传谣等事件的发生。另一方面，增强人们的鉴别力。通过教育引导，确保大学生了解网络信息存在虚假性和欺骗性，要正确地区分，尤其是对于网络交友、各类"网络社区""群"要增强辨别力，防止在不知不觉中误入歧途，防止谣言的传播，防止各类案件的发生。

第四，加强对信息源的管控，净化网络信息环境。网络是个大染缸，信息鱼龙混杂，思想纷繁复杂，不同价值观念、思维方式相互交织、互相影响，其中不乏带有迷信、愚昧、颓废、庸俗色彩的落后文化，还有腐蚀人们精神世界、危害社会主义事业以及企图动摇社会主义根基的反动文化。"没有网络安全就没有国家安全。"2016年4月19日，习近平在主持召开网络安全和信息化工作座谈会时提出："要树立正确的网络安全观，加快构建关键信息基础设施安全保障体系，全天候全方位感知网络安全态势，增强网络安全防御能力和威慑能力。"因此，高校要通过法律和技术手段，制定行之有效的措施，使不良信息得到"过滤"，屏蔽落后文化和虚假信息，抵制腐朽文化和反动文化，有效"清洁"网络信息环境。

3. 高校思想政治教育方法方面

思想政治教育方法是指思想政治教育工作者在引导思想政治教育对象的思想、行为发生预期变化的过程中所运用的方法，是思想政治教育工作者和思想政治教育对象之间真正确立教育和被教育关系的纽带。无论处理任何事情，都需要一定的方法和手段。方法是否科学、是否适当，关系到事情的成败。思想政治教育也是如此。

传统的高校思想政治教育，基本上是一块黑板、一支粉笔、几张PPT、教育者一张嘴，学生听思想政治教育课、读报纸、念文件、出宣传资料等。教育者通过课堂宣讲、个别谈心、座谈讨论等面对面的方式，对受教育者进行灌输、启发、说服，通过长期的思想政治教育工作，逐步对学生产生潜移默化的影响。毫无疑问，传统思想政治教育方式针对性强、反馈及时、能情感互动，具有一定的优越性，但这些优越性与教育者处于信息优势、垄断了信息来源是分不开的。同时，传统思想政治教育方式的弊端也很明显。一是教育对象缺乏主动性和选择性。教育者是信息的主要提供者，教育对象只是被动接受。二是思想政治教育的时空受到限制、教育对象有限而且模式单调。

现代网络信息技术的出现和运用,打破了教育者的信息优势,大学生信息获取方式越来越网络化。大学生可以通过网络获得各种信息,而且还享有了主动性和选择权。网络的时空开放性使大学生可以在任何时间、任何地点获取需要的几乎一切原始信息。网络是一种自由媒体,网上信息可以脱离现实的很多控制而自由流动。因而相对于传统媒体信息,网络信息很大程度保证了信息的原始性,其人为加工的痕迹更少。这也与大学生不再只是信息接收者的角色相契合。网络的交互性和匿名性,使大学生可以在更加广阔的自由空间参与问题讨论、进行思想交流、表达意愿、提出建议。网络的多媒体性,对大学生产生了巨大的吸引力。网络信息的传播形式已不仅仅是文字,还包括声音、图片、动画、音像并茂的影视画面,这种多媒体技术使大学生的多种感官同时感知,有身临其境之感,深受大学生欢迎。

面对日益现代化的社会信息传播手段,传统的高校思想政治教育方式对大学生的吸引力和感染力减弱。如果网络时代的高校思想政治教育仍然沿袭"我说你听、我讲你记、我打你通"的老办法,其必然面临极大的挑战,其教育效果必然大打折扣,无法满足新形势的要求。

4. 高校思想政治教育对象方面

现代网络信息技术的出现和广泛应用,给人类生活带来了深刻而全面的影响,在给人们生活带来积极影响的同时,也给高校青年大学生的思想、道德、行为带来了诸多消极的影响和挑战。

第一,网络影响了大学生正确价值观的形成。由于网络信息来源的广泛性,信息准入标准缺乏统一性,世界各民族文化在网络上发生激烈的碰撞与交融。随着文化冲突的多样化、频繁化,各种文化所承载的价值观之间的摩擦也日益加剧。对于快速多变的网络信息,没有一个世界统一的价值标准加以评判。长期以来,少数西方国家借"网络自由"之名,通过各种网络文章、影视资料、网络游戏、互动交际平台等鼓吹西方政治制度模式,宣传西方的价值观念、思想文化、生活方式,这些外来的思想和价值观念极可能给我国经济社会发展带来负面影响。而青年大学生缺乏生活阅历,世界观、人生观和价值观还不成熟、不稳定,对网上信息缺乏足够的判断力和分析力,往往容易受到不良信息的影响。如果这些学生在网上长期得不到先进思想文化的正确引导,大量接受不良思想,就会因为丧失正确的世界观、人生观和价值观而误入歧途。

第二，网络弱化了大学生的道德法律意识。传统的思想政治教育强调道德自律和他律的有机结合，现实世界中的道德舆论能对个体行为起约束作用。而网络世界是一个虚拟的世界，除了依靠相应的法律规范来对人们的网络行为进行约束和管制外，网民的自觉也是非常重要的，亟待培育网民的社会道德和法律观念。正因为网络具有虚拟性的特点，如果约束不力，人们根据自己的需要在网络这一虚拟世界中任意创造自我角色，降低了道德及法律规范的作用与影响，极易造成网民道德责任的削弱。青少年尤其是学生，是网民中规模最大的群体，其世界观和人生观尚在确立之中，自控力较差，加上网络的匿名性和隐蔽性特点，大学生网上行为很容易抛开现实生活中的诸多顾虑，再加上来自网上的"三俗"文化的诱惑和"造假""欺诈""病毒""盗窃"等网络腐朽现象的影响，极易在道德行为上随波逐流，出现发布虚假信息、上传黄色图片、进行人身攻击、欺诈他人财物、制造传播病毒、盗取他人银行账号和密码等违法犯罪的行为。

第三，网络分化了大学生的社会责任意识。由于网络具有开放性、隐匿性等特点，加上当前网络文化泛滥，部分受教育者的社会责任意识正在不断地被分化。如受网络上的西方文化和不良信息的影响，受教育者容易模糊理想信念，急功近利，注重个人利益，价值取向歪曲，对自己之外的事缺乏应有的责任意识。在虚幻的网络世界里，部分青少年缺乏网络公德和法纪观念，导致网络道德失范，出现违法行为。

第四，网络使大学生产生心理困惑。中国互联网络信息中心（CNNIC）发布的第 44 次《中国互联网络发展状况统计报告》指出，截至 2019 年 6 月，中国 30 岁以下的年轻网民群体占 45.5%，青年大学生大多都是网民。相对于父辈们习惯于从报纸、电视、书籍等传统媒体获取信息而言，青年大学生更倾向于从网络获取自己需要的信息。网络上信息量大，更新迅速，大学生很容易被网络所吸引，并从内心深处建立起与网络的情感纽带。由于网络是一个虚拟空间，网上情感并不能完全替代现实社会中那种真实的情感联系。大学生越是沉溺其中，越容易变得孤独和冷漠，从而影响其情感的形成和体验。

第五，网络在某种程度上疏远了大学生的人际关系。参与人际交往等社会活动，是受教育者提高交际能力的重要手段，也是受教育者逐步走向社会的重要途径。当前的高校学生群体是在信息技术高度发达的环境下成长起来的一代，他们较早地接触了网络，能够熟练地使用QQ、微信等即时通信工具。网络环境虽然扩大了大学生交流交际范围，缩短了人与人之间的距离，但是也加剧了大学生的自我封闭，使得人与人之间面对面交往的机会减少，造成人际关系的淡漠，久而久之，使人产生非社会化的倾向，容易导致交往能力下降，造成人际情感逐渐萎缩淡化和人格自闭障碍。尤其是一些性格孤僻的大学生自认为在网上找到了"知己"，从而沉溺其中，远离周围同学，变得更加孤僻。

第六，网络有可能对大学生的身心健康造成危害。网络所提供的虚拟化、数字化生活、工作、娱乐、休闲方式，带给了人们更多的快乐与自由，同时也容易使一些人沉迷其中而不能自拔。一些自制力不强的大学生在网络环境下很容易养成"网瘾"。表现之一是网上交际成瘾，成天泡在网吧或拿着手机与遍布世界各地的网友聊天，无心投入学习之中，有的还会远赴千里之外与网友见面，网恋在学生群体中是一种常见现象；表现之二是网络游戏成瘾，网络游戏让许多大学生流连忘返，无法自拔，将本该用于学习的大量精力用在了网络游戏上，有的沉浸于游戏所虚构的世界，陷入非理性的状态，甚至做出带有暴力性的行为；表现之三是网络色情隐患，一些大学生沉浸于网络中的色情影视、图片，容易形成心理障碍，一旦在生活中失控，很可能做出违反伦理道德的行为；表现之四是染上网络赌博，网上赌博如杂草般滋生，成为诱使大学生堕落的又一个网上毒瘤。一些大学生陷入网络赌博不能自拔，给家庭造成了巨大的经济压力，对其父母及自身造成很大的伤害。

第七，网络刺激了大学生群体间的攀比心理，容易使其养成浪费的坏习惯。随着电子商务的普及，网购已经成为大学生群体购物最重要的方式，虽然这种购物方式为人们的生活带来了方便，但是无形中刺激了他们的攀比心理，导致浪费。

第八，网络的无地域性和去中心性容易使大学生性格发生某种程度的改变。网络在方便大学生与朋友、陌生人交流的同时，网络交流的虚拟化和表层化，使得部分大学生对现实中的人与人之间的交流变得冷漠、疏远和怀疑。特别是网络交流具有隐匿性特点，一些在现实生活中性格内向的大学生在网上就像变了一个人，长此以往，一些青年大学生将愈加远离现实社会，这对他们的健康成长和成才造成严重的影响。①

第二节　开展网络思政教育的重要意义与时代价值

一、高校网络思想政治教育的重要意义

在信息技术快速发展的今天，网络已经成为大学生生活的主要内容之一，高校自然就成为网络时代思想政治教育工作的前沿阵地，网络时代的高校思想政治工作也就显得必要且日益紧迫了。高校开展思想政治教育的过程是提高大学生的思想道德素质、促进大学生全面发展的过程，是对传统思想政治教育系统科学理论的进一步推广，是对大学生的思想品德形成和发展规律的研究的过程。网络在教育领域的出现，已经给高校思想政治教育的手段、方式和效果带来巨大的变化。②

（一）开展高校网络思想政治教育是大学生健康成长的需要

大学生情感丰富，思维跳跃，容易接受新生事物，是我国网络上最活跃的一个群体。根据 2009 年 1 月中国互联网络信息中心调查报告的数据显示，我国的网民有将近 2 亿人，已经成为世界上网民最多的国家之一。其中青年为主要的上网人群，而在这个人群中，学生又是比例最大的一个群体，且大多数都是高校在校学生。网络上的信息资源数量巨大，利用方便，为大学生增长知识、提高技能提供了便利的条件，但是据统计，绝大部分的大学生上网却是以游戏和在线娱乐为主。有资料表明，当今大学生上网比率将近 95%，而其中以游戏、聊天、在线影视等为主要目的的就占到 80% 以上。利用网络来查找资料、搜集信息反倒成了应付考试和学习任务的手段。首都师范大学教育政策与法律研究室劳凯声教授的课题"网络文化对学校德育的影响及对策研究"，对北京市的多所高校学生上网状况进行了调查，发现 47% 的被调查学生浏览过色情网站，40% 的大学生在别人的鼓动下，上网聊过男女两性话题。面对这样一个鱼龙混杂、泥沙俱下的网络媒体信息环境，"信息污染综合征"患者不断增多，而其中尤以青少年为重，我们怎能不加强思想政治教育工作！

---

① 钟家全. 互联网与新时代高校思想政治教育队伍建设[M]. 成都：西南交通大学出版社，2021.
② 程高峰. 试论高校网络思想政治教育的意义[J]. 东方企业文化，2014（22）：26.

（二）开展高校网络思想政治教育是高校思想政治教育本身的需要

网络思想政治教育是网络时代条件下改进大学生思想政治教育的新途径。在新时期，要改进大学生思想政治教育，关键是要体现与时俱进的时代精神。思想政治教育实践中坚持时代性原则，就是要求思想政治理念以及教育方式和教育内容要跟上社会的进步和时代的发展，不仅要与时代同步，正确反映时代的主题和本质，更要具有一定的前瞻性。传统的教育思想是以教师为主体，学生为客体的模式，教育过程完全由教师做主，而忽视学生的主体性发挥，我们必须建立一种合理的师生关系，落实学生的主体地位，变单调灌输的方法为互动交流的方法，在传统的师生关系之间建立民主、平等、相互尊重的关系。网络为我们提供了实现多样化教育方法的可能，运用网络来进行思想政治教育已成为高校思想教育工作的大势。

（三）开展高校网络思想政治教育是提高大学生思想政治素质的需要

在社会的各种资源中，人才是最宝贵、最重要的资源。大学生是社会主义建设和发展的主体力量，他们能否认识到自己所肩负的历史使命，并且以这种历史使命为己任，以社会责任感为动力，积极投身于建设社会主义的伟大事业中，直接影响着我国现代化的发展进程，同时也影响着他们自己的人生价值的实现。所以，培育和加强大学生的思想政治素质是时代赋予思想政治教育工作者的历史责任，思想政治教育应抓住网络时代发展的契机，加强大学生的历史使命教育，全面提高大学生的思想政治素质，把大学生的个人价值实现与国家的振兴紧密结合在一起。

综上所述，加强高校网络思想政治教育，是大学生健康成长的需要，是高校思想政治教育本身的需要，是提高大学生思想政治素质的需要，同时也是发展和完善思想政治教育学科理论体系的需要。构建高校网络思想政治教育体系，加强网络思想政治教育，已经成为高校思想政治工作面临的重大课题。[①]

二、高校网络思想政治教育的时代价值

（一）时代之需：信息化的新特征与思想政治教育的新要求

《国家中长期教育改革和发展规划纲要（2010—2020年）》中明确要求，"信息技术对教育发展具有革命性影响，必须予以高度重视。把教育信息化

---

① 李彩丽. 网络育人视角下大学生思想政治教育路径研究[D]. 哈尔滨：东北农业大学，2023.

纳入国家信息化发展整体战略，超前部署教育信息网络"。网络思想政治教育是思想政治教育实践发展的必然产物，具有鲜明的时代烙印。"以物联网、云计算、数字虚拟、先进半导体和新型显示等为代表的新一代信息技术在网络教育领域的应用"，意味着信息技术的发展和应用带来了丰富的信息技术资源，也在新时代背景下提出了新要求、新挑战。网络改变着人们原有的生存状态、交往空间和发展条件，对现实社会环境和人们的认知方式等产生了重大影响，这就使得网络空间的思想政治教育工作愈加重要。根据CNNIC第44次《中国互联网络发展状况统计报告》显示，截至2020年3月，在我国网民群体中，学生占比最多，为26.9%，这表明高校牢牢把握网络思想政治教育主动权已然成为新时期发展的必然要求。网络作为青年学生进行思想交流、交往和交锋的重要空间场域，以其虚拟开放、平等互动等虚实融合的特点构成了网络思想政治教育特有的环境属性，对青年学生的思想观念、思维方式和价值取向的影响越来越大。

（二）实践必然：满足了思想政治教育的多元化要求

理解和把握网络思政与课堂思政、课程思政之间的联系和区别，有利于更好地开展网络思想政治教育工作。一方面，网络思政、课堂思政和课程思政的核心内涵都是育人，要明确育人这个根本任务和目标，强调以习近平新时代中国特色社会主义核心价值观作为价值引领，坚持社会主义办学方向并发挥好思想政治教育的育人功能。另一方面，网络思政、课堂思政和课程思政相互区别、相互渗透，要在同向同行中完成育人工作。思想政治教育工作是一项复杂的系统工程，既包括思想政治理论课这一主渠道，又包括日常思想政治教育这一主阵地；既包括思想政治教育专职力量，又包括思想政治教育的兼职力量；思想政治教育致力于人才培养，同时人才培养中的各个环节又都需要加强思想政治教育。这就要求，高校思政工作要发挥育人的综合效应，要在课堂、课程和网络三个层面上不断探索实践，使得课堂思政、课程思政和网络思政发挥合力优势，多元协同推进高校育人工作的顺利进行。

（三）育人本位：实现全环境育人，推动"大思政"格局的构建

互联网环境包括数字虚拟环境和现实社会环境，虚拟与现实的和谐是网络思想政治教育工作的重要价值目标。相比较线下思想政治教育，网络思想政治教育可以通过线上全覆盖性来助推大思政格局的形成。一方面，就信息技术层面来说，以5G、云计算、人工智能和大数据为代表的新一轮

信息技术为思想政治教育的全覆盖性提供了环境上的支持。相比较于线下思想政治教育，线上思想政治教育使得学习不再受到时空、教育资源水平等客观条件的限制，更高效便捷大范围地开展育人工作。除此之外，线上教学中以动态视频所传递的信息更加灵活直观，信息量大而且更易理解，极大程度地调动了人们参与的积极性和主动性。另一方面，就信息内容层面而言，互联网和信息技术的发展为人们提供了更多的选择空间和条件。技术环境的不断完善给人们带来了全新的学习生活体验，使人们能够借助于网络载体丰富自己的学习生活方式和话语内容。与此同时，网络技术中蕴含的丰富的价值观念、数字信息资源都可以转化为教育资源为思想政治教育的育人工作所用。"网络技术蕴含着开放、平等、创新、共享等积极的价值观念，促进了当代青年思想意识的成长和提升。"①而网络技术为人们提供了大量的数字信息资源，这就为人们学习知识、拓宽眼界提供了有利条件。

第三节　高校网络思政育人体系构建中的相关语涵界定

一、思想政治教育

思想政治教育这一概念经历了不同时期的演变才细化而来，最早出现的一个词是思想工作，随后是政治工作，紧接着出现了思想政治工作，最后才演变成更具体化的思想政治教育。当前学术界对网络思想政治教育的定义更加认同张耀灿教授的观点："思想政治教育是指社会或社会群体用一定的思想观念、政治观点、道德规范，对其成员施加有目的、有计划、有组织的影响，使他们形成符合一定社会或一定阶级需要的思想品德的社会实践活动。"②思想政治教育这门学科不是单一的教学，它需要很高的理论性和丰富的实践性。从根本上来讲，思想政治教育主要作用于人，并对其所思所想进行改造。

---

① 李慧. 网络思想政治教育的价值意蕴与生成路径[J]. 江苏高教，2021（2）：108-111.
② 张耀灿，陈万柏. 思想政治教育学原理[M]. 北京：高等教育出版社，2001：4.

二、网络思想政治教育

网络思想政治教育是指:"从事思想政治教育的教育者,在网络虚拟教学活动中,借助互联网广泛的影响力,同时深入传播和宣传相关理论,对高校大学生进行具有针对性、目的性的教学,最终引导其向着符合当代社会进步的方向发展,使他们的思想和行为在'润物无声中'得到提升。"①

网络思想政治教育因其打破旧有思想政治教育的传统教学模式,且凭借互联网赋予的庞大信息量、极高平等性、深度隐匿性等突出优势,逐渐演变成一种思想政治教育的新模式,使之与新时代的发展更加契合、对当代教育更具有指向性。本书谈及的网络思想政治教育是指,借助互联网的种种功能并且在线上组织开展的教育活动,在这个特殊的教育场所,对人们的思想观念和价值行为进行正确的引导。

三、高校网络思想政治教育

高校网络思想政治教育是网络思想政治的一个分支,并且将网络思想政治教育的研究定位到了校园之内,这就要求高校在进行这一教学任务时要将大学生各方面的特点与之联系起来,通过互联网这个桥梁,把大学生和思想政治教育结合起来,对大学生进行积极向上的价值观传输,潜移默化地培育社会现代化建设需要的人才。网络信息技术不断地更新发展,高校可从中整合有效的教育资源加以运用,利用网络的虚拟性、开放性以及互动性等特点,进一步提升大学生对学习的主动性,同时也可加强网络思想政治教育的生动性。

概括来讲,高校网络思想政治教育就是:"根据传播学和思想政治教育理论,在充分利用计算机网络、多媒体技术和现代传播技术等手段的基础上,紧密结合当代大学生认知特点而设计的一种新的思想政治教育方式。"②

---

① 张筱荣. 网络思想政治教育研究的主要成果及问题分析[J]. 齐齐哈尔大学学报(哲学社会科学版),2016(10):11-15.

② 陈剑峰. 大学生网络思想政治教育研究探析[D]. 福州:福建师范大学,2008.

第二章　高校网络思想政治教育概论

第一节　高校网络思想政治教育概述

一、高校网络思想政治教育的涵义

从网络思想政治教育涵义的角度出发，高校网络思想政治教育就是将网络思想政治教育的范围加以限定，这就需要特别注意高校网络思想政治教育的主体性研究。高校的教育工作者通过互联网当中的虚拟实践活动，对大学生的思想道德、政治立场、个人品质等方面进行目的明确、计划严谨、组织有力的意识形态引导，最终实现大学生与当代社会建设和发展相符的综合素养和道德品质。以下将高校网络思想政治教育的主体视作高校思想政治教育工作者，教育对象则是高校大学生。

二、高校网络思想政治教育的特点

高校网络思想政治教育在互联网迅猛发展的背景下应运而生，较传统思想政治教育而言，不单单是网络信息技术层面的领先，更重要的是它开启了新的网络教育模式、树立了网络教育新思想，出现了新的网络教育特征等。作为新兴的教育方式，它的教育特点如下：第一，教育资源的开放性。互联的信息资源可谓是"包罗万象"，庞大的信息日益成为教育教学开放性的资源，高校对网络信息的利用从深度到广度都大大提升。第二，教育双方在主体间的相互融合性。高校在运用互联网对大学生进行思想政治教育的过程中，教育者和教育对象彼此的有用信息和思想观念会进行双向传输，两者的主体性也可以得到进一步融合。第三，施教过程中的互联互动性。高校网络思想政治教育能够顺利开展的条件之一，就是互联网具有极大的互动性，高校的老师、辅导员甚至是领导等采用网上聊天、动态评论等方式与学生进行日常的沟通交流，这时教育双方在网络环境中处于平等的地位，并且这种亲和力极强的方式带给教育双方一种优于面对面交流的互动性。第四，教育范围突破时间和空间的限制。网络思想政治教育打破了旧有的教学模式，通过互联网技术，不仅可以实现对教学内容的"隔空传送"，而且还不受时间的限制，概括来讲，就是随时随地能在互联网终端上实现施教活动。第五，教育环境中的虚拟性。高校教育者通过互联网平台和技术对大学生在特定的非现实环境中进行授课，开启了一个"现实—虚拟—现实"的新路径。将思想政治教育的相关理论知识移植到网络中，利用信息技术对旧有的内容进行"包装"，形成具有新的表现形式的内容，运用网络进行传播，这种虚拟性在一定程度上提升了思想政治教育的实效性。①

第二节　高校网络思想政治教育的内容供给

网络技术在人类社会各个领域的广泛应用为人类创造了一个新的生存环境——网络环境。当代大学生"机不离手""无网不欢"，课余之外的大多数时间均花费在网上，其思想观念、思维方式、行为习惯都深刻地受到网络环境的影响。高校以网络空间为育人环境，积极利用网络技术，针对大学生的思想需求和行为特征开展思想政治教育，是新时代高校思想政治工作的客观要求。研究高校网络思想政治教育内容的体系构建及其供给路径是解决"用什么影响教育者""如何影响教育者"的重要问题，也是高校网络思想政治教育成功的关键。

一、高校网络思想政治教育内容的确立依据

思想政治教育的内容就是根据一定的社会要求和针对受教育者的思想实际，经教育者选择、设计后，有目的、有步骤地输送给受教育者的一切信息。高校网络思想政治教育的内容是根据德育目标和其学校情况，结合社会要求和学生实际情况，经过选择和设计，有目的地、有步骤地向高

---

① 李文春. 高校网络思想政治教育的现状及对策研究[D]. 太原：中北大学，2021.

校学生传递的信息。高校网络思想政治教育具有双重属性,一是思想政治教育属性,二是网络技术属性。在对其内容进行建构时,一方面,要考虑高校思想政治教育的根本目的;另一方面,要考虑高校学生的思想实际情况,使其内容既能满足高校学生一定的社会要求,又能促进高校学生的全面发展。

高校网络思想政治教育的目标是确立高校网络思想政治教育内容的依据之一。教育内容是教育目标的表现,教育内容的选择关系着教育目标是否能够得到实现,网络思想政治教育内容的选择必须与网络思想政治教育的目标一致,必须依照高校网络思想政治教育的目标来确立。高校的根本任务是培养社会主义的建设者和接班人,网络思想政治教育的根本任务是按照高校的根本任务教育学生。习近平总书记在2018年全国宣传思想工作会议上指出:"要把培养担当民族复兴大任的时代新人作为重要职责。"因此,高校网络思想政治教育要以马克思主义理论、马克思主义中国化理论成果、党的理论和路线方针政策和中国特色社会主义文化等为基本内容,构建实现"时代新人"培养目标的教育体系。

高校学生的思想品德实际是确立高校网络思想政治教育内容的依据之二。高校网络思想政治教育内容要根据网络社会中学生的思想实际情况来确立,绝不是在传统思想政治教育内容的基础上进行简单移植,而是遵循教育要求与受教育者思想品德发展之间保持适度张力的规律,确立高校思想政治教育的具体目标,再围绕具体教育目标确立教育内容。网络空间是一个比较开放的空间,各种各样的人和信息充斥其间,使其成为海量信息的聚集地,各种有害信息、虚假信息、错误思想观念和不文明现象等给高校学生的思想观念带来严重的负面影响。高校学生囿于阅历不广、心智尚未成熟、辨别能力较差,出现网络文明意识淡薄,网络道德、法治观念模糊甚至缺失等现象。高校网络思想政治教育要以提升高校学生网络道德素质、法纪意识等为教育目标,因此,要构建以网络道德教育、法纪教育等为主体的教育内容体系。

二、高校网络思想政治教育内容体系的构建

高校网络思想政治教育是思想政治教育在网络社会中的教育实践活动,其涉及内容极其广泛,既要在继承传统思想政治教育内容的基础上将其进行网络话语和形式的转化,又要根据网络社会特征拓展新内容,这样

既继承传统，又与时俱进，才能实现传统与现代的有效衔接，其核心是要对高校学生进行网络意识形态的宣传教育、网络道德观教育和网络法治观教育。

（一）网络意识形态宣传教育

网络意识形态是高校网络思想政治教育的核心内容。网络信息化时代背景下，高校必须把意识形态工作放在非常重要的位置。当下，各种社会思潮在网络空间碰撞，多元价值观念在网络空间集聚，网络民粹主义等错误思潮严重冲击着学生的思想观念，敌对势力企图通过网络包装对高校学生进行意识形态的渗透，这对高校学生产生了负面影响，制约着高校培养"时代新人"目标的实现。因此，高校既要做好意识形态的宣传工作，又要加强对意识形态工作的研究，只有这样，才能拥有足够的能力去应对网络思想政治教育的挑战。

我国是以马克思主义为指导的社会主义国家，以马克思主义作为基本内容是高校网络思想政治教育内容的题中应有之义。与此同时，高校也要结合我国经济社会现状，不断丰富教育内容，既要注重与线下思想政治理论课中社会主义意识形态教育内容相联系，又要结合网络特点与之相区别。首先，马克思主义理论是网络思想政治教育的基本内容。要坚持马克思主义在意识形态领域的指导地位，学习、宣传马克思主义理论是社会主义意识形态的基本要求，也是高校网络思想政治教育的重要内容。因此，高校要加强对马克思主义理论的网络宣传，尤其是要加强习近平新时代中国特色社会主义思想的网络宣传。其次，培育和践行社会主义核心价值观既是学校思想政治教育的重要内容，也是网络意识形态宣传教育的主要内容。高校不仅要通过思政课和组织开展各种活动宣传社会主义核心价值观，还要通过网络宣传教育，帮助学生形成思想共识，引领学生树立建设党和国家事业的价值取向。此外，中国特色社会主义文化蕴含着丰富的内容和价值追求，是网络意识形态宣传教育的重要内容。

（二）网络道德观教育

高校网络道德教育是以大学生作为网络主体，在网络社会实践中应遵循的行为规范和道德规范的教育实践，是"时代新人"良好的道德品质的重要组成部分。高校学生在网络空间中存在道德观念模糊甚至缺失的情况，容易受到网络空间不良思想文化的侵蚀和有害信息的影响，具体表现为不讲诚信、网络语言粗暴、网络谩骂、低俗网络直播等现象，高校网络思想政治教育要构建以提升高校学生网络道德修养为目标的教育内容体系。

高校学生是我国公民，要遵守作为一个公民应有的道德规范。高校网络思想政治教育要以中共中央、国务院印发的《新时代公民道德建设实施纲要》为内容，并与网络社会实际情况相结合进行拓展。一方面，高校思想政治教育工作者要以社会主义核心价值观为引导，教育学生不仅要在现实学习和生活中时刻不忘践行社会主义核心价值观，也要在网络学习和生活中时刻不忘践行社会主义核心价值观，尤其要在网络生活中加强对学生个人层面的宣传教育；另一方面，要以诚实、正直、高尚、忠诚、信仰等为内容，加强对中华优秀传统美德的宣传，提升高校学生的网络道德认知和道德品质。

（三）网络法治观教育

网络道德与法治教育是网络空间治理能力现代化的必然要求，网络道德强调个体通过自律来规范自己在网络空间的言行举止，网络法治强调以他律形式来强制性规约个体的网络行为。当前，高校学生法治观念较为淡薄，具体表现为网络谣言的"无意识"制造与传播、网络诈骗、网络暴力等情况，高校网络思想政治教育要加强构建以提升高校学生法治观念意识为目标的教育内容体系。

高校开展网络法治观教育既要以社会主义法治体系为教育内容，加强高校学生对国家法律基本知识的了解，如对《中华人民共和国民法典》有关知识的宣传、普及，又要以国家关于网络法治的相关法律法规为教育内容，如《中华人民共和国网络安全法》等法律法规以及《中华人民共和国刑法》中涉及网络安全的相关规定等，发挥法律的网络道德促进和保障作用。通过开展网络法治观教育，既可以让学生知晓网络行为底线，又引导学生认同网络道德，既增强了学生的法治观念，又能让学生对自己的网络行为提出更高的要求。

三、高校网络思想政治教育内容的供给路径

思想政治教育内容供给途径的选择在很大程度上决定着教育成效。思想政治教育内容有效供给是指在一定社会经济条件下，思想政治教育者按照教育目的、教育要求和教育任务规定，从引导、激发和满足、适应教育对象成长发展需求实际出发，对思想政治教育中的内容选择、呈现和理解、接受等环节的有效性进行动态把控的过程。网络环境已成为当今高校

学生的第二生存空间，高校既要加强网络空间建设，充分发挥网络的及时性、便捷性对学生学习生活的作用，又要开展网络教育与实践活动，通过系列网络教育与实践活动的开展，让学生感受到网络教育的魅力，提升学生网络学习的兴趣，使其养成网络学习的习惯，实现网络思想政治教育内容的有效供给。

（一）加强网络空间建设

网络空间是高校思想政治教育者开展网络思想政治教育的重要依托，将网络空间建设成为马克思主义理论及其中国化理论成果的宣传阵地，加强对马克思主义理论及其中国化理论成果的网络宣传。网络空间是高校学生在网络环境的沉浸式体验中接受教育的主阵地，是高校网络思想政治教育内容有效供给的重要路径。网络空间对高校学生是否具有吸引力、是否黏得住学生，直接关系到其育人成效。高校网络思想政治教育者要切实履行育人的主体责任，一方面，要打造独具特色的个人网络育人空间，如微信公众号、微信、QQ、班级网络群等，既要以社会主义意识形态内容充实网络空间，又要呈现网络文化内容，如以贴近学生学习生活的现实环境融入文化元素并在网络空间中充分呈现，将校园优美环境与本校大学精神、校风校训等内容相结合，以图文、短视频的方式在其网络空间推送。同时，还要在网络空间及时回应学生关注的各种问题，尤其是时政热点和学习生活中遇到的各种难题等。另一方面，要主动参与国家、省、地区和高校的网络育人空间建设。网络空间无界限，高校网络思想政治教育的育人对象也具有广泛性。要充分利用中国大学生在线、易班网等网络空间育人资源，也要参与以上网络平台的内容建设，如可以将品牌网络文化活动内容、辅导员微语等展示在网络空间中，以对高校学生产生更广泛的积极影响。

（二）丰富网络教育形式

网络思想政治教育是伴随着网络信息技术的发展，传统思想政治教育向网络空间的延伸和在网络条件下的创新。一方面，网络思想政治教育要利用线上形式开展教育活动，还要利用线下课堂教学渠道等对学生进行系统的理论教育；另一方面，网络思想政治教育还要利用网络载体开展网络微课、网络宣讲活动、网络直播、网络主题班会、网络沟通、网络答疑等活动，增强学生对网络中的各种有害信息、虚假信息、错误思想观念的辨别能力，进一步提升学生的网络文明意识和法治观念，增强高校学生的网络道德素质。与此同时，通过丰富网络思想政治教育形式，既可以为学生提供较多学习方式的选择，也能提高思想政治教育的效果。

（三）开展网络实践活动

网络实践活动是传输思想政治教育内容的重要载体，具有重要的育人价值。开展网络实践活动要明确育人目标，促进育人主体围绕育人目标，整合育人资源，优化育人途径，从而实现育人效果的最大化。一是深化学生的思想理论认知，提高其理论素养。高校主要通过课堂教学主渠道对学生进行思想理论教育和文化知识传授，网络实践活动能够深化学生对理论知识的理解。如通过网络社会调查可以增进学生对国际和国内形势的了解，使他们能够深刻理解"中国共产党为什么能，马克思主义为什么行，社会主义为什么好"等基本道理，从而更加坚定"四个自信"。二是增强学生的社会责任感，树立责任担当意识。实践是认识发展的动力，大学生可以在参与网络社会实践中实现自身价值，在实现自身价值中进一步深化对社会责任感的认识。如在抗击新冠疫情战中，高校学生通过网络开展支教、心理咨询、物资筹备等志愿服务活动，更加深刻地感知到国家和人民对他们的需要，从而进一步激发学生的社会责任感和历史使命感。三是培养学生的创新意识，提升学生的创新能力。一方面，高校学生通过参加与专业密切联系的网络实践活动，如医学生与教师共同参与远程医疗志愿服务活动，将专业知识在实践中加以应用转化，提升实践能力；另一方面，高校学生通过参加"互联网+创新创业"等实践活动，既掌握了相关的现代信息知识和技术，又将现代信息技术与创业实践深度融合，提升了自身的创新能力。

高校网络思想政治教育是高校思想政治教育的重要组成部分，在网络信息化时代，高校网络思想政治教育的作用尤为突出。高校要结合学校思想政治教育的目标和学生的思想状况，确立以网络意识形态教育、网络道德观教育和网络法治观教育为主体的教育内容体系，并以加强网络空间建设、丰富网络教育形式和开展网络实践活动等为内容供给途径，提高高校网络思想政治教育的质量和水平。[①]

---

① 陈永胜. 高校网络思想政治教育内容的供给路径探析[J]. 新丝路（中旬），2023（3）：128-130.

第三节　高校网络思想政治教育的理论基础

一、马克思关于人的全面发展理论

马克思主义的终极价值目标是实现人的解放和全面发展，马克思关于人的全面发展理论从人的主体性到人的社会关系，再到人的实践性，三个层面依次递进，对高校网络思想政治教育产生重要影响。

（一）为高校网络思想政治教育着手点提供依据

一部分学者认为高校网络思想政治教育应当从高校思想政治教育队伍着手，也有一部分学者认为应当从网络思想政治教育内容着手，而人的全面发展理论启示要从"满足学生的需要"着手开展网络思想政治教育。由此，"满足学生的学习和发展需要"也成为新时代高校网络思想政治教育优化对策的根本宗旨。

（二）为高校网络思想政治教育的侧重点提供依据

由于网络思想政治教育环境的虚拟性与复杂性，教育者与受教育者的交流受限较少，拓展了教育空间和教育模式。网络思想政治教育中人与人的关系得到丰富和拓展，交往关系呈现出新的局面。但同时应该注意的是各种来源的网络信息也在受教育者的网络生活中遍布，高校学生作为受教育者易受到不良网络信息侵蚀，迷失自我。依据马克思关于人的社会关系的阐述，高校网络思想政治教育应当把高校学生健康社会关系的建立和发展作为侧重点，尤其是要注意网络环境中的人际关系的发展。

（三）为网络思想政治教育与传统思想政治教育的结合提供依据

人的全面发展是指人的各种属性都得到发展，人的虚拟性同现实性一样理应得到发展。我国学者张明仓指出：虚拟是人的活动的一种普遍特性，是人的创造性、超越性的重要源泉和力量。开展高校网络思想政治教育要注重虚拟与现实的结合与平衡，使高校学生更接近全面发展。

（四）为高校网络思想政治教育效果的评价标准提供依据

将什么作为高校网络思想政治教育的评价标准，人的全面发展理论已给出答案：评价高校网络思想政治教育效果关键在于它是否承认了高校学生作为人的个性因素，是否激发人的潜能使其得到充分发挥。

二、习近平总书记关于网络思想政治教育的重要论述

党的十八大以来，党中央高度重视互联网的发展，将网络育人工作规划到实现中华民族伟大复兴的途径中来。习近平总书记有关网络思想政治教育的重要论述，是对马克思主义思想政治教育理论的继承与发展，同时又增添了新时代的特色，为高校在新时代开展网络思想政治教育，实现网络育人目标提供了基本遵循的原则。习近平总书记关于网络思想政治教育的重要论述对新时代高校网络思想政治教育具有强烈的思想引领和借鉴意义，具体内容如下。

（一）强调坚守高校网络意识形态阵地

中共中央党史和文献、研究院在《新时代网络意识形态斗争的根本遵循》一文中指出"互联网日益成为意识形态斗争的主阵地、主战场、最前沿。"2013 年 8 月 19 日，习近平总书记在全国宣传思想工作会议上特别指出，互联网是舆论斗争的主战场，要把网上舆论工作作为宣传思想工作的重中之重来抓。2014 年 2 月 27 日的中央网络安全和信息化领导小组第一次会议上，习近平总书记进一步指出："要创新改进网上宣传，把握好网上舆论引导的时、度、效，使网络空间清朗起来。"高校网络意识形态工作是高校网络思想政治教育的重要内容，必须严守网络意识形态主阵地，首先要紧跟时代步伐，注重理论与技术创新的结合，增强高校学生主体的网络意识和主体意识，将网络意识形态工作融入高校学生的学习和生活。通过思想政治理论课教师、辅导员老师和学生骨干群体传达出主流价值观、增强主流意识形态的引领力，筑牢高校网络意识形态高地。

（二）注重增强网络舆论导向性

习近平总书记明确指出要把网上舆论工作作为重中之重来抓，"要创新改进网上宣传，把握好网上舆论引导的时、度、效，使网络空间清朗起来"，启示在进行高校网络思想政治教育过程中，要注意巩固和壮大主流思想舆论，用马克思主义的立场观点指引学生主体，及时解答学生在社会舆论热议中遇到的问题，用社会主义核心价值观凝聚学生的力量，用中华传统美德感染学生的心灵，把握好网络舆论引导工作的时、度、效，做好嘈杂网络舆论中的学生思想观念和价值取向的引领。高校网络思想政治教育的开展要渗透到高校学生的日常生活和社会事件中来，对于学生存在和潜在的困惑进行及时的疏导，及时地进行高校网络舆论纠偏，主动开展对

于重大事件和身边事件的主流观念教育,维护良好高校网络舆论氛围,切实保证网络舆论工作的效果。

(三)重视依靠网络文化育人

网络文化是新时代文化的重要组成部分,要"培育积极健康,向上向善的网络文化",发挥网络文化育人的功能,应鼓励思想政治教育主体利用网络技术打造精品网络思想作品,用新颖的网络文化作品吸引高校学生,用优秀的网络文化成果滋养高校学生,要注重高校图书馆、党史馆、校史馆等资源的网络信息资源平台建设,美化高校网络文化空间。重视网络文化育人,要变被动为主动,支持和鼓励学生投入高校网络文化建设中来,充分发挥其创造力和主动性,帮助学生成立校园新媒体工作室,引导学生主动搜集并发布正能量的网络文化内容,达到更积极的育人效果。

(四)提倡搭建网络新技术教育平台

新时代以来,习近平总书记以前瞻的视角和长远的眼光看待网络育人,并且旗帜鲜明地提出要运用新媒体新技术使工作活起来,对于新时代高校网络思想政治教育工作的指导性在于要把搭建新媒体新技术教育平台作为高校网络思想政治教育提升吸引力和实效性的重点工作,发挥新媒体新技术传播渠道广速度快、信息资源广容量大、互动方式新效果佳的显著优势,破除传统思想政治教育大水漫灌式的教育方式。习近平总书记就如何搭建新媒体新技术教育平台,指出要"推动思想政治工作传统优势同信息技术高度融合"。这就要求高校思想政治教育团队利用网络教育的新媒介和新技术优化对高校学生进行思想政治教育的方式,为高校网络思想政治教育注入时代感,提升教育实际效果。

三、相关学科理论

对于新时代高校网络思想政治教育的研究不是孤立的,需要在依托马克思主义理论基础上,针对实际研究需求,对相关学科理论进行借鉴。笔者借鉴网络传播学、心理学、教育学等相关学科理论,用以夯实理论基础。

(一)网络传播学相关理论

网络思想政治教育的过程是网络信息传播过程的一部分。网络传播理论为新时代高校网络思想政治教育提供理论支撑,网络传播发展时刻影响着高校网络思想政治教育进程。库尔特·卢因在《群体生活的渠道》首次提出"把关人"理论,"把关人"是指,"在新闻传播中,对传播给受众的信息进行选择、处理、采用或删除的个人或组织。"卢因认为群体传播中只有符合群体规范或"把关人"价值标准的信息内容才能进入传播渠道。传播学者怀特将此概念引入新闻传播研究领域并指出新闻报道要有取舍，需要一道"关口"，必须通过这个关口传播给大众，并不是全数传播出来。进入新时代，网络信息生态面临新挑战，网络主体的隐匿性和网络的高度开放性要求"把关人"提高"把关"质量，发挥好其对庞杂网络信息的监管和筛选作用。对于新时代高校网络思想政治教育而言，"把关人"的地位也尤为重要，由高校网络思想政治教育者承担，对庞杂的网络信息内容进行筛选，将符合中国特色社会主义核心价值观的、积极健康的思想政治教育内容传播给学生，尽可能地阻断负面信息进入学生视野，营造良好的高校网络思想政治教育氛围。

（二）心理学相关理论

心理学中的注意选择理论认为，人的注意有两类：一种是有意注意；另一种是无意注意。有意注意的朝向是受个人意图控制的；无意注意则独立于个人意图之外，主要取决于刺激特性。注意选择理论，对于在高校网络思想政治教育中提高大学生们对网络思想政治教育内容和平台的兴趣有借鉴意义。根据此理论，个人主观的选择和外界的刺激都是影响学生注意力的因素。一方面，要考虑到新时代高校学生的心理特征和兴趣，在做好调研的基础上打造满足学生实际需求的网络思想政治教育平台。另一方面，高校网络思想政治载体正作为一种外源性的刺激吸引高校学生的注意，在载体建设上要讲究创新和变化，激发学生的探索欲和求知欲。除注意选择理论之外，马斯洛需求层次理论也为高校网络思想政治教育的发展起到借鉴作用。马斯洛认为，自我实现的需要是最高层次的需要，我们要根据教育对象的需要进行教育。高校网络思想政治教育者应掌握不同教育对象和同一教育对象在不同阶段、不同条件下的需要，选择教育对象当下切实所需的网络思想政治教育内容，以达到网络育人的目的。

（三）教育学相关理论

教育学中的建构主义认为，学习者是通过意义建构的方式，在特定的学习情境之中，借助身边人的帮助获得知识的。这个观点意味着知识的获得并不来源于老师的教授，而是倾向于学习者主动对所学知识进行加工、分析和总结，从而形成自己的知识体系，而教师只是帮助学习者对所学知识进行理解和运用。高校网络思想政治教育应注重网络思想政治教育情境的创造，让教育对象在与新媒体技术高度融合的情境中，打破原有思想政治教育的枯燥形象，激发其学习的主动性和自觉性，主动参与到网络思想政治教育实践中。另外值得借鉴的是教育学中的人本主义教育思想，主张从学生的心理需要出发，以学生为中心，发挥学生的潜能。高校网络思想政治教育应当重视学生的需求，为学生提供良好的网络思想政治教育环境，在正确方向下让学生掌握学习的自主权。网络思想政治教育队伍应重视学生同辈群体的作用，将更多的学生骨干吸纳到队伍中来，提供学生讲思政课、学生自主创办网络思政学习平台等机会，让学生从知识的内化再到外化，从真正意义上能够理解和应用所接受的思想政治教育内容[①]。

第四节　高校网络思想政治教育的环境分析

新时代为高校的育人环境提出了新要求，网络技术的发展，特别是5G技术的飞速发展为新时代高校培育时代新人提供了新的途径和载体。在信息瞬息万变的时代，如果高校不做出改变，还是用以往的思想政治教育理念来建构育人环境，将不能完成新时代提出的新要求，只有将网络技术发展同高校思想政治教育融合起来，才能更好地为高校实现立德树人的根本任务服务。"环境"具有动态性，不是一成不变的，高校探索环境育人要在新时代的新环境和网络技术的日新月异的变化中抓住时代机遇，着眼现实环境，思考破解对策。新时代带来的新变化使高校育人环境的建构面临着更高的挑战，即高校育人环境的建构与时代的发展还有不适应的难题。网络新技术成为破解高校育人环境难题的驱动力量。故立足新时代的新要求，立足网络新技术的发展，探索新时代高校育人环境建构研究是非常必要的。

一、高校网络思想政治教育环境的特征

高校立足新时代，借助网络技术，开展育人环境建构。新时代高校网络思想政治教育环境是一个特殊的环境系统，其特殊性在于新时代社会发展的时代性，尤其是与传统教育环境相比，体现在两个方面。一是新时代高校环境育人目标发生了变化，二是新时代网络新技术的研究、发展专注

---

① 刘子锃. 新时代高校网络思想政治教育现状及对策研究[D]. 大连：大连外国语大学，2023.

"人"的本质。从这个观点出发，新时代高校网络思想政治教育环境具有可创性、动态性和育人性特征。

（一）可创性

新时代高校网络思想政治教育环境的育人功能，注重环境对人的塑造和人对环境的建构，是高校实现"立德树人"的重要体现。高校教育人员和部门在推进高校完成立德树人根本任务中协同创新，共建育人环境。协同创新是指一个系统中的所有子系统或要素基于共同的目标，形成一个共享的概念，构建一个沟通机制、一个资源共享平台，相互协作，协调并形成一个新的分工协作系统的过程。思想政治教育环境是一个复杂的环境系统，着眼思政教育环境的育人功能，新时代高校网络思想政治教育环境具有可创性的特点。

随着"5G+"时代的到来，高校学习方式、教育理念和教育模式出现了短板，在不同程度上阻碍着高校育人目标的实现，只有协同创新、精准供给、找准药方施药，通过建构育人环境，才能消除短板，完成立德树人的根本任务。第一，立足系统环境，新时代高校建构网络思想政治教育环境是将其作为一个协同系统。高校内部各个部门或者人员作为环境系统的子系统或要素，必须基于共同的育人目标，相互配合，充分利用5G新技术与思想政治教育的融合，为高校教育主体和客体创造体验更加真实、交互更加主动的育人环境。第二，从环境与人的关系来看，环境创造人，人创造环境，在构建新时代高校网络思想政治教育环境的过程中重视环境与人的协同。人具有主观能动性，可以根据自己的发展需要创造环境，人的发展也在建构环境过程中受到环境的影响，特别是在5G新技术带来的智慧物联网时代，忽视环境与人的协同发展，就会导致思想政治教育教学结果与最初的育人初心背道而驰。第三，着眼互联网信息新技术的创新发展，新时代高校网络思想政治教育环境的可创性不仅通过环境与人的协同表现出来，还通过网络信息技术的创新表现出来。在网络强国战略思想指导下，高校思政工作人员需要把思政育人的环境目标和网络强国战略思想结合起来建构网络思想政治教育环境，使其符合新时代立德树人的育人目标。综上所述，新时代高校网络思想政治教育环境不是一成不变的，是可创造的。

（二）动态性

高校网络思想政治教育环境的动态性是指环境始终处于变化之中。站在新时代的历史方位上，社会环境发生了翻天覆地的改变，高校育人环境也会随着时代的发展和社会的进步而改变。首先,新时代高校网络思想政治教育环境的构成要素始终受到网络新技术的影响而处于动态中。新时代以来,随着互联网技术不断提高,尤其是 5G 技术的面世,高校不得不优化教育环境,提升学习体验。互联网技术快速迭代,推动信息交互方式和传播格局发生深刻演变,并集中呈现出传播方式演变、传播速度加快、表现形式丰富、内容鱼龙混杂等显著特征。这些深刻变化,继续推动新时代网络技术支撑下高校育人环境的变化。其次,对新时代高校育人环境的建构,也会推动高校网络思想政治教育环境的变化。新时代的变化要求高校培养有能力肩负时代使命、时代重任的青年,站在"两个一百年"奋斗目标的历史交汇点,开创立德树人工作新局面。伴随高校教育者自身的教育理念和时代意识的提高,高校育人环境的物质建设和文化建设不断实现创新发展。在新时代带来的机遇和挑战面前,建构高校网络思想政治教育环境还面临更多的不确定因素。综上所述,随着人对环境的建构和建构环境本身的影响,新时代高校网络思想政治教育环境具有动态性。

(三)育人性

党的十九大报告中,习近平总书记提出高校育人目标的新要求。面对新任务和新要求,高校思想政治教育工作者利用"5G+"新技术建构育人环境,面向未来、面向世界、面向社会完成时代使命、时代重任。高校思想政治工作从根本上说就是做人的工作,高校网络思想政治教育环境的建构坚持以马克思主义为指导,坚持毛泽东思想、邓小平理论、"三个代表"重要思想、科学发展观、习近平新时代中国特色社会主义思想,这就为高校网络思想政治教育环境建构的工作目标,即培养什么样的人、如何培养人、为谁培养人指明了方向与路径:用马克思主义科学理论育人。意识具有能动的指导作用,建构网络技术支撑下的高校育人环境的理论指导着高校育人环境的建构、人的进步以及社会的发展。除此之外,高校在建构环境过程中将目光瞄准新时代网络强国战略,利用网络信息新技术优化环境建构,推进人才培养模式现代化、教育体系现代化、教育治理体系和治理能力现代化,不断推进高校网络思想政治教育环境的改革,实现育人目标。

校园文化建设是高校建构环境育人的重要组成部分,也是高校完成立德树人根本任务的重要保障。党的二十大以来,习近平总书记多次强调文化育人的重要性,高校着眼发展具有民族特色、校园特色、思政特色的校园文化,推进高校思想政治教育育人环境的建构,充分发挥校园高质量文化育人的功能。综上所述,新时代高校网络思想政治教育环境具有育人性。

二、高校网络思想政治教育环境的要素

(一)高校网络思想政治教育宏观环境

宏观环境就是指国内外的经济、政治、文化和社会的发展变化形势所构成的环境,以下关于新时代高校网络思想政治教育环境的宏观环境主要是指影响高校大学生的思想行为变化的经济环境、技术环境和文化环境。

1. 高校网络思想政治教育的经济环境

经济环境是高校完成立德树人任务的物质基础,是环境建构因素中最基本的因素,是新时代高校网络思想政治教育环境建构的决定因素。进入新时代,各国的经济环境都面临着数字经济带来的挑战。数字经济是在互联网技术支撑下,将社会串联成一个系统,依靠网络技术和通信技术发展的电子商务经济形式。数字经济一方面促进社会智能化发展,另一方面又导致个人隐私泄露、劳动力教育水平与岗位需求不匹配等问题。数字经济的发展要求高校育人环境的建构需紧跟时代的步伐,对新时代高校育人提出两点要求,主要体现在:一是要求高校在开展思想政治教育过程中,要转变大学生的就业观念,为数字经济发展培养匹配的人才;二是高校在育人过程中要注重培养青年的思想道德修养,提高他们的职业素养,以确保用户的隐私安全。

经济全球化也给高校网络思想政治教育环境的建构带来了巨大的机遇和挑战。进入新时代,中国抓住机遇,致力于构建开放型的国内外现代化经济体系,在积极吸引和利用外资的基础上,深度参与国际合作和分工,以科学技术作为国际化的龙头,促进中国自主高新技术产业取得长足发展,为高校环境建构奠定雄厚的物质基础。同时,经济全球化也带来巨大挑战,贸易壁垒、核心技术垄断等制裁中国发展的手段层出不穷,而且西方政治意识形态入侵与经济全球化相伴而行,环境的多元性、复杂性和功利性使新时代高校思想政治教育环境育人的效果大打折扣。

社会主义市场经济由原来的高速发展转型为高质量发展,不仅提高了经济发展的质量,还为新时代的高校教育提供了更高质量的物质保障,进而推进高校学生的思想水平的发展。社会主义市场经济的发展在给高校思想政治教育提供物质发展动力的同时,在涉及经济利益方面,也会出现较为突出的矛盾，使高校育人环境处于较为复杂的大环境之中。

2. 高校网络思想政治教育的技术环境

技术环境是高校完成立德树人任务的技术手段和保障，是高校育人环境建构的有机组成部分。新时代互联网技术的发展，推动社会经济发展方式和模式的改革，创新高校思政工作的途径和手段。随着网络信息技术与高校的融合发展，以互联网为载体、以年轻一代为中心的网络环境改变了大学生的交流方式、生活环境和学习氛围。一切技术都具有点金术的性质，都倾向于创造一个新的人类环境。技术环境要素是建构高校网络思想政治教育环境的主要支撑。

中国进入新时代后，在网络强国战略思想的指导下，党和国家全面支持网络新技术创新发展。一是理论层面的网络技术。进入新时代，党和国家高度重视、发展和治理互联网，统筹协调相关领域的信息化和网络安全等重大问题，并作出一系列重大决策，提出一系列重大举措，形成了网络强国的重要战略思想。在网络强国战略思想的指导下，网信事业取得历史性成就，我国正从网络大国阔步迈向网络强国。今天，各行各业都在利用信息流带动技术流、资金流、人才流和物资流，加速制造业、农业、服务业的数字化、网络化和智能化，特别是在信息技术创新的大力推动下，不断催生新产业、新业态和新模式，以新的势头推动新的发展。高校在网络强国战略思想的指导下，依靠信息新技术建构健康、和谐、愉悦的校园网络环境。二是实践层面的网络技术、设备和设施。目前，各高校已基本完成网络化和智能化，换句话说，大学生的学习和生活等各个方面都离不开网络。网络设备不仅是指手机、平板和电视等数码产品，更是指支撑移动设备的网络基础设施。高校的网络基础设施的建设水平决定了高校思想政治教育的现代化水平。高校在网络强国战略思想的指导下利用网络技术破除传统教育模式的屏障，更新教学观念，革新网络教学体制，实现思政课程内容的多元化转变。

3. 高校网络思想政治教育的文化环境

文化环境是高校完成立德树人任务的"精神食粮"，是"人类社会中的由生产方式决定的观念形态所构成的影响人的思想政治素质形成的外在文化因素的总和"。文化环境在培养青年学生正确的价值观、人生观和世界观中占领核心地位。新中国成立后，毛泽东同志在1956年的政治局扩大会议上指出"百花齐放，百家争鸣"，在经历了战争的洗礼后，文化如"雨后春笋",欣欣向荣。改革开放以来,党和国家高度强调文化建设的重要性,坚持物质建设和精神文化建设"齐头并肩",德治和法治相结合,文化产业和文化事业共同推进,坚持发展中国特色社会主义文化,加强社会主义文化强国的建设。党的十九大报告还指出文化自信是建设社会主义文化强国的动力之源,从历史上看,一个国家、一个民族的文化繁荣代表了其国家的繁荣昌盛。

高校是文化建设的重要场所,是建设文化强国的重要阵地。高校在开展思想政治教育工作过程中,通过批判、创新继承中国传统文化以及吸收国外优秀文化成果,推动了社会主义文化的发展。同样,在这个过程中,社会文化的发展也带动了高校文化的建设。文化环境除了宏观的社会文化氛围,还指与高校学生紧密相关的校园文化氛围。校园文化环境是指"学校通过网络、电视、电影、广播、报纸、杂志、讲座、讲演、辩论、论坛、橱窗、路牌、标语设置、各种会议、文艺表演、文体竞赛等活动而形成的文化氛围"。高校文化环境的优化建构直接影响高校培养人才目标的实现。新时代高校网络思想政治教育环境建构的优化,必须重视文化建设的时代性和文化环境的创造性。

(二)高校网络思想政治教育微观环境

微观环境是指与人们的活动直接相关的环境因素,立足学生主体,新时代高校网络思想政治教育微观环境主要是指与高校学生直接相关的管理机制环境、教学环境和校园服务环境。

1. 高校网络思想政治教育的管理机制环境

新时代高校育人环境是高校完成立德树人任务的一种教育载体和手段,是由诸多内容组成的有机统一体。管理机制环境是新时代高校网络思想政治教育环境的有机组成部分,是高校完成立德树人根本任务的保障机制。

(1)高校网络思想政治教育管理机制环境的内涵

管理机制是"管理要素之间的相互作用、相互耦合、相互联系的制约关系和功能体系"。立足于亨利·法约尔管理过程五要素,将高校网络思想政治教育管理机制的要素概括为计划、组织、指挥、协调和控制。计划是高校依据时代发展要求相对应的培养目标制定的。进入新时代,社会主要矛盾的转变决定了高校育人目标的方向,要培养什么样的人,为谁培养决定了高校网络思想政治教育环境的建构方向,并制约着高校育人环境建构的整个过程。组织要素主要是指管理者和管理活动。高校组织人员和职能部门的相互配合、网络技术管理资源的整合，决定了管理机制环境建构的质量和水平。指挥是指学校党委处在管理机制的核心对学校各管理部门进行统筹部署，确保教育教学计划被系统有效地执行。协调是整合高校所有的活动和力量为社会主义培育时代新人，需要将教育管理对象最大化地囊括进来。新时代的高校学生个性化明显，具有不同的思想和行为表达方式，决定了高校网络思想政治教育管理机制需要灵活的方式来培养学生个性化的发展。建立灵活、高效的高校网络思想政治教育管理机制，需要协调高校教育者和受教育者间的关系，增强二者对思想政治教育的情感认同。管理机制中的控制要素，是为了确保高校管理机制的稳定性和连续性，通过控制及时纠正偏差，确保高校育人环境建构目标的完成。

高校思想政治教育管理机制中"管理五要素"紧密联系、相互配合，人具有主体性和能动性，在整个管理机制中起着核心作用。从优化管理环境的角度看，在高校党委的统筹协调下，高校各学院和各部门之间建立相互传递、共享信息的互动关系，不仅增强各学院和各部门协调配合的意识，同时也建立思想政治教育培养人才长效机制，从而更好地实现高校育人环境的建构。因此，管理机制环境是在新时代背景下高校思想政治教育领导部门、主管机构及其相关管理人员，运用管理五大要素，高效整合网络思想政治教育资源，以完成新时代立德树人教育目的的管理环境。

（2）高校网络思想政治教育管理机制环境的主要内容

管理机制环境是高校完成立德树人任务的制度保证，体现在具体的管理内容上，主要包括专职队伍管理、行政部门管理和网络资源管理。

"政治路线确定之后，干部就是决定的因素"。从事思想政治教育相关管理工作的专职管理团队，是思想政治教育环境管理的骨干力量。管理队伍的组建是建设思想政治教育管理机制环境的重要方面，专职队伍管理主要指高校决策者、部门职能人员的建设管理。高校决策者的思想政治教育理念和责任意识是高校立德树人的"上层建筑"，高校决策者作为高校发展的"领头羊"，不仅具有与时俱进的思想政治教育意识，还能牢牢抓住时代的机遇，直面挑战，破除屏障，解决困境。各部门职能人员间的紧密联系决定了高校内部信息传递的效率，优化管理机制环境，必须加强各部门职能人员的联系，并且提升他们的思想政治教育素质，提高其使用网络新技术的能力。

高校行政管理部门是学校的中枢系统，对内起到组织协调、控制监管与督促、指挥决策等作用。高校行政管理部门的职能根据其功能可分为两种：一是教育教学职能，处于高校思政工作的核心地位，其根本目标就是教书育人。二是服务管理职能，处于学校工作顺利开展的辅助地位，例如高校后勤保障是高校学生奋发学习的强有力支撑。因此高校各级部门的工作都是围绕教育教学、培养人才这一核心而展开。

高校网络资源共享是高校信息智能建设的前提条件，是构建新时代高校网络思想政治教育环境的资源保障机制。近年来互联网建设发展迅速，尤其是 5G 网络的面世，为高校建设数字校园提供了技术基础。高校网络资源可分为硬件和软件，硬件具体表现为高校的网络技术与网络信息基础设施，软件具体表现为高校相关网站与网页以及相关网络规制等。

2. 高校网络思想政治教育的教学环境

（1）高校网络思想政治教育的教学环境的含义

教学环境是高校完成立德树人的载体支撑。高校思想政治教育担负着历史的使命、时代的重任，面对鱼龙混杂的网络文化环境，高校唯有采用潜移默化的教学方式，才能保证思政教育的教学效果。高校网络思想政治教育教学活动是高校完成立德树人根本任务的重要渠道，是在一定的教学环境中进行和完成的，并受到环境的影响和制约。

高校网络思想政治教育环境强调"以人为本"。教学环境作为其重要的组成部分，有两层含义：从广义的角度来看，教学环境是指对高校育人活动产生影响的全部条件；从狭义的角度来看，教学环境特指影响思政课堂教学环境的各种因素的总和，包括班级规模、师生关系等。从高校教育主体看，新时代高校网络思想政治教育的教学环境是指以教育主体和受教育对象为中心，影响和制约学生思想品德发展的各种校园环境因素。从某种意义上来讲，教学环境决定一个学生的最终思想品性。

（2）高校网络思想政治教育的教学环境的内容

教学环境构成离不开具体、特定的环境，大学生的思想品德和政治观的形成也离不开特定的环境。高校网络思想政治教育的教学环境包括教学关系、教学内容和教学效果。

教学关系对高校网络思想政治教育的教学环境的形成起决定作用。教学关系不仅是指高校教师与学生的关系，还包括教育决策者与教师、学生的关系。在传统的高校思想政治教育关系中，教师是主体，学生是客体，二者之间是对立的。新时代高校网络思想政治教育教学关系中，教师是主体，学生也是主体，二者之间是对立统一的，并相互促进发展。在传统的高校思想政治教育教学关系中，高校决策者的决策制定与教师、学生的实际情况不相符合，不能有效促进学生的思想品德及专业技能的发展。新时代高校网络思想政治教育教学关系中，网络让高校决策者从"云端"走进教师、走进学生，真正从教育主体的角度制定相关规章制度和长远发展的战略。

教学内容对高校网络思想政治教育的教学环境的形成起着举足轻重的作用。对教学内容的理解，必须从教育者与教育对象的关系出发，可以将其理解为"根据一定的社会要求和针对受教育者的思想实际，经教育者选择设计后有目的、有步骤地输送给受教育者的思想意识、价值观念和道德规范等信息"。新时代高校网络思想政治教育的教学内容是指利用网络技术，将新思想融入教学内容，根据新时代大学生的个性化发展，从社会发展的实际需求出发，经教师依据教育目的制定的教育计划，向"00后"大学生传授的理想信念和道德观念等思想。

教学效果是确保高校网络思想政治教育的教学环境正常运行的重要手段。教学环境的建构始终把人看作具有社会性、时代性的主体，教学效果是以人为主导开展相关的监督和反馈，因此，教学效果是指由实施教育内容的教育主体的实践活动所导致的结果。教学效果直接反映了高校思政教育的教学质量。

在新时代，融洽的教学关系是高校网络思想政治教育教学活动的前提保障，没有它，高校环境育人的目标无法实现；优质的教学内容是高校网络思想政治教育教学环境建构的重要桥梁，没有它，教育者和受教育者无法在高校网络思想政治教育活动中建立良性关系；教学效果是保障高校网络思想政治教育教学活动的最后关卡，没有它，无法确保高校网络思想政治教育活动的实效性。总之，教学关系、教学内容和教学效果之间达成一种互相促进、不可分割的和谐关系。它们的和谐发展为构建新时代高校网络思想政治教育教学环境的提供了有力支撑。

3. 高校网络思想政治教育的校园服务环境

（1）高校网络思想政治教育的校园服务环境的内涵

高校校园服务环境是立足校园服务与互联网信息新技术思维融合开辟出的新服务模式和场景，并在此基础上服务于高校主体的发展。网络背景下的"5G"新技术赋能校园服务各领域,创建思想政治教育新的服务模式与服务场景,"绿色、智能、开放"等服务理念渗透到传统的校园服务模式中,开辟了新的思想政治教育模式和场景,由此可将校园环境服务分为校园物质环境服务和校园精神文化环境服务。

(2)高校网络思想政治教育的校园服务环境的内容

校园物质环境服务主要包括网络基础设施建设以及定期维护和更新、校园自然环境建设与维护、后勤保障建设与维护、教学物质设施的维护。在网络基础设施建设方面,对通信技术的建设,对网络基础建设、维护以及定期更新,是建设智慧校园服务的前提条件。在校园自然环境建设方面,优美的校园自然环境更能吸引优质生源,通过潜移默化的形式,促进学生的成长。思想政治教育融入校园自然环境建设的程度,决定了高校校园服务的质量。在后勤保障建设方面,后勤不仅涉及休闲娱乐的方方面面,还涉及学习环境的保障,如寝室建设和食堂建设等。后勤保障服务是最能展现高校智慧校园服务质量的一个方面。网络信息技术和高校后勤服务的结合,使得电子校园卡、微信支付等校园金融服务相继在高校食堂和超市应用,新零售方式也日渐出现在高校校园中。传统超市的运营方式结合新零售的理念促进了无人贩卖机的出现,无人贩卖机的运行满足了高校学生科研和学习生活的需要。在教学物质设施建设方面,借助网络信息新技术和互联网平台,将传统的思想政治教育教学与互联网深度融合,把课程资源通过互联网进行互动分享,共同开辟了互联网教学新场景。高校定期增设、更新和维护多媒体等基础设施,是检测高校服务环境建设质量的重要环节。

高校精神文化环境服务主要指校园文化活动建设和特色主题平台建设。校园文化活动形式多种多样,如社团特色活动、宿舍文化活动和班级主题文化活动等。校园文化活动与高校思政工作相互作用、相互促进,校园文化活动是高校思政教育的载体,是巩固高校思政教育成果的重要保证,思想政治教育为校园文化活动提供主题思想和理论指导。高校宿舍是高校思想政治教育不容忽视的重要阵地,宿舍文化环境直接影响着大学生的日常生活、学习交流与人际沟通。学生宿舍是学生在校首先接触的场所,也是他们停留时间最多的场所,《孔子家语·六本》中也提到居住环境对人的影响。除此之外,班级主题文化建设能够增进高校思想政治教育教学的质量,定期举行思政主题文化活动,团结班级力量,塑造思想政治教育氛围。高校校园服务环境囊括了学生在校的方方面面,校园物质环境服务和校园精神文化环境服务共同构建校园服务环境。

三、高校网络思想政治教育环境的现状

(一) 高校网络思想政治教育宏观环境的新变化

当下中国已经进入了新时代，经济发展已由高速转向高质，网络技术处在飞速发展当中，各项制度更加健全，文化自信也在加速建设，社会环境发生了翻天覆地的变化。

1. 新时代社会经济由"高速增长"转为"高质发展"

新时代经济环境是建构新时代高校网络思想政治教育环境的物质基础。新时代前，社会经济发展主要以重工业为主，一味追求发展的速度来创造更多的物质财富，导致人类发展遭到自然的报复。随着人们对美好生活的不断追求，经济发展开始转型，由原来的一味追求速度转向追求质量。进入新时代以来，大数据和网络技术与经济的结合产生了新的经济模式——数字经济，数字经济的发展是引领未来经济发展的新形态，是探索新时代社会经济发展的新模式，是建设社会经济新模式的战略选择，是实现社会经济高质量发展的必经之路。新的经济模式的产生必然会影响高校大学生就业的选择，同样，社会经济的转型和发展也需要同数字经济发展具有密切相关的人才培养联系起来。新的经济发展模式促使新的就业形式产生，同时也出现就业岗位需求和数字经济技术专业人才培养不匹配的困境。高校培养的多是传统技术型人才，面对数字经济的发展，人才市场出现较大缺口，急需适应数字经济发展的各种技术型人才、应用型人才和企业运营人才，特别是在一些新兴行业。随着经济发展方式的转变，高校的育人方向发生了变化。数字经济需要高效利用信息和通信技术推动社会经济发展方式的转型，对高校育人环境提出了更高要求，要求高校根据自身情况规划实施教育的目标，不断进行育人环境探索与革新，探究适合高校完成立德树人根本任务的育人环境。高校在思想政治教育的改革过程中，应在充分结合自身适应性的基础上，探索适合新时代数字经济发展的人才技术技能的培养方式。除此之外，高校还要营造重视人才创新的校园氛围，将校园创新成果转化为社会生产力，促进社会整体发展。

经济全球化带来机遇的同时也影响着高校的发展。在经济全球化的漩涡中，没有哪一个国家可以独自发展，具有绝对优势的国家在经济全球化中占据绝对话语权。但是，一些西方国家为了阻止中国经济的发展，开始

搞贸易壁垒、技术垄断、企业制裁。解决当下社会的困境，关键在于高校的育人方向要有目的性，聚焦创新，培养掌握核心技术的人才。立足社会经济发展方式的转型，着眼经济全球化带来的挑战，都要求高校聚焦专业型技术人才培养，并且要加强人才的意识形态的教育，防止人才的流失。

2. 新时代网络技术由"基础建设"转为"技术育人"

在传统教育模式供需失衡、信息化革命持续升温、青年学生的"网络瘾"持续加深的社会背景下，高校要全面落实立德树人根本任务，提升铸魂育人效果，必须依托人工智能、大数据分析等前沿技术，解决思想政治教育"供给"和"需求"不匹配的现实窘境，实现思想政治教育环境的精准育人。此前各高校高度重视网络技术的基础建设，如多媒体设施建设等，忽视了技术与人在网络思想政治教育活动中的本质关系。人与技术的关系是未来社会如何发展的核心要点，人与技术的本质关系不是简单地体现在人对现实的、可触摸的网络设备的使用关系，而是体现在人利用网络新技术研发的平台和设备对人的发展价值、在制定网络技术和设备使用的相关制度和规则的意义以及未来网络技术与人的融合发展对人全面发展的影响。在新时代，高校意识到要解决发展困境，必须推进前沿网络技术与高校思想政治教育的深度融合，从人与网络技术的本质关系中出发探析如何技术育人，以精准供给真正满足当代大学生日益增长的合理诉求。

遵循思想政治教育发展规律、技术发展规律和技术育人规律是做好高校思想政治工作的前提。新时代，高校完成立德树人任务要遵循技术与人发展的规律，不能以违背人类的发展搞"唯技术论"或者是"一切以技术说了算"，这不仅违背伦理，还影响人的自由全面发展。在新时代，技术育人是高校立足时代新变化，着眼社会发展需求，利用前沿网络技术，进行精准思政教学，是新时代高校网络思想政治教育完成立德树人根本任务的逻辑起点。

3. 新时代文化发展由"外来侵略"转为"创新输出"

在世界一体化过程中，纷繁复杂的文化不断渗入中国，使得中国文化发展面临着各种危险与机遇。开放的网络环境给文化交流、文化共享提供了无限的空间，在共享文化成果时会受到西方资本主义国家有目的、有计划的意识形态"输入"。如何化解资本主义意识形态的"文化输入"一直是社会发展亟待解决的重点。从党的十八大到党的十九大的报告上都可以看出我们党对"文化自信"的重视。文化自信是新时代意识形态建设的核心内容，是高校思想政治教育的重要基石，是增强高校思想政治教育的底气。

文化自信的增强体现在文化输出。高校作为文化建设的主阵地、作为文化交流的主场所、作为加强大学生意识形态的主场域，积极担任着提高大学生文化自信的重任。文化自信是新时代意识形态建设的核心内容。高校的文化自信建设不是简单地对优秀传统文化的继承创新，还包括对社会主义现代文化和革命文化的创新、发扬，并转化为世界的、民族的文化，向世界"输出"中国文化创新的成果。高校文化自信建设对高校完成立德树人根本任务提出了新要求，即教育者要积极加入文化建设，学生群体要主动参与文化创新，利用网络传播优秀文化。具体而言，学生在思想政治教育思想的引导下，提升对文化自信的内涵及意义的认知，增强文化认同感，使其不再畏惧思想政治理论知识的教导，主动积极参与思想政治教育的文化建设，感受文化自信的魅力，从中获取文化自信感悟，进一步增进文化自信。除此之外，教师自身的文化自信认知、引导能力的提高，对于增进教师与学生的文化情感认同，引导学生对中华民族文化的正确认知起助推作用。

文化自信建设由"文化输入"到"文化输出"经历了较长时间的探索。首先，在文化自信建设的不断摸索中，坚定了对马克思主义的信仰，用马克思主义的态度来对待民族文化，既不盲目自信，也不盲目崇外。对待传统文化，立足于当代社会主义现代化建设的实际需要取其精华去其糟粕。对待国外的文化，立足于人类共同价值观对优秀文化及成果进行积极借鉴，不断促进我国社会主义文化的发展。其次，高校文化自信建设不是简单地对传统文化的继承、弘扬，更深层的理解是"文创"，即文化成果的转化。文化创新只有紧跟时代的发展需求，以发展的眼光看待社会的需求，做到文化创新面向民族，面向世界，面向未来，实现真正的文化自信。最后，立足于人类共同价值观输出中华民族优秀文化成果，向世界人民展示中国智慧。

（二）高校网络思想政治教育微观环境的建构困境

少年强则中国强，青年作为祖国的未来，承载着重要的历史任务和历史使命。高校思想政治工作者必须明晰问题，直面挑战，紧跟时代发展，回应历史任务。环境对于高校完成立德树人任务有着重要作用，但在新时代的背景下，互联网新技术的迅猛发展，精准定位、找准药方是解决微观环境困境的前提。以下立足微观环境，探析新时代高校网络思想政治教育环境建构的困境。

1. 管理机制环境存在的困境

管理机制环境对大学生个人发展影响巨大，是高校实现教育目的，完成教育任务的重要保障。分析管理机制环境存在的问题对建构高校网络思想政治教育环境和促进当代大学生的个人发展都至关重要。

（1）高校各部门的配合失谐

高校思想政治教育工作的协同配合是管理机制环境顺利建构的前提。协同配合工作不仅是某个部门、某个组织或者某个学院的任务，而是全校各职能部门作为一个系统开展的任务，这个系统内部的各个要素之间的配合决定了这个系统的实效。随着网络技术的高速发展，时代的进步起到了助力作用，特别是在信息资源共享领域，交互性特征尤为突出，但互联网的便捷不仅没有促进高校各职能部门间的统一，反而给高校各职能部门的整合带来不小的冲击。首先，互联网的便捷让高校组织部门更容易学习和模仿到其他院校职能部门发挥作用的模式，使得一些高校组织部门照搬这类模式，不管其是否适合本校职能部门的发展，这样的结果反而减弱了本校职能部门的工作效率。其次，互联网使得各职能部门之间的发展不均衡，要使高校思想政治教育工作作用最大化，职能部门不能单打独斗，必须作为一个有效整体发挥其功能，而各职能部门之间的不均衡性使他们在作为一个整体的时候很难发挥出"1+1>2"的作用。最后，在高校思想政治教育协同工作中高校组织部门与其他职能部门之间的配合没有起到一个正向作用，其他职能部门的配合多是形式化，没有真正加入，使得工作效果未能达到初衷。

（2）高校决策者教育理念滞后

教育理念是开展高校意识形态工作的方向和指南。对高校组织部门、教师队伍和学生群体等的工作方式、教学观念和价值取向都具有广泛的影响。网络信息时代，改变了信息交换的效率，提高了信息传播的范围，因此也对高校网络思想政治教育理念带来了冲击。当前高校思想政治教育决策者对教育理念创新存在诸多误区，具体表现在：第一，高校决策者的整体教育理念不新颖，德育培养跟不上技能需求，难以适应新时代育人的需求，即高校决策者没有充分利用网络开展思政教育观念的更新，或者对二者结合不够重视，因此导致高校学生综合素质不高，毕业生难以适应市场需求。第二，高校决策者重管理、轻服务，学生积极参与不足。在新时代的网络背景下，一些高校的决策者仍存在重管理、轻服务的理念，忽视了学生自身个性化、多样化的发展需求。因此，大学生理所应当地认为高校思政教育与个人全面发展关系不大，大学生群体不愿意接受，甚至排斥思想政治教育。第三，高校决策者教育理念滞后，教师队伍素质能力弱化。高校决策者是高校的核心、领头人，决定整个学校发展的规划，部分高校决策者缺乏对网络更新迭代速度的认识，导致自身教育理念的陈旧，影响到教师队伍的进步，使得高校网络思想政治教育效果大打折扣。

2. 教学环境存在的困境

（1）教学关系的匹配失位

教育环境中的教学关系主要指的是教育者和受教育者的关系。在新时代，教育者担负着为国家培养"四有"新人的重大责任，但教育者"教"的供给与学生"学"的需求出现了不匹配。教育者对网络载体新技术的运用能力不足。网络作为现代教学的重要载体，包含了数据库、计算机系统、通信网络等电子信息交换系统，承载着教学资源信息交流与传播的任务。具有扎实专业理论知识和丰富教育经验的教育者，缺乏网络载体的技术使用能力，无法高效合理地将网络信息和专业知识整合，不能以学生喜闻乐见的形式传播、讲授知识。目前高校的红色校园网站已经初具规模，微博、抖音等新兴平台也已建立，但高校教育者没有意识到新的教育载体和教育平台对教育的辅助作用，还是利用传统教育手段、传统教育方式和传统教育载体进行教学。

新时代高校大学生具有较强的知识获取能力和较强的主体发展意识，率先适应和掌握互联网发展的速度和规律，利用互联网相关平台进行专业知识的学习和拓展，通过互联网了解并发表关于时事政治的观点、见解，利用网络进行远程资源共享和学习，学习的方式也由传统的教室变为"线上+"课程、影视、网络社交和网络直播，互联网成为大学生信息获取、信息交换的主要来源之一。个性鲜明的"00后"大学生具有个性化的价值取向，具有强烈的问题意识。强烈的问题意识引导其在思考问题时，会更倾向于破"旧"立"新"。

传统的教育方式是将学生固定在教室进行一对多的教学，其优势是可以加强对学生的管理，但同时也会束缚学生的思想，禁锢学生的破"旧"立"新"的思维发展，甚至不能满足其个性化的发展。固定的教室授课多是应用传统教学载体进行"灌输式"教育，既不能满足当代大学生对未知的渴望，还会引起其反感和排斥。从传统教育者们自身来看，由于缺少对新兴网络媒介的学习和运用能力，在处理与学生的关系中处于被动的地位，无法实现学生对课堂知识外的学习需求。

（2）教学内容的供需失衡

高校思政教学内容影响着其目标和任务完成的效力，具体内容涉及优秀传统文化、依法治国和理想信念等方面。教学课程内容一般以理论知识为基础，学生长期处于理论知识学习中容易导致记忆疲劳和思维定式，影响学生长期的发展。

教学内容的供需失衡主要体现在教育者和受教育者与教学内容之间的矛盾。首先，高校施教者同教学内容的矛盾。社会的上升式发展促使思想政治教育的教学内容不断更新，出现部分教育者没有适应时代的发展，甚至难以掌握、消化重难点部分。还有一些教育者内心可能并不真正认同教学内容。当今，价值观多元化，部分施教者在教授涉及社会主义意识形态相关的内容时，不坚定自己的立场和态度，甚至排斥这些教学内容，仅把教书育人工作看成一份只为谋生的职业。其次，学生同教学内容的矛盾。这种矛盾主要表现在两方面：一方面，教材内容难度值较大，教师没有将其简化为学生能够理解的知识，超出了大学生现有的理解和接受能力，难以吸收该部分知识的内容；另一方面，教授的内容过于简单，甚至反反复复花大量时间讲解，导致学生失去兴趣，甚至有些学生出现厌烦、排斥的心理。高校思政教育教学过程中，施教者和教育对象与教学内容之间的矛盾已成常态。要解决这种矛盾，必须处理好"供""需"关系，即以教师和学生感兴趣的形式传授高质教学内容，满足教育对象对未知的渴求。

（3）教学效果的评价失信

高校思想政治工作的评估是以促进学生全面发展为总体目标，强调教学工作目标与成果、教学过程与效果、表现形式与内容相结合，坚持评价与建设、改革与建设相结合，着重在建设方面，以科学指标体系为出发点，不断增强思政工作的实效性。高校网络思想政治教育教学效果的综合评估，是检测高校网络思想政治管理工作质量的"晴雨表"。但是，教学效果评价却容易受到一些评价机制的制定以及实施的影响。首先，"形式主义"导致的机械性问题。部分高校依据教育部指导意见，没有结合本校自身实际情况，建立完善且具有本校特点的学校思想政治工作评价体系。具体来说，评价体系没有突出特色教育价值观和主题，并且高校思想政治工作点多、面广，容易导致考核责任的落实和考核机制的单一、死板和不灵活。其次，"规则模糊"的失责。部分高校没有明确细化评价规则。尤其是在开展思政教育的网络环境下，随着互联网与高校思政的深度融合，使高校思政教育工作者无法贯彻政治方向明确、评价标准一致、评价内容全面、评价方式多元的基本要求，难以建立学校思想政治工作评价的长效机制。最后，"机械复制"带来的刻板问题。思想政治工作的具体步骤是十分灵活多样的，但在实际工作中不容易掌握实际情况，也就不能正确分析和处理具体问题，缺乏评价方式创新，从而导致评价的结果与初衷适得其反。

3. 校园服务环境存在的困境

（1）网络技术的融合失调

网络缩短人与人之间的距离，也拉近高校学生与社会的关系。高校自身网络信息平台的应用与思想政治教育的融合，对于学生实现自我教育和自我管理具有重要作用。但是网络信息新技术在校园服务中的应用仍处于不确定的探索之中，同时也存在整合障碍。网络信息技术的发展是支撑校园服务实现数字化展示的关键，也是实现校园服务智慧化运营的技术保障。网络、数字和通信技术更新速度快，使得校园服务的智能化成为可能。信息技术的发展不仅提高了校园服务的质量和水平，还拓宽了校园服务的视野，为其打开了新的服务方向。但大多高校现有的信息技术在应用上仍然存在滞后现象：一是人工智能等新一代技术的研究、运用不深入，未充分发挥其效能，导致高校相关教育平台的建设一直停留在探索和模仿阶段，难以满足学生在学习、互动交流方面的现实需要。相比之下，一些国外的教育平台已相对成熟，而国内的教育平台除了机械地模仿技术构建，在信息收集、管理和传播阶段，忽视了优质思政教育内容的建设。因此，对高校教育者而言，教育平台的不成熟使其在教学应用上难以结合实际情况展开，或者平台功能的单一性增加其教学的复杂性，进而导致教育者放弃网络教学，依旧选择传统授课方式。对于大学生而言，教育平台的模仿建设和内容陈旧，缺乏创新，难以吸引他们的注意力，进而无法实现网络技术平台对于思想政治教育的作用。二是各项新技术之间未实现耦合，一定程度阻碍了校园服务新模式的发展，智能宿舍、智慧教室建设等新模式开展难以取得预期效果。三是各平台之间未实现充分融合与匹配，既包括新平台与新平台之间的融合，也包括现有平台与新平台之间的融合。高校官方网络平台在应用升级方面，与网络信息技术的更新脱钩。网络信息技术一日千里，在网络平台应用升级方面，部分高校存在技术、信息滞后，当他们开始建设门户网站时，社交平台已经普及，当他们涉足社交媒体时，抖音等"短视频"已席卷全球，从而使得这些平台建设成为摆设。此外，"以学生为中心"的信息服务还处于思考和探索阶段，不能适应网络信息时代学生兴趣点的快速转换和技术创新的趋势，成为高校学生与老师交流的阻碍。因此，部分高校没有真正思考在网络信息技术下教育平台与学生思想政治教育的互动本质，也没有真正研究网络信息技术与思想政治教育的关系。

(2) 校园文化的建设失当

"人民有信仰，国家有力量，民族有希望"。校园文化建设不是单一的物质文化建设或者精神文化建设，而是以学校为特定的环境、高校教育者为主导、学生为主体、教职工人员和职能部门为辅助，在开展各项活动中逐渐形成物质和文化氛围。随着经济物质条件在高校思想政治教育中凸显的重要性，校园文化建设的质量也受其影响。首先，在校园文化建设上部分高校受人员配备和资金的限制。人员配备和资金的投入决定了校园文化建设的整体高度，在校园文化建设上，部分高校缺少专业人员和职能部门，或者其业务技能不成熟，进而在开展校园文化建设时进度慢且难以推进，加之经费投入不足等问题，在创新校园文化建设上畏首畏尾。其次，部分高校校园文化建设没有完整、统一的系统规划。学校各院系、各部门之间常常单打独斗，缺乏统一性，难以完成高校校园文化建设体系。再次，校园文化建设中存在重视物质文化建设，轻视精神文化建设的现象。更具体来说，很多高校在建设图书馆、宿舍等项目上投入了大量的资金，反而导致"面子工程"的大量出现，曲解了校园建设的本意，背离了环境育人的初衷。最后，部分高校校园文化建设照搬既有模式，缺乏创新。没有将本校的教育理念融合到校园文化建设中，只是一味地简单复制其他高校的校园文化建设，没有创新，认为校园文化建设就是单纯地多搞文化活动，缺乏特色主题，没有厘清校园文化活动和校园文化建设的关系。

(三) 高校网络思想政治教育微观环境建构困境的原因

新时代高校立德树人任务的实现处于传统环境育人向新时代环境育人转变的过程中，在新时代环境育人建构探索之中出现问题的原因既有外部社会因素也有高校内部因素。通过探析育人环境的建构，对微观环境建构存在的问题进行归因。

1. 管理机制环境建构困境的原因

第一,"新""旧"教育理念的矛盾。在网络信息交流迅猛发展的今天,人们吃、穿、住、行的方式都受到其变化的影响,高校网络思想政治教育也不例外。在网络技术带来便捷的新时代,高校网络思想政治教育的开展依然面临着巨大挑战。究其根本,还是新时代思想政治教育的教学理念与传统思想政治教育的教学理念之间的矛盾。新时代思想政治教育的教学理念是高校教育者对思想政治教育的教学以及教学活动在新时代社会中的发展规律的认识、看法和基本态度。教学理念决定高校发展方向,若教学理念跟不上时代的需求和社会的进步,则无法完成高校立德树人的根本任务。高校传统的思想政治教育教学理念也是特定时代的产物。党的十八大以前,网络信息技术对思想政治教育的影响较浅,导致高校决策者对网络信息技术的了解和应用程度不够,再加上部分高校决策者资历深浅与接受能力无必然逻辑,对于新事物的接受和学习能力较弱,使其在制定思想政治教育长远规划目标上目光短浅、缺乏现代性创新思维。

第二,施教者网络素质和转换能力有待提高。课堂教学是学生获取专业知识和提高专业技能最重要的来源,课堂教学中教师对知识具有绝对权威,学生只能认真听讲以获取知识。但高校教师的水平参差不齐,部分教师是资深老教授,他们专业知识基础扎实,但运用网络传播知识的能力较弱,甚至有的还停留在原始的教学方式上,加上受到传统教学理念的影响,一些教师主要以讲授理论知识为主,强调"师本主义",忽视与学生互动,学生只能记住知识以完成学习目的。随着时代的进步和科技的创新,传统教学技能已不适应新时代高校思想政治教育教学的实际需要,影响了高校思想政治教育的教学以及教学活动的后续开展。

2. 教学环境存在困境的原因

第一,"新""旧"教学模式的矛盾。新时代互联网的发展为高校思想政治教育教学方法提供了新载体、新途径和新的可能。与此同时,新时代网络信息技术也为高校思想政治教育教学方法提供机遇和挑战。随着现代互联网教学模式的不断深入,传统的教学模式受到了现代信息技术的极大冲击。传统高校思想政治教育的教学方式主要依靠传统思想政治理论课向学生传授知识,但这种方式过于死板,不灵活。虽然随着网络信息技术与教学的不断融合,慕课等网络互动课堂逐渐被应用到高校思想政治教育教学中,但此类课堂还存在着单一性和滞后性等问题,没有充分发挥出思想政治教育的育人作用。在新时代发展背景之下，高校面临全新的环境建构任务和教育目标，结合新时代的新要求，传统的教学环境已不能满足高校新的育人目标。

第二，教学关系认识不到位。新时代要求高校在思想政治教育中要不断贯彻落实"人的全面发展"的理论指导，坚持人在教育中的主导地位。传统教学模式以教师为导向，忽视学生的主体地位。现代教学方式要求教师不仅要发挥其教学主导地位，还要重视学生的学习主体地位。但部分教师仍在使用传统教学方式，无法厘清教学关系中的主客体关系，难以突破传统的教学模式。传统的思政教学方式与当代高校思想政治教育的新要求相互冲击，必然要求教师立足于现代教学方式破除传统教学关系，重新认识新时代环境育人中教师和学生的教学关系。

3. 校园服务环境存在困境的原因

第一，"新""旧"服务理念的矛盾。智慧校园服务环境的服务理念是在满足校园主体的个性化、差异化和多样化需求的同时开展思想政治教育。新时代高校的校园服务更加重视个体的需求，但是传统的高校校园服务还停留在"管控思维"，只强调校园服务的有效管理，以便达到对学生管控的目的。校园服务决策者和管理者对智能校园服务的理念的理解存在误差，单纯地以为只是将网络信息技术引入校园服务，忽视了服务对象的个性化需求，往往导致网络信息技术与高校校园服务的融合失败。新时代高校校园服务强调建构"升级版"的新服务保障体系，以满足师生对更高水平的教学科研和更具个性化、差异化和多样化的校园服务需求。此外，高校校园服务的社会化改革的理论指导以及实践探索仍在摸索和研究中，实际效果远远低于服务对象的预期。

第二，新技术的挑战。高校校园服务建设在缺乏经验、顶层设计的情况下的各种探索面临试错风险和各种体制冲突的巨大协调成本。高校后勤建设作为校园服务环境建设主要提供方和管理方，在引入智慧校园服务建设过程中却缺乏管理经验，并且采用过时、落后的行政化管理、运行和用人制度，与现代校园服务管理体制存在矛盾，使智慧校园服务环境的建设发展面临众多困难。由于新技术的更新速度快，使得高校在校园服务环境的建设中陷入不确定的探索，同时还存在整合障碍，更难以实现校园服务智慧化的建设。

四、优化高校网络思想政治教育环境建构的原则和实现路径

面对新时代给高校网络思想政治教育带来的机遇和挑战，既要抓住机遇，也要直面挑战。在简要分析高校育人环境建构中微观环境的困境及原因后，应把关注的目光转移到优化育人环境的建构上。

（一）优化高校网络思想政治教育环境建构的原则

原则不是研究的起点，而是研究的最终结果，这不是自然界和人类去适应原则，而是只有在符合自然界和历史情况下的原则才是正确的。新时代高校网络思想政治教育环境建构坚持系统性、主体性和塑造性原则，切实保证其能够承载高校完成立德树人根本任务的责任，成为丰富和完善思想政治教育学科的推动力量。

1. 系统性原则

新时代高校网络思想政治教育环境的建构因素丰富多样，它涉及多方面、多层次、多角度。高校思想政治教育环境发挥着育人的功能，但这个功能不是一蹴而就的。处在不同学龄的个体接受着不同水平、不同层次、不同深度的教育内容，从这个角度看，各学制的每个阶段都与受教育者有着内在或外在的联系，形成了一个复杂而独特的系统。高校作为一个复杂的系统环境，决定了高校育人环境建构的系统性原则。高校育人环境的建构，拆开环境要素展开分析、探究问题和提出对策，是不能让"1+1＞2"。立足于高校立德树人根本任务的实现，高校环境建构必须坚持系统性原则。

系统性原则要求在优化新时代高校网络思想政治教育环境的整体构建中，不仅要注意一定阶段的每一个方面，而且要把整个系统建设成一个和谐的整体。新时代高校网络思想政治教育环境的建构主要体现在宏观环境和微观环境，在宏观环境分析上既要考虑到新时代带来的新变化、新要求，又要考虑到网络自身发展给宏观环境带来的影响，还要考虑与高校环境育人的关系。在微观环境的建构优化上，既要发挥教育环境的育人性，又要发挥环境的功能性，还要注意配合宏观环境的新变化，将微观环境的育人作用发挥到最大化。只有协调相关制度、相关技术和相关环境之间的融合关系，才能在新时代为实现学生的全面发展建构良好的环境，最终实现高校育人环境的建构。

2. 主体性原则

主体性原则是指"思想政治教育者应充分尊重教育对象的主体地位，

注意调动其自我教育的积极性,以实现思想政治教育目标的行为准则"。在高校环境育人的研究中,学术界最广泛接受的观点是"教育的主体是教育者,教育的客体是教育对象"。这种观点没有从人的主观能动性即主体性出发思考,特别是在网络信息化时代,教育对象并非只有一种学习知识、掌握技能的教育方式,被动地接受知识的教育方式已不适应新时代学生的个性化发展。

坚持主体性原则是高校在环境建构中从尊重学生的主人翁地位的角度出发决定的。大学生在从"新知"提升到"新质"的过程中,通过调节自身的认知结构和能力,发挥其主体性对教育者在课堂讲授的知识进行有目的地选择和整合,进一步吸收思想政治教育的内容。与此同时,学生还会以主体性的自觉对教师的课堂教学作出能动的反应,教师也会通过对学生的反馈能动地改进教学方式,从而提高教学质量,二者形成双向学习反馈过程。从这个角度看,教育者和教育对象都具有主体性。高校在建构环境中要尊重教育的主体性,以教师为主导,运用现代教育网络技术和教学方法,占领核心价值观教育的高地。同时,在尊重主体地位的基础上,应用网络将核心价值观内化为自我教育,提高大学生在网络中辨别信息的能力。贯彻落实高校教育环境的主体性原则,要发挥教师和学生的主动性,即主体性。在网络中的每一个人都是自己的主人,都能创造自己的历史,但在共同建构环境中,由于网络内容的参差不齐,教育主体应加强自身的自律性,在信息选择时能作出准确的判断,正确行使自己的权利。

因此,重视教育者和教育对象在环境建构中的主体性以及互动主体性,对于高校实现预定的思想政治教育教学效果具有指导作用。在探析高校网络思想政治教育环境建构的过程中,更要重视二者的主体性,形成以教师和学生为主体的教育环境。

3. 塑造性原则

比之传统的"教师第一、学生第二"的育人环境,新时代高校网络思想政治教育环境呈现的则是教育双主体及交互性强的育人环境,这是高校育人环境建构中的新创造。学校环境对受教育者发展具有主导意义,主要表现在教育者帮助受教育者选择个人技能发展方向,制定人生发展规划,即教育者把控思想政治教育的育人方向。传统高校育人环境建构的核心是打造满足教育者和受教育者的基本学习需求的物质环境。即教育者通过单一的、灌输式的理论施教工作,将社会需要的思想规范和道德规范传递给受教育者个人,并通过引导的方式进行深入教育。

新时代中国特色社会主义建设面临着更多的挑战与机遇,高校思想政治教育更加重视隐性教育。高校开展思想政治教育如果依旧停留在传统环境育人方式上,进行理论说教,将无法为破解时代难题培育全新人才,必将加重教育与社会的现实冲突。反观新时代高校育人环境,立足新时代的新要求,着眼社会经济发展的变化,借助网络新技术的支撑,构建切实有效的互动平台,在交流互动中将教育者的施教功能隐藏起来,在无形中实现受教育者的知行转化。高校要真正实现立德树人的根本任务,就要充分发挥学校环境的塑造性作用,将学生的全面发展同时代发展的要求衔接起来,为社会主义事业的发展塑造高质人才。

(二)优化新时代高校网络思想政治教育环境建构的路径

在分析建构微观环境的困境及原因后,要把优化新时代高校网络思想政治教育环境的建构落实到具体实践中,不仅需要既定的指导原则,还需要合理的优化路径,才能真正实现高校环境育人的目标。

1. 优化管理机制环境的路径

(1)提升高校教育决策者的现代创新思维

高校教育决策者的思想政治教育理念决定着高校内部各个职能部门的协调运作能力,决定着优化新时代高校网络思想政治教育环境的领导、组织保障水平。从高校各个职能部门的构成来看,大体上可分为四类:一是党务部门;二是行政部门;三是直属部门,包括图书馆和校办企业等;四是群团组织。高校决策者的教育理念决定了各职能部门的运作方式和工作理念,尤其是在新时代背景下,将互联网新技术引入高校环境教育中,高校决策者的网络思想政治教育理念直接决定了各职能部门的工作效率。因此优化高校决策者的现代化网络思想政治教育理念,既可以提高高校各个职能部门的工作效率,还可以提高各职能部门在开展思想政治教育过程中的协同创新能力,搭建便捷、高效的资源信息互通方式,为实现高校立德树人任务搭建信息"桥梁"。从高校教育决策者的构成人员来说,虽然是由一些资历较深的专业管理人员组成,但正是因为这点,反而导致高校教育决策者与高校学生和老师的脱轨:缺乏对新时代网络技术和网络文化的深入了解,难以完全把握高校师生的真实需求和思想动态。优化高校网络思想政治教育环境,必须提升高校教育决策者的现代创新思维。

第一,以人为本,创新思维。高校建构育人环境的根本目的是为社会发展提供人才支撑，创新教育思维是着眼于培养具有现代化意识和技能的人才。因此，创新高校决策者的教育思维应以人为本，即以决策者、教育者和受教育者为中心，有目的、有意识地关注学生个体发展的差异性，杜绝形式主义。高校教育决策者在坚持以人为本的前提下从内外注入新鲜血液，优化高校决策者队伍。外部是指加入具有现代创新意识或者站在网络前沿的管理者，促使年长的决策者们开始探索网络与学校发展的关系。内部是指在互联网的影响下，高校决策者们自发地组织学习现代思维方式，通过内外联动促进高校决策者思维的变革。

第二，立足实践，创新思维。高校决策者创新思维是为教育服务、为学生服务，空谈创新，容易脱离教育的实际需求。创新高校决策者的教育思维应遵循思想政治教育发展的规律、网络技术发展的规律，以教育发展的实际情况为依据，杜绝主观主义。高校决策者在学习利用网络带来的便捷时，要意识到网络对高校思想政治教育的重要性，要利用网络走近学生。只有与学生融为一体，才能精准把握学生发展的需求，为学生个性发展提供有针对性的教学服务，为社会打造服务型综合人才。因此，高校决策者在坚持立足实践的前提下，加强自身网络前沿意识，提高自身的网络综合素养，在精准把握思想政治教育和网络技术的本质关系下实现教育思维的转换。

第三，顺应时代，创新思维。高校决策者创新思维是为时代服务、为社会服务，画地为牢，容易被时代淘汰。创新高校决策者的教育思维应又"立"又"破"，立足时代变化，探究新情况、新问题，破除旧理论、旧观念的束缚，杜绝经验主义。在互联网高速发展的背景下，高校决策者在顺应时代变化的前提下，转换传统思维方式，传统思维方式束缚了决策者的思考，如果一成不变，将会被时代淘汰。高校决策者在创新思维的过程中容易受到西方"隐性"意识形态的干扰，导致思维创新出现偏差。因此高校决策者创新思维还应加强马克思主义哲学等相关理论学习。

高校教育决策者现代化创新思维的提升，使高校整体发展规划更加清晰明朗，为高校各职能部门在思想政治教育开展中进行改革提供了方向，为新时代中国特色社会主义现代化建设培养了高素质人才。因此，高校决策者应立足时代发展和社会进步，深刻把握新时代高校网络思想政治教育理念的内涵及意义，通过改革与创新转变高校网络思想政治教育理念，使之与新时代发展要求相适应。

（2）提高高校教育者队伍的网络技术水平

时代在进步，社会在发展。肩负时代重任和历史使命的青年，需要加快步伐，提升自己，如果安于现状，终将被时代淘汰。新时代的网络强国战略思想对高校环境育人方向做出了新的规定，高校教育者队伍的根本任务是立德树人。教育者作为整个环节中的关键人物，需要不断提升自身的专业技能和综合素质。习近平总书记在学校思想政治理论课教师座谈会上，多次强调思政课教师队伍责任重大，并明确提出六条要求。在网络强国战略支撑下，高校网络思想政治教育如火如荼，但是，高校教育者在传统的课堂向学生传授理论知识，无法将网络信息技术运用到课堂教学中，无法利用网络信息技术创新教学方式。着眼于高校教育者，网络技术水平的提升是加强高校教育者队伍建设的重要举措。

第一，更新观念。高校教育者的网络技术水平的提高是为了顺应现代化教育发展的趋势，是遵循网络思想政治教育发展的规律。社会存在决定社会意识，社会意识对社会存在具有指导作用，立足现代化教育观念的更新是提高高校教育者网络技术水平的前提条件。如果高校教育者不进行现代化教育观念的更新，将无法实现高校网络思想政治教育环境育人的目的。因此，高校教育者应立足现代化教育发展，着眼于网络思想政治教育发展的规律、时代的变化，进行教育观念的不断更新。

第二，提升技能。高校教育者在更新教育观念后，要落实技能提升。首先，定期举办相关技术的培训。通过学习网络信息技术提高教师的专业技能水平，同时紧跟时代的步伐，利用新媒体掌握最新资讯，便于在教学过程中利用最新的案例和时事为学生传授专业知识内容，满足学生发展的时代要求。其次，全程控制培训实况。网络信息技术教育培训活动前，要先全方面了解教育者的专业需求，根据教育者的实际情况开展培训，提高培训教育者的效率。最后，强化教育者自身网络意识。高校教育者自身也要意识到学习网络的重要性，不能只搞科研或者理论讲授，只有将网络技术应用到教学上才能更好地完成立德树人的任务。

第三，加强指导。高校教育者的网络技术水平的提高是教育者个体发展意识的体现，是高校立足长远规划发展的体现。暂时性的网络观念更新和网络技能的提升不是长久之计，唯有不断加强管理指导，才能切实保证教育者的现代化教育技能的提高。高校教育者的网络技术水平的指导分为理论指导和技术指导，理论指导是为教育者提供专业的讲解和培训，技指导是为教育者在实操中随时提供技术服务。

高校教育者的相关技术水平的提高,为建构高校网络思想政治教育环境奠定了基础,为高校完成立德树人根本任务提供了技术保障。因此,高校教育者应立足观念更新,着眼技能提升,通过高校的理论、技术指导,提高其网络技术应用教育的能力。

2. 优化教学环境的路径

(1) 坚持以马克思主义为指导的创新性教学内容

高校思想政治教育的教学内容,必须坚持马克思主义的理论指导,与时俱进,富有时代精神。在网络技术的支撑下,高校思想政治教育的教育内容仍存在缺失新知识和新思想融合的部分,即便是修订后,仍有一些方面与当前社会发展不相符。缺乏创新的理论说教不会吸引学生的注意力,也不会促进学生的个性化发展。因此,优化新时代高校网络思想政治教育环境,教师必须利用网络技术在教学过程中创新教学内容。

第一,立足现实情况,创新教学内容。首先,进行小班教学。随着当前互联网信息技术的不断发展,"互联网+"作为互联网思维的外在体现,为高校网络思想政治教育教学内容的发展和创新提供相应的平台,为其指引正确的发展方向。小班教学可以对每一名大学生的基本学习情况和对知识接收以及消化能力进行摸底,再根据实际情况创新教学内容的教授方式。其次,加强教师的学习、创新能力。在现有教学内容的基础上,教师将网络技术以及借助网络收集的信息融进教学内容中,并在教学过程中利用自身的专业技能不断促进思想政治教育内容与时俱进,使教学内容更具时代性、创新性和发展性。最后,坚持马克思主义的指导地位,不能为了追求"新"而忘"本"。自马克思主义传入之日起,中国社会主义事业蒸蒸日上。高校网络思想政治教育教学内容中涉及了社会发展的重大现实问题,如社会意识形态问题,因此在网络技术快速发展的新时代,创新高校网络思想政治教育教学内容必须坚持马克思主义的指导地位,从理论和实践两个角度,向学生解释马克思主义、中国特色社会主义道路以及中国共产党的领导等重要概念,并且在实践中检验教学内容是否符合学生未来的发展和社会主义现代化建设的要求。

第二,利用网络新技术,创新教学内容。在对高校思想政治教育教学内容进行理论分析时,可应用互联网思维,以新时代社会发展要求为背景,对教学内容进行创新,使教学内容更具针对性,并且加深教学内容与社会实践的结合，提高学生的学习兴趣，从而提升教学质量。首先，利用互联网技术对思想政治教育的教学内容进行深度挖掘创新，挖掘思想政治教育课堂中具备实践教学价值的内容。其次，利用互联网拓展思政教学案例。传统思政教学中，部分教师的教学案例要么通过教科书中的案例，或者通过几年前的传统案例进行教学，严重与时代发展需求不符合。当下"5G+"时代正席卷而来，教师应利用网络技术对思想政治教育教学案例进行"更新换代"，使案例符合时代发展的需求，可以教科书中的经典案例为主，以网络为平台搜集相关的思想政治教育教学内容为辅，挖掘教科书以外的典型案例，增强学生在思政课堂中的兴趣点和学习积极性。最后，利用互联网化解思想政治教育教学内容的重难点。高校思政教师要对教学内容进行创新，就必须厘清教学重难点。教师可以以教科书内的知识为基础，结合教学实践，在以思想政治教育教学重难点为中心向外延伸课堂设计教案，创新教学内容。

（2）完善高校网络思想政治教育效果评价机制

随着互联网信息技术的发展和网络信息数据量的爆发式增长，社会由此进入"互联网新时代"。高校网络思想政治教育效果评价机制是检测高校教学环境质量的重要手段，也是高校网络思政教育环境建构得以不断深入的有力保障。因此，必须完善高校教育效果评价机制，确保新时代高校网络思政教育环境建构的顺利开展，以及高校思政教育工作的顺利推进。

第一，转变评价理念。进入新时代后，面对复杂的社会环境，传统的思想政治教育效果评价理念已不适应教育模式多样化、学生差异化的发展。高校应立足"实事求是"的基本原则，结合网络新技术的特征将传统思想政治教育评价理念进行创新。应用新时代网络技术进行思想政治教育效果评价是高校探索思想政治教育发展方向，对传统思想政治教育评价方式的一种变革与创新。运用互联网思维、大数据思维来指导高校网络思想政治教育效果评价机制的建设，既保证时效性，又保证准确性。但如果只重视网络技术的优势，忽视人在效果评价中的作用，必然导致效果评价机制机械化。因此，完善高校网络思想政治教育评价机制需要完善保障机制。在转变教学效果评价理念的基础上建立教学载体评价机制，即利用网络完善教学效果评价保障机制。在发挥教学载体评价机制的过程中，要注意保护学生的隐私，让学生敢于评价、敢于发言，让思想政治教育教学效果反馈由形式化和单一化转变为非形式化和多元化，真正从教育的初衷出发。

第二，坚持以人为本。在完善高校网络思想政治教育效果评价机制时，既要树立网络新思维，又要坚持以人为本。以人为本是建立以教育者和受教育者为中心的高校网络思想政治教育效果评价机制。从根本上说，就是要建立主体评价机制，充分发挥教育者和受教育者在教学过程中的主动性，最大限度地发挥他们在教学过程中的主体互动，完善教学效果评价机制。完善高校网络思想政治教育，不仅要利用网络载体，而且要在利于教育者和受教育者的个性和潜能发挥的基础上，设计基于现代创新教育理念的高校教育决策者评价机制，把"以人为本"的理念真正融入高校教育效果评价机制的设计中。运用好"从群众中来，到群众中去"这一以唯物主义为基础、中国共产党始终坚持的科学工作方法，是完善高校网络思想政治教育效果评价机制的根本出发点和落脚点。正如毛泽东在 1943 年 6 月为中共中央起草的《关于领导方法的若干问题》中所说，"党一切实际工作的正确领导，就是要集中群众意见，使群众坚持、见之于行动，检验是否正确，再通过集中、坚持，无限循环，一次比一次更正确"。

3. 优化校园服务环境的路径

（1）促进高校网络思想政治教育技术设备高效整合

"5G+"新技术的蓬勃发展，为高校网络思想政治教育提供了全新的机会。尤其是利用"5G+"技术发展的新平台、新手段在教学中的运用，极大优化了高校网络思政教育的教学环节。但只是简单地把新平台、新媒体技术应用到思政教学环节，不能完全发挥出高校网络思政教育环境在新时代社会发展中的育人作用，只有将网络信息技术与高校思想政治教育系统化整合利用，才能最大化发挥出高校网络思想政治教育环境的育人作用。

第一，建立统一的管理体系。构建高校思想政治教育的资源共享机制是顺应新时代发展的必然趋势，进入新时代，在"互联网+"的影响下，高校单打独斗地开展思想政治教育已不现实，唯有联合发展才是破解时代困境的唯一出路。高校网络教育资源共享机制是资源整合的重要前提，高校资源共享水平的提高，客观上要求进一步加强各种网络教育资源之间的合作。将各高校的网络思想政治教育资源统一起来，确保合作的有效性。除了高校间合作外，各个高校还应该加强自身资源共享的建设，依据本校优势学科，结合主要研究课题方向，联系高校发展的实际信息需求，建立一套完整的高校信息资源。

第二，加强制度建设。在实现高校间的资源信息共享的基础上，明确高校内部各职能部门和院系的身份、权利和关系，从而划分清职能部门和学院部门的权责范围，使其各守其位、各尽其责。除此之外，还要利用资源共享机制拉近高校各职能部门与院系之间的关系，在各司其职的基础上相互配合、相互成就，实现资源共享、信息互通，进而提高学校内部信息交换的效率。

第三，组建专业技术团队。高校组织人员进行专业的网络管理学习，可以向兄弟院校学习经验，或者引进专业团队，打造一支符合自身实际情况的专业团队。再根据学校学生的网络使用情况，安排专职人员24小时入驻网络监管系统，规范学生的网上言论和行为。高校的硬件、软件网络资源与思想政治教育的整合不会一蹴而就，也不是一个人或者一个团体的事，是从一个系统的角度出发，将高校内个体和群体的权益同网络联系起来，在网络技术中注入人的因素，才能高效整合资源的利用，进而确保高校大学生能够在一个便捷、安全、高效的校园网络环境中学习。

（2）聚焦创新型网络校园文化宣传方式和内容

每个时代都有特定的文化产物，网络校园文化是信息化时代的产物。高校育人环境建构的关键是利用网络技术开展健康、文明的文化活动，营造浓厚的校园互联网文化氛围。因此，在实现高校环境育人目的的各种因素中，校园网络文化建设是重中之重。

第一，尊重学生个性化发展。高校在网络文化建设中，校园网络文化宣传是手段，校园网络文化内容是灵魂。"00后"大学生追求个性和潮流，高校在进行校园网络文化宣传方式的创新上，要利用网络信息化的快捷方便、开放灵活的特征，使其以多样化、个性化特征抓住大学生的眼球。每个人都是独一无二的个体，每个人对语言和形式的理解都存在个性化的差异，革新网络文化宣传的表达形式，采用更诙谐、易理解的表达形式，对学生进行潜移默化的意识形态教育，让其在无形中接受思想政治教育。除此之外，还要推出校园网络文化成果，即通过校园网络文化平台输出创新校园网络文化内容，让更大的群体共享校园网络文化建设的成果。

第二，立足现实问题。学校不是一个与世隔绝的社会环境，而是与社会发展息息相关的环境。建构高校网络思想政治教育环境的目的是为社会主义事业的发展培养人才，同样，立足现实社会发展的实际需求，才能更好地推动高校育人环境的建构。因此，校园网络文化的宣传内容要聚焦当下社会时政热点,帮助师生透过社会现象看到事件背后的本质。同时,按照主流价值观引导学生,实现正确的网络舆论导向。

第三,借助新媒体传播特点。校园网络文化宣传借助新媒体的及时性特点,跟进网络热点时政,并在网络技术的支撑下迅速掌握事件全貌,通过校园官方平台宣传社会文化精神。着眼学生身心健康发展,可以建立交流互动平台,及时利用平台解答和分析学生所担心的问题,变官方说教阵地为官方交流阵地,从被动回答转为主动回答,革新思想交流的方法,促进学生的自由和个性的形成。[①]

[①] 徐瑶. 新时代高校网络思想政治教育环境建构研究[D]. 成都:电子科技大学,2022.

第三章　高校网络思政育人体系建设现状研究

第一节　高校网络思政育人体系的内涵与构建原则

一、高校网络思政育人体系的内涵

高校网络思政育人体系是为实现培养担当民族复兴大任的时代新人这个战略任务，高校教育主体以人才培养为核心，遵循学生成长成才规律，通过网络对教育客体实施不同的教育活动，并且促使不同教育活动之间以及教育活动各个环节之间的协同协作、同向同行、互联互通，对育人目标、内容、管理、评价、资金等方面进行系统设计、统筹考虑而形成的有机整体。

二、高校网络思政育人体系的构建原则

（一）互联互通：全面推动网络思政育人平台融合发展

高校网络思政育人体系是一项系统工程，推动其高效率工作要坚持联系的观点看问题以及把握合力的原则。其中的关键点之一就是如何让各个部分之间有序、合理、优化地结合在一起。恩格斯在分析社会历史发展的各种力量时指出："历史是这样创造的，最终的结果总是从许多单个的意志的相互冲突中产生出来的，而其中每一个意志，又是由于许多特殊的生活条件，才成为它所成为的那样。这样就有无数相互交错的力量，有无数个力的平行四边形，由此就产生出一个合力，即

历史结果。"①社会历史发展的反复性和曲折性给予了我们明确的答复，来自不同方向的"无数相互交错的力量"推动历史波浪式向前发展。"不同的力量通过自觉的教育活动发生相互作用而形成的结果表现为正合力、零合力和负合力"。在三种力中，只有形成正合力才能保证体系协同运转，而正合力的形成需要条件是确立同一目标，加强系统中环节与环节之间的衔接、要素与要素之间的配合，尽量减少由于各种力量汇集、交融、冲突带来的相互削减、相互掣肘。

网络平台是指以互联网为技术基础的各种类别的网络服务、网络活动支持系统，它是高校网络思政育人工作开展所必要的条件。目前，各高校普遍建成了综合性门户网站、主题性教育网站、专业性学术网站、互动型学生社区、移动性"两微一端"等网络平台。这些网络思政育人平台在内容、功能、形式表现等方面都有所不同，它们在发挥各自功效时也展现出了存在着无数相互交错的力量。如果高校网络思政育人所依托的各个网络平台缺乏配合意识，相互掣肘，将会导致高校网络思政育人体系整体难以有效运行。实践中我们看到要使内部体系各要素之间、外部体系各要素之间、内部体系与外部体系之间能够有效运转形成合力，需要从整体上进行统筹。即要建立高校网络平台之间、网络资源之间、网络平台和网络资源之间的有机联系，加强它们之间的沟通与协调，同频共振，减少由于联系不紧密、沟通不及时产生的矛盾或冲突，形成全网、全网络平台互通有无、网络资源共筑共享，形成更积极有效的网络平台育人合力。

（二）去粗去赘：促进高校网络思政育人内容精益发展

不同平台需要融合发展，平台上的内容也需要不断精益化。不同教育内容在体系结构中的地位不同、功能不同、作用也不同，只有遵循不同教育内容的教育规律及教育对象的接受规律和思想行为发展的规律，才能实现对高校网络思政育人内容更好地塑造。首先，要做好内容的统筹。高校网络思政育人体系要符合党情国情，育人工作要发挥思想理论教育和价值引领的作用需要加强理想信念教育，抓好马克思列宁主义、毛泽东思想、中国特色社会主义理论体系的学习教育和深刻领会党中央治国理政新理念新思想新战略，坚定道路自信、理论自信、制度自信、文化自信，坚定理

---

① 出自恩格斯 1890 年 9 月 21 日—22 日致约·布洛赫的信，收录在《马克思恩格斯选集》第 4 卷，人民出版社 1995 年版，第 697 页。

想信念；需要把握社会主义核心价值观的深刻内涵和实践要求，树立正确的世界观、人生观和价值观；同时还需要加强中华优秀传统文化、革命文化和社会主义先进文化的教育。其次，不断提升内容质量。如果把学生个体在生活中关注的全部网络内容作为一个集合来考量的话，高校正向网络思政育人内容只是其中之一，开放的网络空间时刻向学生推送大量的碎片化、无关联的网络内容，如果高校网络思政育人内容不能够以内容的实用性、权威性、方向性来吸引学生的关注度，并以此增加内容的受关注时间和精力，那么其也只是具有同其他类网络内容同样的地位，反过来，实际上线上网络内容的受关注时间长短和次数常常是印证内容价值性的一个可靠的尺度。因此，高校网络思政育人内容建设要突出质量，对网络文章、网络视频、网络图片、网络漫画等具体的网络内容精益求精，让青年学子用最少的时间获取质量最高的内容，牢牢占据主导权。

（三）共建共享：促进高校网络思政育人文化繁荣发展

当今青年学子是使用网络的主要力量，接受了网络文化彻底的熏陶和洗刷。高校应将各自孕育的网络文化成果在全国各高校、师生之间分享，能够促进优秀的高校网络思政育人文化繁荣发展，从而推动网络思政育人内容不断精益和丰富。相比传统的文化育人方式，网络文化育人自由化程度高、单位时间内受众更广，信息双方地位更平等、开放性更强。它能增强青年学子汲取文化的平等意识，帮助青年学子开拓思维。高校网络思政育人文化的繁荣也需要源源不断的养分来滋养，这就需要汲取许多优秀的文化进行网络化。2014年2月24日，习近平总书记在中共中央政治局第十三次集体学习时强调"要用中华民族创造的一切精神财富来以文化人、以文育人"。他十分重视红色资源的利用、红色传统的发扬、红色基因的传承。因此，高校网络思政育人文化的繁荣发展离不开红色文化的弘扬和传承。红色文化在其生成和传承过程中所蕴含的内在育人属性赋予了红色文化进行网络思政育人的优势，囊括了多种网络思政育人功能，包括但不限于理想信念的引导、爱国情感的激发、社会主流思潮的引领、培养三观的形成。例如，在理想信念引导方面，李大钊、王进喜、邓稼先、黄大年等不同历史时期的许多优秀的共产党员，为了共产主义远大理想和中国特色社会主义共同理想奋斗一生，甚至奉献出宝贵的生命。这些鲜活的榜样，十分容易通过网络平台实现典型展示，对青年学子坚定理想信念、深化对人生价值的认识，无疑有着重要的教育和导向作用。

（四）同向同行：引导网络思政育人队伍专业化发展

网络思政育人队伍是高校网络思政育人工作中的实践操作者。普遍各地区各高校都已经组建了相关队伍，包括网络研究队伍、建设队伍、安全队伍等，从具体人员组成来看，包括辅导员、公共课和专业课教师、技术人员、学校党政部门人员、管理人员等。按照高校网络思政育人工作中事务承担分量来看，作为骨干力量的主要是辅导员、导师、班主任（有些高校未设班主任，具体看实际情况差异），学科教师、相关部门职能人员也承担着直接或者间接责任。刘延东同志曾讲到，除了辅导员和专职教师，高校所有的教职工都应承担教育责任，特别要吸收新鲜、专业、有威望的血液进来，如模范代表、英雄人物、有威望的学者等。

网络思政育人队伍专业化发展意味着队伍人员在个人素养、专业知识、技术运用、沟通方式等方面朝着高、精、尖前进，每位人员都有各自擅长的领域，并且在其他领域也能至少有平均水准，这样在面对网络思政育人过程中的各种问题时都能从容、准确地冷静处理。

三、高校网络思政育人体系的构成要素与优化环节

事物内部各要素的构成不是没有章法的，而是遵循一定规律，有着自身的逻辑理路。高校网络思政育人体系作为一个有机体，根据它的系统性、动态性、全局性等特性，对构成要素、优化环节进行研究分析，有利于更加深刻地理解高校网络思政育人体系的各个部分，并为高校网络思政育人体系的优化问题奠定理论基础。对高校网络思政育人体系构成要素进行静态分析，对优化环节进行动态的探索，既能够更全面、更深刻、更立体地认识高校网络思政育人体系，能为高校网络思政育人实践提供重要的理论支撑。

（一）高校网络思政育人体系的构成要素

要素是构成事物的必要因素。事物不是单一的事物，它的内部蕴含了许多要素，这些要素彼此以一定规律联系在一起，联系起来的整体有机地构成了该事物。协同理论中，系统之间及系统内部各要素之间，在接受人的主观力量作用后，会产生耦合效应，这种耦合带来了整体功效大于部分功效的理想状态，也使要素之间的无序状态向有秩序转变。而教育学在受到管理学关于事物构成要素相关研究影响下，一般从纵向过程对构成要素进行研究。在此基础上，结合高校网络思政育人体系的内涵，可明确其构

成要素包括主体要素、客体要素、载体要素、条件要素。

1. 高校网络思政育人体系的主体要素

哲学意义上，主体与客体相对，是指"于实践活动中，承担设计实践目的、运用实践中介、改造实践客体等任务的人"。据此，高校网络思政育人体系的主体是承担设计网络思政育人体系建设的目的，使用网络相关的一切可用的中介，对网络思政育人体系实践客体进行提升的人。高校网络思政育人的主体和高校网络思政育人体系的主体两者看似相同但是不能完全等同，前者的更微观具体，后者的更宏观凝练。从规模划分看，高校网络思政育人体系的主体包括个体、机构和社会三类。在我国高校网络思政育人体系中，中国共产党主体的顶层位置，拥有极强的自觉、主动意识，是强意识主体，可以归类为社会级别的主体；学校、教育主管单位等组成机构主体，他们主要负责将党和国家的意志更好地传达到下一级，并在具体的网络思政育人工作中做实践指导；高校网络思政育人工作队伍属于个体主体，具体包括辅导员、职能部门人员、教学人员、管理人员等。

（1）党和国家

党和国家是高校网络思政育人体系中层级最高的主体，党和国家的主体地位是不可动摇的，它是整个高校网络思政育人体系的风向标、航海灯。地方教育主管单位、各个高校、高校网络思政育人工作队伍的所有成员都在党和国家的领导下开展高校网络思政育人工作。

（2）学校和教育主管单位

学校和教育主管单位作为机构主体，在高校网络思政育人体系中具有举足轻重的作用。作为党和国家以及工作队伍中间层级的主体，它们既需要准确地接受和解读党和国家发布的工作要求，又要能把这些要求转换为高校网络思政育人工作队伍在实践中可操行的理论文字和实践方案。学校和教育主管单位作为直接接受党和国家下达任务的主体，自身也拥有极强的主导性。网络思政育人目标设计、内容设计、育人活动的计划、资源的调配、效果反馈，都在它们管理的范围内。同时，高校和教育主管单位作为平级的两个主体，它们之间也会互相地监督管理、支持帮扶，教育主管单位为学校提供资金支持、政策支持，行使监督权利，有助于高校网络思政育人更加规范、更有保障地开展，而学校为教育主管单位提供了网络思政育人经验、素材，进而教育主管部门能策划出更好的网络思政育人活动，颁布更有针对性的文件。

(3) 高校网络思政育人工作队伍

前面已经提到高校网络思政育人工作队伍主要包括网络研究队伍、网络建设队伍、网络安全队伍等，从具体人员组成来看，包括辅导员、公共课和专业课教师、技术人员、学校党政部门人员、管理人员等。无论是高校教师还是辅导员，无论是党政部门人员还是技术人员，都属于育人工作队伍中的一部分，都在整体体系中承担着自己的职责。首先是高校管理者，主要包括高校的校长、院长、各级党委等，他们是本校网络思政育人的"设计者"。其次是教师，思想素质硬、业务能力强的教师队伍对于高校的健康发展至关重要。高校网络思政育人离不开大学教师这一重要主体的引导。再次，学生工作者，高校学生工作者主要是专门从事学生事务和服务的人员。其中，大学辅导员作为一线的学生工作者，与大学生的关系最为紧密，事无巨细地关心青年学子的学习和生活。除此之外，技术人员也是网络思政育人工作队伍的重要一部分，他们负责网络思政育人过程中的网络技术支持，确保网络思政育人顺利进行。

2. 高校网络思政育人体系的客体要素

"客体是承接来自主体的物质、信息和能量的一方，具有受动性"，客体和主体不能分割，互相依存，"主体"是物质、信息、能量给予的一方，具有能动性、自主性；"客体"是物质、信息、能量承受的一方，具有承受性、受动性。青年学子是高校教育活动的主要对象，高校网络思政育人作为高校教育活动的一部分，其教育对象亦是青年学子，也就是说高校网络思政育人体系的课题要素就是青年学子。教育的最终目的在于使教育对象发掘自己的主体意识，为教育对象走向社会，成为真正的主体做好准备。"00后"青年学子几乎都是使用网络的主要力量，已经具有极强的主体性。他们能主动通过网络搜寻感兴趣的信息，主动分享自己喜欢的链接给周围的人，和非网络原生代的前辈相比，他们借助信息化浪潮的东风拥有了更强的获取信息能力、传递信息能力以及自行思考能力。但是，即便青年学子的主体性再强，他们本质上依然是客体，他们需要接受真正教育主体的指导，他们在稳定三观的形成、文化素养、政治觉悟、网络文明等方面有待接受系统的教育指导。

3. 高校网络思政育人体系的载体要素

为事物之间的联系搭起桥梁、系上纽带即为载体。据此，高校网络思政育人体系的载体可以理解为联通高校网络思政育人体系主体和客体之间互相关系的承载物。教育工作与信息技术融合的原则、规律，能将线上课堂资源和线下课堂教学的相同之处总结，能把立德树人这一教学目标同时融入线上线下教学，能让网络和课余时间的实践活动互为补充提升效能，这就是高校网络思政育人体系所要遵循的规律原则，以此，能建设出功能齐全、指引明了、方法多元的线上线下结合的有机教育共同体。

（1）网络资源载体

常见的网络资源载体有课件库、微教学单元库、案例库、试题库、常见问题库、名词术语库、网址资源库、共享软件库、参考资源库以及基础资源库等。顾名思义，课件库主要供教师使用，教师在备课前，通过线上课件库进行学习，将值得学习的课件内容内化于心，在自己的课堂上传授给青年学子，特别是一些权威专家的课件，经验老到、见解犀利，非常值得年轻教师的学习。微教学单元库和课件库不同，课件库主要作用于线下，而微教学单元库主要作用于线上，线上的课程安排更为灵活，所以很多课程按照知识点进行划分，一节课可能只有十几分钟，告别了传统课堂 40 分钟一节的局限，根据微教学单元库，学生和老师只要根据感兴趣的知识点进行选择就可以有针对性地开始学习了。案例库、试题库、常见问题库、名词术语库、网址资源库、共享软件库就像他们的名称一样，以具体的内容为合集，需要使用的人可以从对应的库中进行搜寻。参考资源库是比较大型的资源库，知网、百度学术等论文库就属于这个类型，通过输入特定的检索条件，使用者可以从中搜出想要的资料。

（2）网络功能载体

细分功能的网站能够更好地实现高校"立德树人"的目标，主要包括以下几个类型：第一，拓展知识的网络功能的载体。如"党建专区"，下设党建研究与实践、党建理论、党史和人物栏目；"统战专区"，下设统战知识、统战理论，主要供有兴趣与志向的学生学习课程以外的重要理论知识。第二，党课教育功能的载体。党课学习资料、网上党课课件都在此项载体中，主要面对入党积极分子、预备党员、正式党员，有兴趣的其他人员也可以通过党员教育获取，或者在公共开放的网课平台上获取相关资料。第三，形势政策教育功能的载体。一般以系列"主题"形式出现，例如精神解读（党的十九大、二十大）、关注会议热点（两会）等，还有党的群众路线教育实践活动以及线上纪念活动等网站。第四，校园网络文化特色展现载体。很多有历史故事的高校都会依据当地故事设立主题网站，一方面展现了校园的独特文化,另一方面学校的许多工作也可以以此为起点开展;还有的高校是结合高校学科特色,比如师范类院校会设立各种教学成果汇集页面,作为网络文化窗口,还有的院校根据师生值得称赞的事迹成立"最可爱的人"等类型的网站,以优秀人物为名片,展现学校特色,而党务工作做得好的高校会设立学校党建创优的窗口,供其他学校党建部门甚至企业的党建部门学习。第五,服务学生实际需求的载体。最常见的是为青年学子高校学习生活提供便利服务学校教育管理系统,系统内部学生可以完成与辅导员的互动、查询成绩、申请图书馆座位、处理超期图书、填写电子表格等一系列日常活动,实现无纸化的日常事务办理。

(3)网络文化载体

文化是人类创造的物质财富与精神财富的总和,也特指人类创造的精神产品。高校网络思政育人体系的文化载体是指将高校网络思政育人内容要求与丰富多彩的网络文化相结合,助力网络文化的发展,为受教育者和政治集团提供符合标准、符合需求的网络物质承托和精神介质。网络文化载体和现实生活中的文化载体既有区别也有联系。表现为形式的相通与不可替代。某种意义上,可以转换为网络形式的现实文化载体都可以成为网络文化载体。如纸质出版物、文学艺术、广播电视,纸质出版物可以转换为电子出版物,文学艺术作品如音乐、电影、戏剧经过格式转换可以在网上传播,广播电视可以转换为在线电视。网络文化载体和现实文化载体也是不可相互替代的,诸如博物馆、美术馆、纪念馆、舞台剧等给予人超强现场感冲击的现实文化载体地位不可动摇,而网络文化载体的数字形式的优势也是现实文化载体无法比拟的。理论上来说,随着网络技术的进一步发展,越来越多的现实文化载体形式可以转换为网络文化载体。

(4)网络活动载体

实践活动具有科学性强、吸引力大、思想性深厚等特点,能有效地将教育内容中的先进思想、高尚情操内化为教育对象的思想,是教育对象喜闻乐见的学习方式之一。高校网络思政育人体系的活动载体是被赋予相关育人职能的网络实践活动所借助的网络技术的某种表现形式。最常见的网络活动载体是网络教学平台,网络教学平台可以帮助全方位实践教学的开展。在高校网络思政育人的过程中,一般侧重参与式的活动是让青年学生在一定的时间在某个具体的网络平台参加集体活动,最常见的就是一起网上上课、参加网上的集体会议等。经过不断摸索,许多高校通过侧重参与式的活动载体开展网络思政育人实践积累了许多宝贵经验，育人效果也得到了广泛认同。2021年是建党一百周年，由于2020年新冠疫情肆虐，许多高校纷纷开始通过线上重走长征路的方式纪念特殊的日子，具体方式有手机App、专门网站、小程序等，以重走长征路微信小程序为例，个人可以通过微信运动的步数来兑换长征里程，完成微信中所有长征任务可以实现顺利会师。这种方式既弘扬了爱国主义精神，又在安全的情况下督促锻炼身体，最后大家集体会师增强了集体感、参与感。而侧重体验式的网络思政育人活动可以使青年学生在更少的时间、空间约束条件下参与活动，最常见的要数情景体验。情景是一种特定的文化场，是特定的时空中相关文化元素之间相互作用所形成的一个空间或综合场，是文化的一种重要存在形态，能够给人带来全息式、沉浸式的文化体验，并在短时间内对人的认知、情感、心理和行为产生全方位影响。情景体验个人在家、宿舍通过网络平台即可完成，比如，革命文化教育中的听忆苦思甜报告、看历史纪录片等，都属于情景体验，青年学生可以通过线上学习、自己体会等方式完成体验。

4. 高校网络思政育人体系的条件要素

高校网络思政育人的条件要素是能把网络思政育人体系的各个部分有机联系起来并实现协调运行，是载体要素发挥自身功能的重要条件。主要包括政策文件、技术支持、保障措施。

在政策文件方面，政府制定相应的政策支持网络平台建设，投入资金、人力，对网络思政育人过程中取得成果有配套的奖励政策，为高水平的网站建设打下政治基础条件。不光建设上有配套的文件，在网络思政育人的规范化管理上，相应的政策文件能够提高网络思政育人效率，而健全的规章制度能够应对各种突发事件。比如，完整的网络舆论监管制度，能在发现网上反动舆论时及时启动账号封管、禁言等操作。此外，用于部门之间协调的方案能够让不同层级、不同职责的部门和人员各司其职，部门之间任务的交接也能保证及时落实，甚至实现无缝对接。每个人员都有明确的岗位职责，有助于做到"在什么岗位办好什么事"。高校在政策文件方面，主要根据政府指定的政策结合学校具体情况进行部署，让高校网络思政育人部门能够切实地发挥效用。

在技术支持方面，政府帮助高校开发网络平台，寻找技术人员、专业系统提供给高校，确保高校校园网、专题网站的使用能应对新生开学、毕业生毕业等大数据量的任务处理，能抵御犯罪分子的非法侵入，确保高校师生拥有安全的网络使用环境。高校自身也要加强校园网建设，提高校园网的便利性，让高校师生能够通过校园网便利沟通，方便高校师生的教学、生活事务处理。

在保障措施方面，政府的政策文件实际上也属于保障措施，让高校网络思政育人具体实践有规矩可依，以及前面说到的政府为高校网站提供技术支持，其实这也是一种保障措施，为高校提供了技术安全保障。高校的经费预算中要专门划出一部分作为网络思政育人的专项经费，确保专款专用，教育资源也要及时整合，结合自身学校特色、利用优势条件，打造校园网络品牌，这是高校网络思政育人的天然护盾。资金和教育资源都属于资源方面的保障，在机制上，高校网络思政育人过程中也要注意不断完善，这是推动措施落实、育人规范的保障。

（二）高校网络思政育人体系优化的主要环节

前面对网络思政育人体系下了具体的定义，根据定义来看，教育主体有规划地开展了一系列网络教育活动，这就涉及网络教育活动的设计问题；网络教育活动之间相互协调，按照一定秩序形成有机整体，这就涉及了不同要素之间的协调问题；网络教育活动涉及谁去组织、谁来参加，如何进行活动，这就涉及了具体实践操作；在一个阶段的网络思政育人结束后，想看看成效如何，这就涉及了评价问题。这些问题都是高校网络思政育人体系中极为主要也极为重要的，由此，高校网络思政育人体系优化的主要环节包括顶层设计环节、部门协同环节、具体实施环节、效果评价环节。

1. 顶层设计环节

制度是在一定条件下形成的具有法律效力的一整套系统规定和行为准则，需要共同遵守和严格执行。制度的意义在于坚决的执行力，并保证其长期性和坚持性。只有不断地优化顶层设计，才能实现育人工作保持长时间的正常运转。顶层设计环节的优化"实质上就是系统化的制度创新和制度建设"，也就是说站在整个体系的最高视角，全方位地做出规划，以建立健全保障有效运行的一整套相互联系、系统的长效机制。例如，可以把网络安全、网络文明等纳入教育系统"十四五"规划，成立教育信息化工作处，地方教育主管单位出台《教育信息化和网络安全工作要点》，进一步明确网络文化建设的专门处室、工作思路和重点任务，努力将网络文化建设与推进教育信息化、深化教育领域综合改革等工作有机结合、同步部署、整体推进。

2. 部门协同环节

"协同"概念由德国物理学家赫尔曼·哈肯在 20 世纪下半叶提出。主要观点是某种互相作用的关系产生了"1+1＞2"的效果。这种互相作用的关系存在于周遭的整个环境里，事物之间有着联动作用，即一个事物运动变化时，其他事物跟随变化，比如生活中常说的"蝴蝶效应"就是联动作用的一种极端体现。需要和协同一词加以区分的是协调，协调里带着事物之间相互妥协达到相对平衡的意味，而协同侧重事物直接集体配合发力，不需要有所妥协。因此，高校网络思政育人体系中的部门协同就是内部的主体、客体、载体、条件要素之间以及不同的网络思政育人活动之间以交流、内容、技术或者其他形式为媒介，通过分享、沟通、融入、组织、管理等协同途径，所共同达成的能够实现系统功能最大化、效益最高化、实效最强化的特殊运转方式。高校网络思政育人体系中的协同特殊之处在于包括了有主体意识的人和人之间的协同。在我国人口密集这一现实条件下，一对一或一对少精准管理和辅导到具体每个学生，会给高校带来巨大的人力、资金压力，特别是在特殊时期，如新冠疫情期间，仅靠高校的教职工关起门来单打独斗工作开展起来非常困难。必须发挥各个部门的协同作用，众志成城方能统筹全局。此外，根据"三全育人"格局的要求，高校、家庭、社会需要三力合一，协同共进，实现高效精准的育人和树人。在网络技术日新月异的时代，更需要各不同部门协同合作得更加紧密，我国高校育人工作才能跟上时代的步伐。

3. 具体实施环节

高校网络思政育人体系的具体实施环节，也就是把理论付诸实践的环节，这个环节是至关重要的。没有这个环节，再有长远意义的顶层设计也得不到验证，力量再强大的协同作用也无处得到发挥。具体实施的环节非常多，笼统地说就是开展网络思政育人活动，具体地说包括网络平台育人、网络心理育人、网络思政育人、网络文化育人，再往细了说，小的环节被囊括在以上大环节中，也更加具体，比如辅导员通过网络对学生的事务管理，专业课教师借助网络软件给学生上课。具体实施环节优化问题归根到底还是人的问题：教育者、教育对象。因为实施就是一个代表两方都具有主观能动性的动词，核心还在于回答如何更好地进行网络思政育人这个问题。

4. 效果评估环节

高校网络思政育人的最终目的是能够培育出有理想、有本领、有担当的时代新人。那么怎样衡量育人工作是不是给青年学子有了正向影响。这就需要我们对育人的结果进行评估，以确定育人的效果。高校网络思政育人体系优化，根据"柯氏四级评估方案"的四级评价原理效果评估来看，可以逐级进行优化。第一层级：反应层。本层级的评价方案主要以问卷调查为主。主要由李克特量表（Likert Scale）（后简称 LS）和开放式问题两部分组成。LS 是目前调查研究中最广泛使用的量表。LS 是对学习内容的信息和学习者的技能进行统计，利用 1-5 的评分方法具体地指出自己对这个陈述的认可程度。开放性的问题有利于获得更多主观层面的信息，提供充足的空间，让学子们总结其收获，并提供对育人工作的建议和意见。学习结束后，对学习的收获进行评价，收集起来对后期的大学教育者系统的有效实施很方便。第二层级：学习层。学习层的评价主要集中在青年学子掌握学习内容程度的调查，直接评价现场学习后的效果，对于学习后掌握了什么、没有掌握什么有明确的认识。由此，教授者可以更适当地调整学习内容。这个层级的评价是通过角色测试或实际技巧评分，评价与学习内容相关的各重点项目。主要分为两个模块的测试。即重点知识的评价和应用操作的评价。第三层级：行为层。行为水平的学习评价集中在青年学子接受学习审查后。对青年学子将所学的技能和能力应用于实践过程的程度、用所学的知识提升学习效率的程度有所了解。这个水平的评价是通过学校专业课的教师、辅导员、学生之间的问卷调查分析来评价的。评价的内容用学习前后的工作表现的对比来评价。第四层级：结果层。这个层级的评价是对个人学习效果的评价，如思想觉悟是否变得更高，正确的价值观是否得到树立。这个层级是评价最难、最重要的部分。在这个层级的评价过程中需要经过一段较长的实践，因为青年学子的价值观是通过多方面的学习形成的，很难单独将某项学习对青年的影响割裂开来进行评价。只有对评价中的具体事项进行有效评价，才能得到相关评价指标。评价体系应该根据周期前后进行差异化对比[1]。

---

[1] 庄芩. 新时代高校网络育人体系优化研究[D]. 武汉：华中师范大学，2021.

第二节 当前高校网络思政育人体系构建中存在的问题

一、高校工作者网络思政育人意识不佳

与"00后"出生的青年学子不同，有一部分教育工作者在年轻时并没有接触过网络，他们对于网络思政育人的灵敏度因为自身能力的限制不太高，对于互联网的亲近感较差，因此用网较少，网络思政育人的意识也就比较欠缺。还有一部分高校育人工作者是因为对网络思政育人的认识有偏差，没有正确认识高校的网络教育者的机能和价值，从而对通过网络实施教育活动的重视度不够。另外一些高校育人工作者比较青睐传统的教育方法和沟通方式，所以在使用网络工具时，不会倾注足够的耐心和细心，导致高校网络思政育人的发挥大打折扣。在高校网络思政育人的投入方面，前期可能着重于设备投入、网站建设，当网络平台建设成熟后，相关建设者和育人工作者的思维转变存在滞后，未及时将物质投入思想转化成加大精神内容的投入。

二、高校网络思政育人管理不力

高校网络思政育人管理水平有待提升。其中，行为规范管理水平亟待提升。高校网络思政育人的管理重点之一在于能够帮助青年学子轻松使用网络资源，实现网络思政育人。而在青年学子通过校园网进行网络活动时，教育者想对同一时间内学生的网上网下行为规范管理是十分有限的，特别是在校期间的青年学子，在校期间无法接受父母的监督，管理者更难知晓坐在电脑后的学生到底是真正在认真上网课还是在吃零食、偷偷睡觉。再者，根据高校管理工作机制维度来看，网络思政育人的相关管理部门通常以设立校园网络文化方向的部门为主，工作职能尚缺乏合理的区分，管理职能重复的问题较为普遍。

三、高校网络思政育人队伍不够精

国内大部分高校都未设立专门的网络思政育人团队，基本上是由相关

部门、学生组织和思想政治辅导员兼任。主要对校园网、微信公众平台、微博账号、抖音、QQ 空间、BBS 等平台进行网络舆论监测和引导。根据职业能力的标准和要求，专职辅导员也必须承担网络思想和政治教育的工作。虽然每个人都负责这个职务，但是由于没有取得有效的联络，所以很难形成工作的合作，也就没有培养人的工作团队的实效性。

除了网络思政育人队伍疏于建设，网络思政育人队伍不精还体现在队伍中辅导员的分身乏术。辅导员可以算是高校教职工中最忙碌的人群之一了，一名辅导员负责上百名学生已经是家常便饭，开学时，上百名学生的报到注册，入住宿舍；发展党员整个过程中，每一步辅导员都要亲自监督和指导；党组织关系的转入转出、党费的收缴核算；各个同学的心理健康、生活情况摸排；定期给学生干部进行培训上课；还有各种材料、表格的填写，各种消息的接收、通知、下达和反馈。辅导员作为学生工作的一线战士，要忙的事情实在太多。也是归于辅导员事务繁多的部分原因，辅导员在网络技术的掌握方面往往最为纯熟，因为他们必须在最短的时间内对接最多的学生，处理海量的事务。但也正是因为辅导员海量的事务要处理，导致了辅导员网络思政育人情况的不乐观。辅导员在高强度的事务处理过程中，不免身心乏力，没有空闲时间去思考如何利用自己的工作系统地进行网络思政育人，剩下的多是零碎的闲暇时间，在这种情况下，再让辅导员去总结整个网络思政育人过程，只会让他们分身乏术，影响正常工作。

四、高校网络思政育人平台建设力量不足

如今，各高校普遍建成了综合性门户网站、主题性教育网站、专业性学术网站、互动型学生社区、移动性"两微一端"等网络平台，但总体上看，各网络平台之间，各地各校之间互联互通还不够，基本上都是在单兵作战，没有形成集团优势。

易班平台和中国青年学子在线，是由国家相关部门牵头建设的网络思政育人平台，在全国范围内，有着不可撼动的地位。根据教育部的调查结果显示，全国范围内近 3000 所高校中，仅有不到 800 所高校进驻易班，占比只有 2.6 成。而青年学子在线注册的校园网络通信站仅有 538 个，在全国高校数量中占比不到 2 成，虽然网站的注册用户近 500 万人，但是在校生注册占比不到 20%，并且存在活跃用户不多、用户黏性差的问题。易班在建立之初旨在能为高校师生带来便利，包括班级事务管理、快捷校园服务等，随着不断地升级更新，它开始吸纳高校建设学生工作站点，为校园网络文化活动提供好的出口。易班逐渐成长为了全国范围内知名的校园文化品牌。青年学子在线是由教育部领头建设的网络平台，旨在让全国青年学子参与进来。然而现实和理想是有差距的，昔日一时辉煌的两个网络思政育人平台如今进入了缓慢发展期，支撑它们崛起的力量似乎断源了，两个网络思政育人平台不得不仔细思考一下未来的发展道路。

全国范围内除了易班和青年学子在线两个知名网络思政育人平台，还有一些小的平台。有的是地区建设的，有的是高校或者二级学院建设的，也有的是个人基于兴趣爱好建设的。但是数据显示，全国范围内仅有2成高校建设了网络思政育人主题网站，在这比例为数不多的高校网络思政育人主题网站中，存在着疏于管理导致的网站服务器落后、信息更新延迟、功能过于局限等问题。久而久之，这一部分网站变成了网络中的荒漠，网站中曾经发布的信息被互联网所掩埋，被人遗忘，无人问津。

商业性网络思政育人平台在服务器的承载量、操作手势人性化程度、功能数量、发声成本等方面都会优于前面提及的网络思政育人平台。最常用的网络思政育人商业平台包括微信、微博、抖音等。因为只要成功注册账号就可以享受平台内的各项功能，随时发声，所以许多高校从校级部门到学生组织都进驻商业网络平台。由于商业平台的开放程度极高，平台上的账号以娱乐、休闲为主，还会夹杂一些负面信息，高校的相关账号想在商业平台上开辟一片天地需要付出比在其他平台上翻倍的力量。

五、高校网络文化育人建设面临现实矛盾

文化育人相比其他育人方式，有着不可比拟的天然优势，我国高校网络思政育人也展开了丰富的实践，但是我国高校网络文化育人建设面临着无法忽视的现实矛盾。校园网络文化，百家争鸣，多为单打独斗，虽然有类似易班校园文化节的活动，但是前面也说到了，高校网络思政育人平台力量不足的问题，让参与易班文化节的高校只是一小部分，离实现全国范围内的校园文化交流还很遥远。同时，部分高校未能充分发挥出网络文化的育人功能。有些高校是受限于地理条件的限制，比如高校位于优秀历史文化深厚的地界，但由于开发问题，文化资源没有得以开发，无法将其用于高校网络思政育人工作。还有部分高校，虽然有意识地将网络文化运用到网络思政育人工作中，但是实际育人效果，有去无回，收效甚微。还有些高校疏于对网络文化的维护和更新，给师生获取信息带来不便，长此以往，师生不愿意登录承载网络文化的平台，这些不被感兴趣的平台很可能变成未来互联网中的荒漠之地。

六、高校网络思政育人评价体系不健全

由于每个高校网络思政育人队伍建设情况不相同，大部分学校没有固定的网络思政育人队伍，有些学校的网络思政育人工作由兼职教师承担。对于网络思政育人工作者个人的工作就不好加以判定，也就无法对表现优秀的教育工作者做出激励。高校网络思政育人成效也是一个无法量化的因素，当前也没有针对网络思政育人成效所做的专门评价体系，网络思政育人成果无从判定，这样既会影响网络思政育人工作者的积极性，又会给网络思政育人工作队伍增加一道屏障。

七、高校网络领域法律法规不够完善

信息化时代，网络发声几乎没有成本。只要网上言论没有恶劣到一定程度，一个网络账号被封了，马上换另一个账号又可以发声。虽然国家非常重视互联网生态环境的维护，出台了一系列法规约束上网者的行为，但是由于我国网民数量基数太大，而网上发声渠道特别丰富，所以难免会有一些漏网之鱼。在一些细分领域，法律法规一时还难以覆盖到。青年学子的三观还在培养形成期，难免会受到不法分子发布的负面信息影响。[①]

第三节 高校网络思政育人体系构建存在问题的成因分析

一、网络思政育人形式及内容无法满足青年学子的需要

高校的网络思政育人工作总是根据当下网络的流行趋势来调整、更新的。从形式上看，互联网中的表达方式总是变化的，根据 CNNIC 最新结果显示，网民中学生群体占比最大，在 20% 以上，而这些年轻的学生就是互

---

① 庄芩. 新时代高校网络育人体系优化研究[D]. 武汉：华中师范大学，2021.

联网表达方式流行的缔造者和引领者。有很长一段时间，互联网上信息的传播是以文字、图片、音频为主的，比如全国高校都在大力建设的"两微一端"中，微博主要以短篇文字配图片为主要呈现形式，微信以语音、文字、视频作为主要交流方式，微信中的公众号最常见的依然是长篇文字加图片组合，高校相关新闻的呈现不同形式各有特色，但整体上看依然以文字加图片新闻为主。2016年以后，短视频表达进入了爆发期，以抖音为代表的短视频作为互联网内容传播的新形式已然成为网络表达的新风向，高校纷纷入驻短视频平台，开始了"两微一抖"建设。2020年3月至当年年底，短视频用户增长了一亿，总用户量占总体网民近9成。而截至2021年6月8日，在知网（CNKI）总库中，以短视频和教育为主题的研究在以短视频为主题的研究中占比仅约为6.3%。无论是高校的实践还是学术界的理论研究，网络思政育人形式都没有满足青年学子日益变化的需要，在网络思政育人的实践工作中，高校虽然对当下青年学子的需要进行了及时调整，其中不可避免的时间差带来了网络思政育人满足青年学子需要的滞后。从内容上看，网络思政育人内容的生动性和多样性还有欠缺。虽然各大高校开设的线上课程繁多，但不少课程在由线下转换为线上的过程中，丧失了学科灵魂。比如一些线上课程录制过程中由于过于重视形式的变换，忽视了内容传授的技巧，忽视了和屏幕前学生们的互动，照本宣科，丧失了课程原有的生动性。而在会议精神、政策制度等内容的宣传过程中，网站和平台多以顶层管理者和决策者的角度进行传达，存在与高校生活、青年学子认知水平脱轨的情况，青年学子当下可能无法理解，也没有充足的途径表达自己的想法并获得反馈。

二、网络监管体系需要长期查漏补缺

全国范围内看，未遭遇网络安全问题的网民比例进一步提升，但网站安全事件和系统漏洞问题依然不容小觑，2020年我国境内有千余政府网站存在被篡改的情况。我国互联网领域的法律法规虽然一直在查漏补缺，但与此同时会有新的漏洞产生，所以短时间内漏洞无法穷尽。一些不法分子利用法律漏洞实施网络犯罪，特别是西方国家一些别有目的的人实行西方文化入侵，传播错误的社会思潮，利用各种子虚乌有污化我国优秀的传统文化，对我国网络生态造成了极大危害。而在高校的学科教育中，部分网络的课程学习过程存在疏漏，获取知识的途径沦为了获取学分的工具，一些青年学子在上网课时做其他与课堂无关的事情，甚至请人代上网课、代写网络课程作业，由于网课监管的漏洞，部分网络课程的期末考试也无法保证是学生本人完成的。网课学习监管的漏洞甚至催生了以代上课、代写作业、代考试为业务的利益群体，严重危害了高校网络思政育人的正常工作，造成了教育资源的浪费。

三、高校网络思政育人投入资金不够

资金投入情况会影响网络思政育人工作效率，正所谓"巧妇难为无米之炊"。目前，在网络思政育人相关网站建设以及网络思政育人队伍培训方面，高校的资金投入仍然不足。高校的资金主要用于科研、学校发展，网络思政育人体系的建设的资金没有受到足够的重视，网络思政育人的资金投入往往是其他工作中涉及网络的附带投入，这就导致网络思政育人在高校实际教育工作中的边缘化，容易成为一种协助教育。

四、用网治网的观念和能力滞后

高校的教师、管理工作者由于年龄、专业等因素的限制在网络运用水平上存在较大差异，一部分一线工作者由于无法及时适应网络更新迭代的功能，在用网治网过程中，思想观念相对滞后，或者实践操作能力不足，无法满足青年学子的网络需求。导致了网络平台中的育人功能发挥打折扣、网络交流沟通受限，从而引发了一系列其他问题。

五、网络平台功能存在局限

从各个高校自己建设的网络平台看，建设水平参差不齐，智慧校园建设程度存在差距，一些高校已经能为学生提供"一站式"校园学习和生活服务，而还有一些学校的网络平台功能依然十分单一。而各个高校网络平台在页面设计上不断改善，展现新时代高校平台应有风貌的同时，许多高校忽视了网络平台依托的服务器革新，很多服务器还停留在十年前的水平。电子产品更新的速度是日新月异的，这就导致了学生使用的个人电子设备更新迭代速度快和高校服务器停滞不前之间产生矛盾，学生在使用个人电脑进行一些操作时，个人电脑版本过高，无法和老式服务器兼容，从而无

法使用校园平台提供的功能。再者,高校的网络账号建设存在泛滥现象,除了高校自身的账号,从不同学院到不同部门、从校级到院级的学生组织,都在微博、微信、抖音、B站等平台开通了账号,有些账号做得比较好,实现了内容细分、精准定位,而有些账号更新速度慢,无法实现与其他账号的功能区分,在一定程度上降低了学生的使用兴趣。特别是一些高校二级单位建立的微信公众号或者微博账号,有的停留在仅限于"有"的阶段,有的沦为"休眠账号",长期不发布任何信息,无法发挥网络平台的信息传播功能。

六、网络思政育人配套设施更新不及时,配套服务水平不高

前面说到了高校服务器停步不前和个人电子设备更新速度快之间存在矛盾,由于高校服务器的不更新,对高校网络思政育人相关配套设施也就没有新的要求,因此,部分配套设施存在更新迭代不及时的情况,而相应的网络服务功能也会随之"缩水"。随着5G的全面推行,青年学子在领略了5G带来的极致流畅网络和便利后,再体验未及时提升的校园网络服务,其中的落差感不言而喻,校园网络服务已经远远落后令青年学子满意的标准水平。①

---

① 庄芩. 新时代高校网络育人体系优化研究[D]. 武汉:华中师范大学,2021.

第四章　更新高校网络思政育人方法

第一节　高校网络思政育人方法概述

一、高校网络思政育人方法的含义

高校网络思政育人方法区别于传统的思想政治教育方法，在思想方法与工作方法上有自身的特殊性。高校网络思政育人方法本质上就是如何发挥网络在思想政治教育工作中的积极作用。所谓网络思想政治教育方法就是在开展网络思想政治教育工作的过程中，为了达到一定的目的所采取的手段、程序、模式等的总和。而高校网络思政育人方法就是在高校开展育人活动过程中，为了达到育人的目的，利用网络平台所采用的工具、手段、模式等的总和。因此，高校网络思政育人方法的内涵包括以下几个方面：

第一，高校网络思政育人方法不同于传统的高校思想政治教育方法。与传统的思想政治教育方法相比，网络思政育人方法在表现形式、作用方式、运用形式等方面有独特之处。高校网络思政育人方法强调以新媒体为载体，以网络为平台，虚实相接的方式与手段，相对于传统思想政治教育单向、僵硬的模式，高校网络思政育人方法更以双向互动的属性更为灵活多样。

第二，高校网络思政育人方法是连接主体与客体的桥梁。方法是联结主体与客体的中介，因而高校网络思政育人方法也是联结主体与客体的中介要素。育人工作的特殊矛盾之一就表现为教育者提出的教育要求与教育对象思想认识之间存在的差异性和矛盾性。网络条件下高校学生的个体意识越来越明显，他们在实践中形成了自己的思想意识，因而教育主体对教育对象提出的要求与之出现差异和矛盾。网络思政育人方法就是联结主客体、消除二者差异，实现教育要求向教育客体思想转化的船和桥。

第三，高校通过网络思政育人方法推动育人活动的开展。方法运用于实践活动中，与实践活动相伴相生。高校网络思政育人活动必须借助于高校网络思政育人方法才能顺利开展并向前推进，随着育人活动的一步步推进，高校网络思政育人方法不断更新与完善。

二、高校网络思政育人方法的特点

互动性、虚拟性、信息技术属性是高校网络思政育人方法的显著特征。"足不出户就能知晓天下事"是网络互动性的生动写照，在网络环境中，育人活动主体与客体通过网络平台在虚拟空间实现一对一或一对多的双向交流互动。通过微博、微信等互动平台或即时性聊天工具与教育主体相互传递信息，改变了高校传统育人模式，使被动、填鸭式、灌输式变为主动参与和接受，形成了教育主体与客体交互影响，在思想碰撞中潜移默化客体接受的局面。虚拟性是相对于传统的育人活动而言，突破了物理空间限制与时空一体的限制，满足育人活动主客体在不同的时间、空间进行信息交流的需求，使信息交流具有时间上的灵活性和空间上的延展性，在虚拟空间运用文字、视频、图片等数字化形式实现育人目标。网络思政育人方法伴随着信息技术的更新与发展而出现，网络思政育人方法与信息技术高度融合，要求高校育人主体不仅要熟练掌握信息技术，而且要灵活有效地运用网络思政育人方法。

三、高校网络思政育人方法的类型

高校网络思政育人工作在实践过程中主要有以下几种方法：

（一）网络宣传教育法

互联网的迅猛发展对高校的意识形态领域产生巨大影响，做好网络宣传思想工作是高校意识形态工作的重要环节。习近平总书记指出高校是安定团结的模范之地，高校的网络宣传教育任重而道远。网络宣传教育法是指高校网络思政育人工作者在马克思主义理论的指导下，宣传党和国家的大政方针，弘扬社会主义主旋律，弘扬社会主义核心价值观，传播正能量，有助于受教育者形成积极向上的价值观。

网络宣传教育法的要义，首先是坚持正面宣传。当前网络环境中的高校大学生表现为几种倾向：一是青年学生对国家和社会发展话题的网上关注度日益升温；二是更关注自身成长发展和切身利益相关的话题，对宏观社会政治问题态度较为冷淡；三是少数青年学生比起正面的评论更倾向分享负面消息，不追究信息的来源和真实性。因此，只有加强正面宣传的力度和深度，才能把握正确的舆论导向，增强网络宣传教育的感染力。其次，遵循网络宣传规律。网络引起高校育人工作的深刻变革，网络语言的特殊性在于碎片化、简洁化，网络传播的即时性、时效性与影响力非常强大。由此可见，发挥网络的语用功能，遵循网络传播规律是做好网络宣传教育的重要途径。最后，网络宣传教育法引导学生主动参与网络宣传思想工作，调动学生参与网络宣传的积极性、主动性与自觉性，不断提升高校网络宣传教育的效果。

（二）网络榜样示范法

如果说网络宣传教育是用理论引导人，那么榜样示范就是用身边的榜样、典型的事迹进行言传身教。毛泽东同志认为"典型本身就是一种政治力量"，树立优秀典型，用榜样的力量感染大学生，是网络思政育人的一种有效方法。

首先，网络思政育人工作者要以身作则、率先示范。网络思政育人活动中，传道、授业、解惑仍然是教师的职责，教师的业务能力以及人格魅力潜移默化地影响着学生，是一种无形的榜样力量。因此，网络思政育人工作者要掌握扎实的理论知识和学科专业知识，了解网络文化，不断提升自己的业务能力和网络素养。另一方面，网络思政育人工作者要自觉遵守网络道德规范，发挥模范带头作用，以自己的人格魅力去影响学生。其次，树立先进典型，宣传正面典型。榜样的力量是无穷的，在网络思政育人活动中，选取先进典型、精英人物或大学生身边的榜样，宣传他们的事迹，发起学习先进典型，争做好榜样的活动。但是，宣传典型也切忌拔高人物，虚假宣传，还可以适当利用负面典型起到警戒作用。

（三）网络交往教育法

网络交往打破了时空限制，成为大学生社交的主要活动之一。当今高校大学生的网络交往呈现出跨区域、跨学校、跨年龄、跨性别等特征，交往实践越来越复杂，一方面扩大了社交范围，拓展了人际关系，另一方面也增加了网络交往的负面影响。网络交往教育法从广义来说是网络思政育人工作者引导大学生在网络中的正确的交往实践，从狭义上讲网络交往教育法是指教育者和受教育者之间在网络平台上进行学习交流与共享,并在思想政治上得以共同进步、共同提高的方法。网络交往教育法要求网络思政育人工作者树立民主、平等、互动的观念,利用 QQ、微信、微博等即时通信工具与学生积极交流沟通,在与学生的双向或多向互动中共同提高。

(四)网络心理教育法

网络信息传播与受众心理需求之间是一种良性互动关系,网络互动的过程也是自我意识建构的过程。网络具有两面性,当负面信息充斥网络,网络暴力甚嚣尘上,或多或少地对受众的心理产生消极影响,加强网络心理教育极为重要。网络心理教育是一种新的网络教育理念,也是一种特殊的网络教育活动,对大学生进行网络心理干预和引导需要高校网络思政育人工作者具备一定的心理学知识,将网络技术与心理教育结合起来,加强网络情感教育,提高学生的网络交往适应力,做好心理疏导与调节工作。一是开设网上心理健康教育课堂,结合相关案例传授网络心理知识,设置情境增加学生的情绪体验。二是通过开展主题班会、心理咨询等活动给学生敞开心扉的交流空间,交流、讨论虚拟空间中的交往实践经验,并对有困惑的学生进行适当的心理干预与引导。三是净化高校网络空间,为学生营造健康向上的上网环境以及网络心理发展空间。

(五)网络自我教育法

自我教育是指"受教育者根据思想政治教育目标、要求,在自我意识的基础上通过自我认识、自我控制、自我体验而产生积极进取之心,主动地接受先进思想和形成正确行为的方法"。自我教育不是自发教育,也不是自由教育,在网络环境中的自我教育也不等于放任自流,高校网络思政育人主体在大学生自我教育活动中仍然要引导、把关。当然,网络自我教育不能依赖于教师的教,要在教师的引导下,充分发挥自己的主观能动性,学会自主学习,自我提升。网络自我教育法涉及倡导网络道德自律、网上自主学习、网络素养提升。首先,网络道德自律。马克思认为人类精神的自律是道德的基础。自律是自我管理、自我控制、自我调节的过程,大学生要自觉遵守网络道德规范与操守,按照伦理准则指导自己的行为,自尊自爱,自觉将网络道德要求内化为自己的观念。其次,网上自主学习。网络为大学生的学习生活提供便利,大学生可以根据学业要求自主学习,构建自己的知识体系。加强网络自我教育最重要的是上好网上"两课",主动参加网上党校、团校,用先进的思想武装头脑,自觉抵制腐朽落后的思想。再次，大学生要不断提升自己的网络素养。网络素养是每个网民都应该具备的品质，大学生要树立正确的网络观念，不断提高自己的网络信息素质和网络道德素质。①

第二节 高校网络育人方法运用的现状

高校利用网络开展育人活动，在运用具体的方法时还借助网络媒体与平台对受教育者施加影响。目前很多高校利用网络开展思想政治教育，建设思想政治教育网站开展主题教育，开设网上课堂，利用微博、微信等微媒体平台在日常生活中发挥网络的育人功能，取得了一定的成效，但高校网络育人方法在运用过程中也存在许多不足之处。

一、高校网络育人方法运用的实践

近年来，高校通过网络发挥其思想政治教育功能的实践日益广泛，许多高校开辟网上思想政治教育渠道，打造网上思想政治理论课堂，开通校园微媒体平台等方面取得了可喜的成果。

（一）高校网络育人的网站建设

校园网站是高校师生学习与生活的门户，也是实施网络育人的方法的重要渠道。校园网是高校校园文化建设的网络阵地，思想政治教育网站作为校园网中对大学生开展思想政治教育的主要载体，提供的信息服务发挥着极大的德育功能。

1. 校园网

《高校思想政治工作质量提升工程实施纲要》指出，推动网络育人，"要发挥全国高校校园网站联盟作用，推选展示一批校园网络名站名录，引领建设校园网络新媒体矩阵"。校园网站建设既是高校校园文化建设的重要组成部分，又是组成高校网络育人工作阵营的重要部分。以高校新闻网为代表的校园网站是营造积极健康的校园网络文化和主流思想宣传的主阵地，在高校网络育人工作中发挥着引导功能、凝聚功能和示范功能。

2. 思想政治教育主题网站

高校思想政治教育网站是高校网络育人的重要平台，是以大学生为主

---

① 王亚奇. 高校网络育人方法研究[D]. 武汉：武汉大学，2018.

要服务对象，以中国特色社会主义理论体系为构建网络内容的理论支撑，以学生熟悉的网络软件和信息技术为手段，通过设置学生喜闻乐见的栏目内容，为现实思想政治教育补位，有目的、有计划、有组织地全方位进行马克思主义世界观、人生观、价值观的引领而开设的思想传播、交流共享的平台。思想政治教育主题网站建设是发挥校园网络文化育人功能的重要渠道。

（二）高校网络育人的课堂建设

互联网的兴起掀起教育界的革命，2012年以来以数字化为特征的教育变革掀起燎原之势。在思想政治教育领域，传统课堂接入新媒体，借助数字化技术突破传统课堂建设，引入慕课、翻转课堂等新兴的教学模式。

1. "第二课堂"

理论灌输法是传统思想政治理论课堂的基本方法，通过理论知识的讲授可以帮助学生尽快地掌握课堂内容，但是却造成"我说你听"的"一言堂"，教师掌握着课堂的权威，学生成为被动接收信息的受众。"互联网+教育"的显著成果体现在课堂教育之中，网络新媒体将传统思想政治理论课堂接入虚拟领域，涌现出众多的"新型"思想政治教育课程，形成育人"第二课堂"。很多高校开设网络课程、微课、慕课、翻转课堂，许多高校教师接受信息化培训，以适应网络教育背景下课堂教学的不同需求。

网络虚拟空间成为思想政治理论教学的新阵地，课堂教学不再局限于有限的实体空间内，实现了线上课堂与实体课堂的对接。一是突出学生主体。相对于传统思想政治理论教育课堂主体去中心化，利用网络开设思想政治理论课程，开展育人活动更突出学生的主体性。二是实现思想政治理论课堂教学主渠道与网络阵地的对接。思想政治教育是思想政治理论课堂教学的核心，包括思想政治理论教育和日常思想政治教育两个方面，一个是主渠道，一个是主阵地，微互动生成生活化的隐性思想政治理论课堂，对接教学主阵地，形成线上线下相补充的教学模式。新媒体的及时性、互动主体的身体不在场性使思想政治理论课堂转换成即时课堂、动态课堂，大大提高了思想政治课堂教学的实效性。

2. 慕课

慕课（MOOC）又称大规模开放在线课程，以大规模、开放性、自主性等为特征。慕课拥有大量的学习者以及大范围的课程活动范围，以兴趣为导向对全球各地的学习者开放。

基于慕课的混合教学模式对接思想政治教学领域，近年来，特别是在全国思想政治工作会议之后，思想政治教育慕课课程大幅增加。目前我国高校慕课平台已上线 19 门思想政治教育慕课，共开设 34 期，选课人数近 40 万人次。清华大学"学堂在线"平台 4 门思想政治教育课程，提供给 150 余所高校，共计覆盖 45 万名学生。慕课是基于互联网的教与学，焦建利教授多年的慕课教学的经验总结为：一是分布式学习与开放教学；二是带有测验题的、短小精练的视频；三是慕课学习是一种自觉、主动与自组织学习；四是同伴评分与评估；五是实践社群中知识的建构；六是连通主义学习；七是从慕课到小规模限制性在线课程：混合学习；八是精熟学习；九是技术支持的在线学习；十是非正式学习与终身学习。慕课有极大的自主性，慕课没有明确的学习目标，没有特定的学习时间、地点，没有正式的课程考核。对于慕课的学习者来说，他们拥有自我设定、自我调控的自主权，学习者对自己的学习负责。高校思想政治理论慕课教学的发展势头正盛，国内外高校通过思想政治理论课的开放，实现了优质教学资源的交互与共享。慕课改变了传统思想政治理论课程的教学模式，不仅内容丰富完善还富有生趣，激起当代高校师生的兴趣。慕课促进了思想政治理论课教学方法的改变，慕课形成师生交流互动的平台，一改传统的单一枯燥的教学方式。

3. 翻转课堂

　　翻转课堂是与慕课密切相连的概念，张金磊等人的《翻转课堂教学模式研究》率先将翻转课堂引入中国。翻转课堂是相对于传统的课堂教学模式而言，先学后教的一种课堂模式，具有自主性、互动性与个性化的特征，对于提高教学实效性具有深远意义。

　　目前翻转课堂的模式可概括为以下几个方面：第一，先学后教的教学模式；第二，"满十进一"的进阶模式；第三，微课呈现的讲授方式；第四，积极学习的实现形式。翻转课堂相对于传统课堂模式，学生提前自主学习知识更能够积极参与课堂，既增强了学生自主学习的动机，又提高了教学效率。高校思想政治理论翻转课堂将思想政治理论课的学习时间进行调整，充分尊重学生的自主权，创设以学生为中心的课堂模式。在思想政治理论翻转课堂中，教师根据学生的实际情况，制作独具特色的视频或文字资料，供学生在课前观看或阅读。视频或文字资料一般选取短小精练并且符合学生专业和认知水平的内容，在课堂进行过程中，通过组织多样化的活动引导学生积极参与到课堂讨论中来，形成一种师生交流互动、学生合作探究学习、自主学习的课堂氛围。

（三）高校网络育人的微媒体平台建设

移动互联网伴随着智能手机、平板电脑等智能化、便携式的移动终端的普及逐步走进人们的日常生活。以微博为发端，新媒体发展势如破竹，微博、微信、知乎等微媒体走进高校，成为广大青年师生学习、工作、生活不可或缺的一部分。近年来，高校思想政治教育探索现代化应用，立足于微博、微信等微媒体平台与新媒体相结合探索新的育人方式。

1. 微博、微信等公众平台

校园微媒体平台是指高校以移动互联网技术为基础，以高校官方部门、教师、学生为主体，以微博、微信、微米、微视等为代表的新媒体形态、产品和服务的集合，是高校校园文化传播、意识形态引导、开展宣传工作的重要途径，同时也是思想政治教育工作的新载体和新方式。微博、微信进入高校校园，为思想政治教育搭建现代化平台。

微博传播功能强大，微博发布内容编辑在140字以内，短小精练，具有较强的可读性。内容可设置成文字、图片、音频、视频等多种形式，可以随时随地分享身边新鲜的故事。微博传播形式具有裂变式、一对多、多对多的交互特征，碎片化的阅读方式迅速融入人们的日常生活，给用户带来前所未有的体验。校园微博多以校园官方为博主，发布内容一般以学校管理、学生学习与生活、课内外活动、社会热点为主，面向高校师生群体，具有鲜明的校园特色。学校官微的学生工作者深谙大学生心理，内容设置契合大学生思想特点与心理需求，除了上述主旋律、基本政务内容外，许多高校官微也倾向编辑正能量话语，滋养着莘莘学子。

微信公众平台实现与特定群体的全方位互动，是校园育德育人的又一新的微平台，在高校思想政治教育领域具有巨大的应用潜力。微信沟通的即时性拓展了课堂教学模式以及师生社交空间。现代教育模式下的师生关系，面对面、直接对话的交往在减少，交往形式越来越青睐文字、符号、图片、声像信息等的间接交往。微信平台为学生提供移动学习支撑，也逐渐成为师生交往的新模式。目前各大高校都开设了学校、学院微信公众号，如江南大学公众号微主页设置"影像江南""江南故事"等栏目宣传魅力视觉江南、"江南第一学府"的文化形象，设置"头条政务号"特色栏目，链接江南大学官方头条平台，形成灵活高效的互动社区。许多高校官微平台的版面设计与内容设置在动态的更新与改进中，致力于建设"便民利民"服务与育人平台。许多高校还推出各种特色的专题教育活动、思想政治教育活动等，其内容通过公众平台将党的路线、方针、政策传递给学生，让学生在阅读中潜移默化地接受影响。

2. 高校微博、微信平台监管

微博、微信因即时关注、即时编辑、即时分享、即时沟通的特性成为当下高校大学生的新宠，各大高校越来越重视微博微信公众平台在高校育人工作中发挥的重要作用，注册官方微博，开设微信公众平台，实时发布信息。微博、微信公众平台的传播力和影响力不容小觑，利用好微博、微信才能真正发挥其在育人工作中的作用。首先，加强官方微博以及微信公众平台的有效利用。学校官微及公众号的内容建设是增强吸引力与影响力的关键，官微的信息应区别于公文，区别于说教，信息编辑要考虑受众群体，信息发出给受众以不一样的情绪体验。除了发布官方消息，微博及微信公众号的内容设置还可以涉及社会时事热点，日常生活分享以及其他学生感兴趣的话题。在学校、学院以及其他组织活动中，通过微博平台参与游戏竞技等活动，在娱乐氛围中发挥寓教于乐的作用。另外各学院、党委、团委、学生组织等不同的组织团体也可以开设微博及微信公众号，拉近组织团体与成员的距离。其次，加强高校微博及微信公众平台的信息管控。微博分享与微信公众平台具有很大的自由性与随意性，信息源、信息传播与客户端的掌控尤为重要，因此加强微博、微信平台的信息管控，设立预警机制与应急机制非常必要。

二、高校网络育人方法运用的问题

目前高校网络育人方法的实施取得了一定的成果，但就效果来看并不理想。高校网络育人方法的运用受到许多因素的制约，在实施过程中也存在一些问题。了解高校网络育人方法的运用现状对更好地开展网络育人工作，探索更为行之有效的方法有启示作用。

（一）方法运用灵活性不足

恩格斯指出，真正科学的方法是对象的类似物。方法运用既要讲究科学性，也要讲究灵活性，根据对象的不同特点具体运用。高校网络育人方法的运用形式比较单一，缺乏灵活性。一方面表现为网络育人主体运用的方法形式单一，在利用网络开展各种育人活动的实践中，网络育人主体仍然倾向于网络沟通法、网络信息集合法、网络理论灌输法，对于开展网络调查研究，引导大学生进行自我教育等方面却很少涉及。另一方面表现为高校网络育人主体缺乏技术性，方法运用不充分。一些高校网络育人工作者对最新的网络发展状况了解不足，较少地掌握最新的技术，年轻的网络育人工作者能够保持对新技术的敏感度，深入学生群体，掌握与学生沟通的即时通信工具，但是年长的教师却很少能够进入学生的朋友圈。在网络育人方法的形式上，信息发布多集中在网站上，而在高校学生频繁活动的微博、微信等方式缺乏普及度。

（二）方法运用自觉性不足

方法运用的自觉性主要表现在积极性与主动性上，一些高校的网络育人主体在方法实施上缺乏积极性，主要表现为不主动使用或怀疑方法实施的效果。首先，方法实施主体的意愿不强。许多高校育人工作者对网络开展育人活动有技术性和网络负面影响的顾虑，加之教师工作业务繁忙，用在网络上的时间少，一定程度上影响了教师网络育人方法实施的积极性。其次，网络的发展日新月异，技术更新快捷，一些网络育人工作者思想方式没有完全转变。一些老师心理适应存在时间差，对方法的实施效果存在疑虑，因顾虑育人的实效而不愿意使用。再次，高校的教学评价制度与体系不完善，对于网络教学评价缺乏系统性与规范性的设置，这也影响了网络育人主体方法实施的积极性与主动性。另外，高校网络育人工作者与大学生之间可能出现语言系统、沟通技术、思维方式之间的隔阂，在教育信息的相互有效传递上很难产生共振反应，这些都影响了方法实施主体的自觉。

（三）方法运用实效性不足

提高思想政治教育的实效，达到育人育德的效果，是网络育人方法实施的目的。网络进入思想政治教育领域以来，网络的育人功能日益显著，但是网络育人的效果却并不理想。一方面，思想政治教育网站关注度不高，缺乏影响力。由于校园网站及思想政治教育主题网站文案设计、技术设置等缺乏专业性和兴趣点，高校大学生把更多的兴趣集中于娱乐休闲上，而网站的关注度及点击率呈下降趋势。另一方面，网络育人方法实施主体的引导力不足。近年来微博、微信渗入高校校园，刷微博、聊微信成为大学生的日常，教师在这些即时通信平台很少深入了解大学生关注的话题，对大学生的思想动态把握不足，不能实现有效引导。另一方面在于高校在网络育人方法运行的制度不够明晰，也影响了方法的有效实施。大部分高校制定了一套网络信息管理的相关制度与规范，但思想政治教育主体的网上思想政治教育责任、网络突发事件应急反应、网络舆情的监控和处置等还有待完善。

三、高校网络育人方法运用问题的成因

高校网络育人方法的运用存在不足之处主要在于各种因素的制约，网络环境下的育人工作较传统的思想政治教育工作出现许多新变化，在网络育人方法运用主体、实施客体、媒介以及环境等方面都发生相应的变化，也在一定程度上制约着方法实施的效果。

（一）主客体方面

高校网络育人方法的运用主体与实施客体是影响方法实效的主要因素。高校网络育人方法运用主体的素质、能力关系着方法的实施效果。一方面，网络与高校思想政治教育相结合是一个全新的领域，要发挥网络在育人育德方面的积极作用对高校网络育人工作者的素质提出了更高的要求。高校网络育人主体要想使用网络进行思想政治教育，就要不断地提高自身素质，具备一定的媒介素质和网络能力。而高校网络育人主体的素质发展普遍滞后于网络技术的更新与发展，不少教育主体的思想认识和技术知识滞后于网络的发展。另一方面，在网络的海量信息与爆炸式增长的环境中，对高校网络育人主体的收集信息、整理信息、处理信息和传播信息的能力提出了更高的要求。一些高校的网络育人主体的信息处理与传播的积极性和自觉性不高，并且缺乏基本的网络操作技能，网络技术的运用不够娴熟。

内因是事物发展的决定性因素，高校大学生在网络环境中的自我教育与自我控制是网络育人方法实施取得成效的关键。目前高校大学生在网络环境中缺乏有效的自律，进行自我教育的意愿不强。一方面，高校大学生处于世界观、人生观与价值观的形成时期，心理还不成熟，缺乏一定的自控能力。网络信息良莠不齐，在虚拟世界充满各种各样的诱惑，一些大学生沉迷于游戏等娱乐项目从而忽视了自我修养。另一方面，高校大学生迫于学业压力专注于自己的专业领域，却忽视了思想意识、道德修养的提升，对于学校开设的思想政治理论课程抱着得过且过的态度。

（二）媒介方面

网络是把"双刃剑"，网络媒介给高校网络育人方法实施带来便利的同时也滋生了不安全因素。网络延展了时空，模糊了现实与虚拟的界限，给网络用户提供了极大的自由活动空间。互联网能够网罗全球各种信息，既有积极健康的信息，也有腐朽思想的交织。在复杂的信息中做出正确的选择与判断是高校网络育人主体应具备的素质之一。尽管有网络育人主体的过滤，不良信息仍然能够侵入大学生的安全领域，面对这些信息能否坚持正确的立场，坚定信念，对大学生来说是一种重大考验。

新媒体以及微媒体的运用改变了传统的思想政治教育方式，却也给网络育人活动的开展带来困扰。新媒体的"点对点"服务使用户可以根据喜好选择新媒体平台，寻找自己需要的新媒体信息。微博、微信开启了微互动模式，打破了传统思想政治教育的僵化局面，而微博、微信的公众平台尚未实现全员互动，部分学生仍然局限于微博、微信的娱乐功能，加之对平台推送的内容、形式缺乏吸引力，大学生关注度不高，从而影响了网络育人方法的运用效果。

（三）环境方面

网络的出现给思想政治教育领域带来了机遇，也提出了更多的挑战。高校网络育人工作的开展处于多重环境之中，既包括学校环境的硬件和软件建设，也包括网络与社会大环境。

首先，学校环境给高校网络育人方法的实施带来一定的压力。高校网络育人活动的开展需要网络、设备、技术、资金、专业人才等条件的支持。在硬件设施上，近年来高校全力引进多媒体教学设备，为传统的思想政治教育课堂提供新的技术手段，但由于文理学科性质原因，学校在设备投入上多倾向于理工学院，而对文科教学投入相对较少。在学校软件技术方面，贴近学生学习、生活实际的软件开发以及程序设计还比较匮乏，校园网络平台的安全正常运行也需要强大的技术支撑。

其次，网络为社会思潮的传播提供了多向选择。点对点、点对多的网络传播方式为多样化的社会思潮提供了广阔的传播空间，一种社会思潮能否被大众所熟知的关键已经不在于理论的科学性，而在于社会思潮对公众的现实需求和精神需求的满足。在新媒体环境下，受众拥有较大的自主权，他们倾向于接受那些符合自己认知或者价值观认同的社会思潮。社会思潮多元多变，大学生由于生理、心理尚未成熟，加之西方社会思潮的渗透与腐朽思想的冲击，容易偏离社会主义核心价值观。高校网络育人方法的实施应关注大学生的思想动态，引导他们认清各种社会思潮的本质，坚定走正确的道路。①

第三节　高校网络思政育人方法论的创新

一、高校网络思政育人方法优化策略

目前高校网络思政育人方法在运用过程中存在自觉性、灵活性不足，方法的实效性不显著等问题，其原因主要涉及高校网络思政育人工作者、高校网络思政育人环境以及高校网络思政育人条件等方面的不足或不完善。推动高校网络思政育人的发展，提升高校网络思政育人方法实施的实效，在平等自主、主导主动、互联互通的原则指导下探索行之有效的方法和质量提升策略。

（一）遵循高校网络思政育人原则

在传统的思想政治教育中，教育者和受教育者的关系表现为不对等性。教育者是主体，是育人方法的实施者，具有权威性。受教育者处于客体地位，在主体权威的指导下具有受控性和受动性。网络形成开放自由的空间，网络的开放性、共享性、隐匿性与虚拟性打破了时空界限，模糊了主客体界限，因此网络环境下高校育人工作要遵循一定的原则。

1. 坚持平等自主原则

在网络这一特殊的思想政治教育环境中，高校网络思政育人方法的实施应遵循平等自主的原则，即尊重主客体之间的平等性以及受教育者的自主性。第一，尊重主客体之间的平等性。"主体间的相互理解，包含反思性与互动性的因素，主体共同从事着意义、精神方面的重新建构并达成相互间的积极影响和理解。"在高校网络思政育人活动中，网络思政育人方法的实施者与受教育者互为主体，在政治、人格、地位等方面都处于平等地位，在育人活动中，方法实施者应树立平等的意识，充分尊重受教育者的主体地位，承担起自己的角色，真正关心受教育者，严于律己、以身作则。第二，尊重受教育者的自主性。在高校网络思政育人工作中，育人者首先

---

① 王亚奇. 高校网络育人方法研究[D]. 武汉：武汉大学，2018.

也应该接受思想政治教育，才能促进教育方法的有效实施以及引导受教育者自主学习与接受。对于受教育者而言，在网络思政育人的活动中拥有更多的自主权，充分尊重受教育者的自主性，才能调动他们的积极性与主动性，提高育人方法的实效。

2. 坚持主导主动原则

主导主动是指高校网络思政育人主体的主导性的发挥与客体的主动性的发挥。主体在网络思政育人活动中处于主导地位，发挥着主导作用。育人主体在把握思想道德教育的方向、意识形态的灌输等方面必须起到导向控制作用。教师主导性作用对学生主体性的发挥有重要作用，教师在思想政治教育活动中作为领导者、组织者、开发者与协调者，确定思想政治教育的内容、整合各种教育资源、组织协调开展思想政治教育活动等，与学生共同参与互动，实际上也是教师主体与学生主体的双向互动。但是一味强调主体的主导作用，容易造成主体霸权，因此主体在充分发挥自己主导性的同时，更要注重调动客体的主动性，激发客体主动学习的积极性，不断提升自身的自我教育能力与自我调控能力。

3. 坚持互联互通原则

思想政治教育过程是教育者和受教育者借助一定的教育手段、方式进行互动，实现思想政治教育目标的过程，也就是通过教育，使受教育者在思想政治、道德规范上逐渐达到社会要求的过程。在高校网络思政育人活动中，施教和受教统一于思想政治教育全过程，教育者的引导、教育与受教育者的接受在施教与受教过程中构成双向互动的过程。高校网络思政育人方法的实施遵循互联互通的原则，表现为明晰主客体关系的合一以及线上线下的结合。

第一，高校网络思政育人主客体相互融合。思想政治教育的两大基本要素，即教育者和受教育者，在一个特定的认识系统中相互影响、相互作用，构成了思想政治教育得以展开的内在机制。教育者和受教育者在思想政治教育系统中既相互对立，又统一于思想政治教育活动过程。在网络环境中，主体和客体的身份被隐匿，网络空间成为公共话语领域，主体和客体同时成为思想政治教育的主体。二者关系由单向传输向平等对话和交往模式转变，这一动态过程要求在网络思政育人活动中坚持互联互通以及主客体间的双向互动。第二，线上线下相结合。高校网络思政育人活动实现了线上与线下育人方式的结合，网上资源丰富，信息传播灵动快捷，将线上资源与线下工作的开展结合起来发挥网络的独特育人优势。

（二）构建高校网络思政育人互动模式

网络新媒体区别于传统媒体的一种特性在于双向互动性，高校育人活动的主体与客体设置在网络的互动空间。主客体关系在虚拟与现实之间变换，在微博、微信、微云、微话、直播等交流平台中，用户通过文字、图片、音频、视频等方式来发布、转发、分享信息，又构成微互动模式。在互动型情境中探索育人方法对于优化主客体关系，提高育人工作的实效性具有重要意义。

1. 主体客体互动模式

网络是网络思想政治教育主体与客体存在的条件，网络思想政治教育主客体赖以生成、存在和相互作用的网络条件发生了变化，网络思想政治教育主客体也必然随着这种网络条件的变化而变化。网络环境下，施教与受教过程统一于育人活动的全过程，育人主体与客体关系不再只是简单的施教主体与受教客体之间的关系模式。第一，网络思政育人的双主体关系。网络突破了时空界限，网络思政育人工作的主体与受教育者的内涵与外延不断扩大，在网络思政育人工作中，教育者的引导、教育与受教育者的接受、体验在施教与受教过程中构成双向互动过程，二者互为主客体，相互之间角色的转换只在分秒之间。第二，构建主客体双向互动模式。在网络环境中，主体和客体都是虚拟的存在，没有身份的标榜和价值标签，双方确立的是平等交流互动关系，因而育人活动的主客体间形成双向互动关系。在高校网络思政育人活动过程中，确立双方角色的动态转换关系，本着人本原则、动态原则以及协调发展原则构建主客体互动模式，不断优化网络思政育人的主客体关系，形成高校网络思政育人的有效模式。

2. 线上线下互动模式

做好网络思政育人工作，要明确网络对于开展育人活动的优势，将网上网下结合，内网外网联动，构建线上线下优势互补模式。首先，树立网上网下互通的理念。现代科技为育人活动带来许多契机，也将人类的教育活动引入虚拟世界，虽然现实的制度规章在虚拟空间中不能完全适用，但仍然需要社会主义核心价值观的引领，网络思政育人工作者要坚持以正确的思想为指导，树立起网上网下相结合的思想观念，充分利用二者的优势为高校的网络思政育人工作服务。其次，合理充分利用网上优质资源，实现网上网下迁移。网络能够提供海量、及时、有效的信息资源，有的以故事形式平铺直叙，有的则以文字、声像为载体以受教育者喜闻乐见的形式呈现，蕴含丰富的教育内容。网络思政育人工作者要及时捕捉有效信息，整理网上优质资源，在网下开展工作。再次，形成线上课堂与线下课堂的协作模式。"互联网+课堂"使课堂教学模式的变革成为必然，"两微一端"、公众号平台、二维码技术等应用于思想政治教育，微课、慕课、翻转课堂等教学模式实现课堂教学到虚拟教学再到移动教学的变革，教师与学生关系也由面对面的线性互动到人—机互动到多向互动，提高了学生的学习兴趣、教学与课堂质量以及教学效果。

3. 主渠道与微互动模式

在高校思想政治理论课是开展育人活动的主渠道，近年来，各大高校致力于拓宽主渠道，注重发挥思想政治教育主渠道的作用，也起到了较好的效果。但是，"主渠道是单一的，它必须要有微循环的密切配合才能更好地发挥作用"。师生交往、校园文化活动、社团活动等构成思想政治理论课堂主渠道之外的微循环。而有的学者认为主渠道面临着超载，不堪重负，微循环的作用却鲜有发挥。

伴随着智能手机以及移动通信技术的持续更新与发展，微媒体的涌现以及客户端、直播平台大范围的使用，宣告人们已经步入"微时代"。"微时代"背景下，微循环对接到主渠道的效果日益显著。特别是高校通过开设学校官方微博、学院部门公众号来推送信息并开通评论、留言功能，将学生的视野由传统思想政治理论课堂与微循环活动转接到微互动平台。育人工作悄然移入微环境，使学生摆脱传统课堂时间和空间的束缚，随时随地发表自己的心声。首先，微互动改变了传统思想政治理论课堂的教学模式。微互动情境延续了学生在传统思想政治理论课堂上的兴奋点，在交流沟通过程中寻找自己兴趣的契合点。"去中心化"的特征还原了学生的主体地位，促进了个体价值的实现。微互动对思想政治理论传统课堂功能、场域与话语的延伸与对接，更好地达到了育人活动的效果。其次，微互动也给微循环的充分利用与作用的发挥提供了条件。要激活思想政治教育的微循环，就必须在高度重视主渠道作用的同时，全面充分地调动全社会各个方面的积极性，以社会的、民间的、群众的力量来做思想政治教育工作。微时代的互动模式将学校与社会紧紧联系在一起，信息、资源、技术、平台等实现各方面的共享与支持，对学校主渠道的压力缓解与微循环的充分利用有重要意义。

（三）打造高校网络思政育人媒体矩阵

当前传统媒体与新媒体实现强势融合，传统媒体与新媒体技术的融合给高校网络思政育人工作带来质和量的提升。高校网络思政育人平台的拓展以及网络思政育人载体的不断丰富形成高校网络思政育人媒体的联盟阵容。

1. 传统媒体与新媒体优势互补

在网络新媒体环境下，传统思想政治教育方法的局限性日益显现，近年来传统媒体与新兴媒体逐渐融合，传统的育人方式融入互联网思维，在传统的思想政治教育方法基础上发挥网络的育人功能是开展网络思政育人活动的基本遵循。关于推动传统媒体和新兴媒体融合发展，习近平总书记在 2014 年 8 月 18 日召开的中央全面深化改革领导小组第四次会议上强调："强化互联网思维，坚持传统媒体和新兴媒体优势互补、一体发展，坚持先进技术为支撑、内容建设为根本，推动传统媒体和新兴媒体在内容、渠道、平台、经营、管理等方面的深度融合。通过融合发展，使我们的主流媒体学科运用先进传播技术，增强信息生产和服务能力，更好地传播党和政府的声音，更好地满足人民群众的信息需求。"对于传统的报纸、广播、电视等传统媒体而言，网络新兴媒体的出现则是传统媒体的延伸，并且将现实存在延伸到虚拟空间。

习近平总书记高度重视新媒体在高校思想政治工作中的重要作用，在 2016 年全国高校思想政治工作会议上强调："要运用新媒体新技术使工作活起来，推动思想政治工作传统优势同信息技术高度融合，增强时代感和吸引力。"目前新媒体已经成为高校的主流媒体，特别是移动技术的发展及智能终端的更新换代，虚拟学习（e-learning）与移动学习（m-learning）成为当前高校大学生学习形式的主流。移动设备以移动性、快捷性和全覆盖的无线通信技术为特征，采用流媒体（streaming）技术进行多媒体数据传输，用网络和无线通信传递方式推送知识，实现学习内容的传递与接收。高校要注重发挥网络、移动等新媒体技术的优势，与传统媒体无缝对接，整合传统媒体与新兴媒体资源，促进二者充分发挥育人的作用。

2. 校园网络思政育人平台扩展

提升高校网络思政育人的质量需要广阔的平台支持，目前许多高校适应时代要求开设了一些具有特色的校园网站、思想政治教育主题网站、红色网站作为思想政治教育的重要平台，QQ、微博、微信等即时通信工具也加入思想政治教育行列，成为新媒体时代的重要育人平台。现代移动网络技术的不断升级也为拓展网络思政育人平台提供了必要的技术支撑。

加强思想政治教育网站建设，主要抓好几个类型的网站建设，加强网站资源整合，做好网络监管工作。第一，抓好思想政治教育主题网站建设。思想政治教育主题网站是高校开展育人活动的重要阵地，目前不少高校建成了具有特色的主题网站，栏目新颖，内容贴近学生实际和时事，加上新媒体技术的应用增添了许多吸引力和点击率。第二，抓好党委职能部门、学生管理部门网站建设。高校党委组织职能部门设立的网站包括基本的工作与学习栏目，此外也要设立党的理论宣传专栏，介绍党的基本理论以及国家重大政策决定。学生事务管理部门网上发布有关学生奖惩信息，还要多宣传学生中的先进典型，发挥榜样示范作用。第三，抓好教学科研网站建设。教学科研网站相对其他网站设置来说具有较强的学科性与学理性，教学科研网站设置相关专业栏目，发布学科前沿、科研动态新闻等可以承载大量的教育信息，直接影响学生的学习与学术动向。

推动"两微一端"平台建设。微博、微信、客户端成为用户日常交流共享的平台，校园官方微平台是当前主流平台建设队伍中的新生力量。"两微一端"下的思想政治教育，其创新点之一就在于在三个平台中每天都会有不同内容的更新，除了在平台中发布一些科普知识、健康知识体现人文关怀以外，还要紧跟社会热点，以点评社会热门事件或发表正面文章积极引导舆论为主要手段，实现大学生思想政治教育的目的。目前许多高校已经开通官方微博作为学校官方发言人，微信公众平台的建设热情高涨，高校在开通官方公众号的同时增设特色公众号、特色栏目，开放评论互动区，不断增强平台的活跃度与吸引力。

3. 校园网络文化载体应用

《高校思想政治工作质量提升工程实施纲要》指出，创新推动网络思政育人要丰富网络内容，开展一系列网络文化建设活动，推广展示网络杰出文化作品，充分发挥网络文化产品的育人功能。网络文化产品是网络文化产业发展的成果，承载了网络文化的内容，具有独特的传播方式与教育功能。当前网络文化产品以网剧、影视、游戏、微博、微信交流平台等形式，承载着思想、政治、道德、法治、创新创业等内容，深入到高校师生的学习与生活的各个方面，深刻影响着高校师生的思维方式与行为习惯。如《"一带一路"大道之行》《砥砺奋进的五年》系列节目、电影《厉害了，我的国》《青年马克思》等党的十八大以来重大宣传栏目走进大学校园，走进课堂。校园网络文化产品作为校园文化与信息技术、网络技术融合发展的衍生品，是体现校园网络文化丰富内容的实际载体，既包括高校师生利用校园网络、BBS、微博、微信等网络媒介传播的电子读物、图片、视频、flash、课件等各种文化产品，也包括一些校内社团组织利用网络传播的博客、播客、拍客等各种文化产品。校园网络文化产品以特殊的传播方式形成特定的文化氛围，潜移默化地影响着人们的思想观念，发挥着教育引导功能。以校园网、微博、论坛和微信等承载的校园网络文化丰富了高校师生的学习生活，许多高校开始重视校园文化产品的开发，打造属于自己的文化品牌，满足了广大师生的文化需求，发挥着文化育人的功能。

（四）创设高校网络思政育人环境

育人活动总是处在一定的环境中，高校网络思政育人工作既处于校园物质环境之中，也处于校园网络环境之中。因此，营造健康向上的网络环境，优化学校的网络设施以及加强校园网络的监管对于优化高校网络思政育人环境，方能更好地达到网络思政育人效果。

1. 净化高校网络空间

我国高度重视网络安全与管理，构筑天朗气清、生态良好的网络空间是我国网络发展的总目标。首先，筛选网络信息，营造积极健康的高校网络空间。当今网络的信息化、开放性和自由度空前高涨，网络造成信息的混乱无序，信息资源复杂泛滥，色情、暴力、腐败等各种负面信息充斥其中，如网络谣言肆意散播，负能量的网络表演市场，篡改历史人物与混乱价值观的网络游戏等，毫无避讳地出现在高校大学生的视野之中，腐蚀校园文化，影响校园风气。校园相对稳定的环境受到网络不良信息的冲击、多元文化的介入、西方意识形态的渗透开始发生变化，淡化甚至侵蚀了大学精神，给高校的育人环境带来现实困境。在复杂的网络环境中保持定力，以建校立校的根本原则为指导，净化网络空间，清除不良的、腐朽的信息，增强高校师生的辨别力、凝聚力与向心力，才能实现高校网络思政育人的目标。其次，加强正面宣传，把握正确的舆论方向。网络空间的思想政治工作具有特殊性，将传统思想政治工作的优势同网络新媒体结合起来，加大主流价值观的宣传力度，与历史虚无主义、自由主义等思想划清界限，积极营造风清气正的网络空间环境。

2. 优化高校网络设施

高校的网络基础设施是网络技术创新和发展与开拓网络教育领域的硬件保障，加大硬件设施的投入，保障高校开展网络思政育人工作所需要的硬件设备、软件开发人力资源、财务经费等是优化网络思政育人环境的必要措施。2017年在一份关于《117所高校信息化网络基础设施建设状况对比》的调查研究中，2011年和2016年两次均参与调研的117所高校，涉及全国东中西部不同类别的学校，对调研学校基础设施建设现状如下：一是在高校无线移动服务已经成为校园网的主流。117所高校中，2011年时尚有25所学校（占21.37%）未部署无线网络，到2016年，除7所学校之外，其余110所学校都已经部署了无线网。二是固定网络需求继续增长。在带宽利用率上，2016年超过60%的学校出口带宽利用率超过60%，其中有近30%的学校利用率超过80%。调研的117所高校中，2011年有76%的学校在校园网出口使用私有IPv4（互联网协议第4版）地址，到2016年增加到86%的学校（101所）采用私有地址。三是在校园网的资费管理上，"以网养网"仍然是主流做法，2016年有20所学校对校园网内的使用实行免费。随着越来越多的高校网络安全学院的建立，网络技术与设备不断更新，高校的网络信息基础设施建设逐渐完善，为高校师生提供优质的软硬件设施，对于构建完备的高校网络服务系统，优化高校网络资源与环境有重要意义。

3. 强化高校网络管理

营造良好的网络环境需要一定的网络制度规范发挥强大的约束力，通过净化网络空间、规范网上行为来保证高校网络思政育人工作有序进行。高校加强网络管理应在网络舆论管控、网络道德建设、网络制度规范等方面进行配合与管理。首先，网络舆论管控。网络舆论是人们发出声音，表达意见的方式，自移动互联网进入人们生活领域以来，网络舆论的影响力日渐升温。网络舆论杂乱无序，如果不对负面舆论加以引导与管控，则会对社会造成很大的负面影响。我国针对网信业乱象加强治理，猛药治疴，约谈、整改在社会中传递负能量，影响社会秩序的乱象。对高校来说，在马克思主义理论指导下，坚持党性原则，坚持在社会主义核心价值观的正确引导下实施网络舆论管控，深入学生圈子，关注学生的兴趣领域，有针对性地建设良好的校风、学风，促进学生形成科学的、正确的世界观、人生观与价值观。其次，加强网络道德建设。高校要与家庭实行联动机制，引导学生自觉加强自身的网络道德修养，明确道德标准，在网络学习与使用当中，守住道德底线，理性上网的同时积极同危害人类与社会的行为作斗争。再次，发挥网络制度规范的约束力。道德建设与制度规范结合起来才能更好地维护网络秩序，营造积极健康的网络环境。近年来我国制定一系列的互联网规章制度，如《中华人民共和国网络安全法》《互联网群组信息服务管理规定》《互联网用户公众账号信息服务管理规定》《互联网新闻信息服务管理规定》等依法管网治网。高校依据国家法律法规针对校园网络隐私、网络侵害、网络暴力、网络犯罪等问题制定相应的制度规范，加大网络管理力度，使高校网络管理有法可依、有章可循。

（五）建强高校网络思政育人工作队伍

高校网络思政育人工作队伍建设是实现高校网络思政育人目标的保障。要建立一支政治强、业务精、作风硬的网络工作队伍，推动网络思政育人工作的发展，就要在提高网络思政育人工作者的媒介素养、培养一批本领过硬的网络人才力量上下功夫。而网络思政育人工作并不只是思想政治教育工作者的任务，全校各方面都要树立起网络思政育人的思想，劲往一处使，形成全员全方位全过程育人的网络思政大环境。

1. 提高媒介素养

媒介素养是指通过媒介获取信息、解读信息，使用媒介的素质与能力。网络时代给高校育人工作提出了新的挑战，要求高校育人工作者转变思维方式，增强媒介信息意识与处理信息的能力，探索网络环境下有效的育人方式，以适应网络新媒体时代的要求。

首先，提高育人主体的信息素质。为了适应新媒体时代对高校育人工作的要求，高校大多数育人工作者已经掌握了基本的新媒体应用技能，但是也表现出媒介意识不强，对媒介的认识存在局限，媒介能力欠缺，利用媒介开展育人工作的效果不佳等问题。提高育人主体的信息素质最重要的是要树立媒介信息意识。媒介信息意识是指人们对媒介存在、媒介发展、媒介运用、媒介需求等方面的自我意识，主要表现在人们从媒介的角度去感受、认识、理解和评价自然界和社会中的各种现象、行为，判断和洞察有用的媒介信息的能力。网络思政育人工作者要树立起思想政治教育网络化、全球化意识，不断拓展思想政治教育网络阵地。另外，良好的信息素质还包括敏锐的信息意识，在收集、分析、处理网络信息时所具备的敏锐度，分析判断能力以及接受能力。高校网络信息经过信息系统加工处理，被网络思政育人工作者加以利用才能发挥其教育功能。高校网络思政育人工作者必须重视信息素质培养的紧迫性,增强自觉性,收集、筛选优质资源充实到育人工作中去。

其次,增强育人主体的媒介能力。网络思政育人主体除了具备较高的信息素质,更重要的是提高应用网络技术的能力,育人工作者要增强提高自身技能的紧迫感,在注重业务能力提升的同时勤于学习网络技术知识,提高媒介能力。新媒体时代思想政治教育工作者应该具备以下四个方面的媒介能力,即"媒介的运用能力,媒介的批判、反思能力,分析、制作信息的能力和培养大学生媒介素养的能力"。第一,媒介运用能力是指网络思政育人主体使用媒介,进行信息收集、整理、分析和运用的能力,还包括运用各类媒体教学设备的能力。在网络新媒体时代,高校网络思政育人工作者除了应具备基本的办公室软件操作外,还应熟练掌握 QQ、微博、微信、校园网等的操作与应用,并且与教书育人结合起来。第二,媒介的批判与反思能力。媒介信息鱼龙混杂,在庞杂的信息库中对媒介信息进行积极与消极、正面与负面以及价值观念与意识形态的鉴别,需要育人主体分清是非曲直,树立批判意识与反思能力,增强自身免疫力。第三,分析、制作信息的能力。高校网络思政育人工作者分析信息、整合信息、制作信息的过程是不断创新的过程,在当前激烈的意识形态斗争中,能够掌握并充分利用各种媒介资源,创作出大学生喜闻乐见的作品,也就意味着能够掌握意识形态斗争的主动权。第四,对大学生媒介素养的培养能力。教育者首先是要受教育的,教育者要先学后教,因此网络思政育人工作者首先要提高自身的媒介素养,然后去影响受教育者,培养、塑造受教育者的媒介素养。在网络思政育人活动中,育人主体应具备较强的组织沟通能力,育人活动融入媒介思维,加强正面引导以及良好媒介素养的培养。

2. 培养网络力量

2017 年 8 月国家印发《一流网络安全学院建设示范项目管理办法》,建设一流国家网络安全学院,大力培养网络安全人才。培养和吸引网络安全人才,增强网络力量,建设一支政治强、业务精、作风硬的网络工作队伍是关键。高校网络思政育人力量的培养同时也是改进高校网络思政育人结构,提升高校网络思政育人质量的保障。当前高校网络思政育人工作受到种种因素的制约,必须加快网络思政育人队伍的组建,开展专业培训工作,培养一批业务精干、专业素质过硬的人才力量。

首先，组建专业队伍。专业队伍的组建是对高校人力资源的整合，一方面，组织网络工作队伍可以设置专业职能机构，各部门各司其职，协同工作。另一方面可以对网络思政育人工作进行分组，承担不同职责的人员组成不同职能的队伍，包括网络舆论引导队伍、网络信息员队伍、网络思政育人实践队伍等。其一，实施网络舆论引导是网络舆论管理的一项重要工作，组建一支优秀的网络舆论引导队伍，控制网络舆情，引领舆论的走向是做好网络思政育人工作的前提。网络舆论引导员应政治立场坚定、文字功底扎实，具有较强的问题意识、批判精神和鉴别能力，采取微博信息发布、建立微信群、公众号建设、跟踪评论等方法，关注网络舆情，争取舆论主动权。其二，网络信息员队伍组建。组建一批思想水平高、熟练网络技术运用与操作的人员，负责信息的收集、分析以及相关信息的发布与管理。其三，网络思政育人实践队伍组建。实践队伍是网络思政育人方法的实施者，育人主体要树立网络意识，用网络思维指导育人活动，选择有意义的内容传递给受教育者。

其次，专业队伍培训。习近平总书记强调高校思想政治工作队伍要抓好教育培训，强化实践锻炼，建立健全激励机制，整体推进专业队伍建设。进行专业队伍培训是培养专业素质过硬的网络思政育人工作队伍的重要途径。高校抽调优质资源，提供人力、物力、财力的支持，委托专门的培训机构或成立专门的培训班，利用高校优势制定针对性的培训课程，搭建稳定的、开放性的实践平台。一方面，高校可将网络素养与技术的培训作为教师专业发展的一部分并纳入教师考核评优标准，如作为实施"网络教育名师培育支持计划""校园好网民培养选树计划"。另一方面，高校可按照一定标准，通过相关考核选送一批教师，对他们进行在岗培训或集中培训，并积极组织实践锻炼，开展经验交流会，促进这种培训方式常态化、制度化发展。

3. 发动全员育人

整合学校资源，提高资源利用率是做好高校网络思政育人工作，提高育人工作的系统性与规范性的有效途径。学校人力资源是高校从事教育教学工作的专兼职人员，要增强高校网络思政育人工作的实效性，就要充分发挥学校人力资源的优势，整合从事思想政治教育专业教师以及其他教育教学的专兼职教师，形成全员育人的"大思政"格局。

首先，整合校内资源，善用校际资源。思想政治理论课教师是网络新媒体时代高校网络思政育人的主要工作者。思想政治理论课教师掌握专业的马克思主义理论知识以及学科专业知识，具有丰富的教学经验，了解学生的思想动态，并且熟悉一定的新媒体技术，是高校网络思政育人资源的主要整合者和利用者。但是高校辅导员以及从事其他教育教学或管理岗位的教师也承担着育人的职责，高校领导者和教师都应该树立起以学生为本的思想，在做好本职工作的同时发挥自己岗位的育人功能。学校领导是高校网络思政育人工作的管理者与决策者，必须高度重视网络环境下高校育人工作面临的新境遇，强化制度、规范的重要作用，为做好育人工作提供坚实的保障。高校的网络思政育人活动离不开校际资源的沟通与协调，以校内资源为中心，在利用本校资源的基础上整合校际资源，促进资源共享，包括教师互聘、跨校选课、远程教育等多种形式。另外，高校网络思政育人工作还需要社会、家庭的共同支持，形成三位一体的全面育人局面。

其次，变革管理模式，健全管理制度。发动全员育人，整合高校网络思政育人资源就不能固守陈规，局限于各自为政的管理模式。网络环境下的高校育人工作面临着新形势，网络环境下多样化社会思潮的冲击、多元的文化、多向的选择都对现有的管理模式提出了挑战。因此，变革管理模式，促进全校各单位、各部门、各种资源的有机配合与协调运转，建立多层次、全方位、全员性育人的工作责任制度势在必行。一方面，对于高校网络思政育人工作责任分工来说，学校及院系党政班子以及党政职能部门全面领导网络思政育人工作，各院系辅导员、班主任对职责范围内的工作负责，学校及院系领导以及其他教师各司其职，对各自职责范围内的网络思政育人工作负责。另一方面，建立健全管理制度及奖惩机制。高校对网络思政育人管理运行进行制度化、规范化建设，制定网络思政育人工作制度、培训制度、考核制度以及奖惩机制，为形成全方位、全过程、全员育人的工作局面提供保障。①

二、高校网络思政育人方法论的创新

网络的方兴未艾改变了旧的实践形式，可以说是一场以新技术为主导的社会革命。环境的变革必然要求"教育"的重新整合，把握好传统方法与现代方法的关键在于，在继承传统思想政治工作方法的理论精髓基础上，

---

① 王亚奇.高校网络育人方法研究[D].武汉：武汉大学，2018.

研究在现代网络环境下出现的新的实践问题，从而实现网络化条件下思想政治工作方法论的突破。

（一）充分研究网络信息技术，探索思想政治工作"网上做"的方法和规律

其一，利用互联网，有关思想政治工作领域的所有信息的发布和传播的过程，包括创意、素材组织、创作、投稿、编辑、校对、宣传推广、销售、评论等环节，都可以在同一个操作环境下完成。巨大的速度优势是网络最重要的特征。网络不仅节省了各环节的时间耗费，节省了费用，而且反馈迅速。

其二，信息选择与利用机制是更新思想政治工作方法体系的契机。认识方法体系中主要包括三个方面的方法：一是通过观察、调查、预测的方式掌握工作对象思想信息的信息获取方法；二是对思想信息进行分析研究、掌握其实质的信息分析方法；三是根据思想实际做出工作方案的决策方法。"信息获取"、"信息分析"和"决策"都是开展思想政治工作的起点。互联网的出现打破了传统的"网下做"的工作模式，信息技术为思想政治工作提供了技术支持。

其三，思想政治工作者的信息选择策略。由于信息量激增，许多人不再阅读，他们通过大众传媒的推荐和引导来筛选信息，通过专家推荐和书评来了解所阅读的材料，思想政治工作者担负着引导教育大众培育正确观点、思想的时代使命，作为政治工作领域的专家，这些人应该建立起网络环境下的信息选择策略。

其四，网络信息选择与过滤机制的建立。网络信息选择除了上面介绍的人工选择策略之外，还可以通过建立过滤机制进行自动选择。网络信息过滤机制，主要是通过编制过滤软件，或在网络信息利用程序中附加过滤功能来实现，用户可以根据需要设置过滤条件。从过滤的设备来看，主要有具备扫描、分析、阻挡某些信息进入的实时监控功能的过滤软件，附加过滤功能的网络应用程序、防火墙和代理服务器。目前的信息过滤主要是从形式上进行，对于内容往往有较大的局限性，目前的过滤软件难以处理图片、动画、视频文件，而一些色情资料却总是以上述形式出现。

（二）网络丰富的文化资源是增强思想政治工作方法论内容"知识含量"和有效性的保证

网络文化属于一种亚文化形态。"亚文化是相对占据主导地位的文化

来说的。当在社会某一群体中形成一种既包含主流文化的特征，又具有某些独特要素的文化聚合物时，这种群体文化便被视为'亚文化'"。由于与主流文化相悖，亚文化所创造的信息往往处在被批评、被压制的地位。但在被批评、被压制的过程中，新的信息形式被文化过滤、筛选、雅化，逐渐被主流信息文化接受并融入主流文化中。

信息技术为人类创造了新的文化载体，网络将原有的文化数字化和信息化，不同的文化之间有了相互了解的可能性，网络为世界各国文化的融合提供了现实的基础，有可能形成一体化的全球文化和价值观念。

丰富的知识内涵是增加思想政治工作方法理论内容的有效保障，这些工作素材具备的共享性，利用与现代信息技术密切相关的系统论、控制论、信息论、突变论、耗散结构理论等科学理论和研究方法，提高科学研究水平。

（三）网络对思想政治工作者自身素质提出了更高要求

网络时代衡量一个人的能力不再是财富、地位和年龄，而是拥有信息量的多少。广大的思想政治工作者应该在原有素质结构基础上，培养高度的信息素养。社会称这部分具备高度信息素养的人为"现代信息人"。他们的特征如下：①对信息和信息社会有正确的理解和认识；②信息意识浓厚，对信息有一种自觉的心理倾向，能敏锐地捕捉一切有用的信息，维持对信息的注意力、判断力和洞察力，养成用信息眼光、从信息角度观察问题、思考问题的良好习惯；③对信息的判断、选择、获取、处理、生成、传递等能力强，善于从杂乱无序的"消息"中找到有用的信息；④形成良好的信息思维习惯，能灵活运用纵向、横向、立体思维模式，善于把日常分散的和处于隐性状态的信息升华创造出有价值的再生信息；⑤掌握电子计算机等信息技术基本知识和技能；⑥具有高尚的信息道德和高度责任感。

具备了上述基本信息素养的思想政治工作者在实际网络工作环境中还应该注意积累和丰富工作经验。只有能充分驾驭虚拟网络社会环境的人，才能做好网上思想政治工作。因此，研究"网上"思想政治工作是实现网络化条件下思想政治工作方法论突破的重大课题。①

---

① 王宏彬，王珊珊. 网络化条件下思想政治工作方法论的突破与应对[J]. 东北农业大学学报（社会科学版），2004（3）：35-37.

第五章　加强与课程思政的整合和互动

第一节　课程思政概述

一、课程思政的内涵

（一）课程思政的含义

课程思政指的是以立德树人作为根本目标，以高校各类课程为载体，利用课堂教学主渠道，深入挖掘课程中蕴含的思想政治教育元素，并将其有机地融合到各类课程的教学当中，使各类课程与思想政治理论课一起，协同育人，潜移默化地影响学生的思想和行为的一种实践活动。通过开展高校课程思政，可以实现对学生的知识传授、能力培养和价值引领，最终将其培养成德智体美劳全面发展的时代新人。

（二）课程思政的提出和发展

回顾我国高等教育发展历程可以发现，国家一直以来都十分重视高校的思想政治工作，重视对人才的培养。特别是改革开放以来，党中央、国务院以及教育部等部委出台了一系列重要政策文件，做出一系列重要决策部署，不断探索和创新高校思想政治教育模式，力求能够培养出更多有理想、敢担当、能吃苦、肯奋斗的新时代好青年。进入新时代，经济全球化、政治多极化等深入发展，西方价值观念不断渗透，社会多元文化价值理念不断冲击、碰撞，对学生的思想和行为都产生了影响，也给高校思想政治教育工作带来了严峻的挑战，原有的思想政治教育模式已经无法满足新时代国家的人才培养需求，难以产生更为深远的育人效果。在此背景下，课程思政应运而生，它是应时代发展要求和国家需要而产生的。

课程思政可以追溯到 2004 年。2004 年，中共中央、国务院印发的《关于进一步加强和改进大学生思想政治教育的意见》（中发〔2004〕16 号）中提道："要深入发掘各类课程的思想政治教育资源，在传授专业知识过程中加强思想政治教育。"这是最早涉及课程思政的官方文件，虽然没有提及课程思政这一名词，但其深层含义与课程思政的内涵是十分契合的。此后，党中央又陆续出台了一系列政策文件，都涉及对大学生的思想政治教育。值得一提的是，在此期间，上海市抓住机遇，率先开始了对学校思政课程的改革。2014 年，上海市委、市政府首先提出"课程思政"理念，并强调课程思政是教育综合改革的基本途径，由此开展了课程思政改革试点工作，成为课程思政建设的先行者。

到 2016 年，经过长期的改革探索，上海市积累了丰富的经验。2016 年 12 月，习近平总书记在全国高校思想政治工作会议上指出："思想政治理论课要坚持在改进中加强，其他各门课都要守好一段渠、种好责任田，使各类课程与思想政治理论课同向同行，形成协同效应。"由此，课程思政的内涵更为丰富，课程思政理念逐渐成形，并受到了越来越多的关注和重视，各高校纷纷走上课程思政的探索发展之路。

2017 年 12 月，教育部文件中首次明确使用了"课程思政"这一概念，并强调："要大力推动以'课程思政'为目标的课堂教学改革，优化课程设置，修订专业教材，完善教学设计，加强教学管理。"文件中对课程思政的实施要求、目标、实践路径等进行了具体的说明，为各高校开展课程思政建设提供了指导。

2018 年，习近平总书记在全国教育大会上指出："要把立德树人融入思想道德教育、文化知识教育、社会实践教育各环节，贯穿基础教育、职业教育、高等教育各领域。"这再次强调了课程思政的重要性，进一步深化了对课程思政的认识。而后，为了全面推进高校课程思政建设，教育部制定了《高等学校课程思政建设指导纲要》。其中明确指出了高校课程思政建设的工作目标、内容要求和工作思路等内容，对具体建设方案进行了整体规划和详细部署，为高校进一步推进课程思政建设指明了方向、理清了思路、明确了路径。

二、课程思政与思政课程的关系

课程思政和思政课程都是对"为谁培养人、培养什么样的人及怎样培养人"这一根本问题的回答。只有把握好课程思政与思政课程之间的关系，才能更好地加强新时代高校课程思政建设，达到立德树人的目的。

（一）课程思政与思政课程的联系

课程思政和思政课程是高校开展思想政治教育的重要途径，都是为了立德树人，为国家培养德智体美劳全面发展的社会主义建设者和接班人。两者之间相互联系、相互影响。

其一，课程思政和思政课程的任务和目标是相同的，都是立德树人。2018年5月2日，习近平总书记在北京大学师生座谈会上指出："古今中外，每个国家都是按照自己的政治要求来培养人的。我国社会主义教育就是要培养社会主义建设者和接班人。"课程思政和思政课程都是高校思想政治教育体系的重要组成部分，两者共同肩负着坚持为党育人、为国育才的重要使命。无论是课程思政还是思政课程，两者的目标都是帮助学生树立正确的世界观、人生观和价值观，引导学生坚定政治立场，厚植家国情怀，承担起中华民族伟大复兴重任，争做中国特色社会主义事业的建设者和接班人。

其二，课程思政和思政课程的方向和功能一致，都坚持社会主义办学方向，发挥育人功能。无论是课程思政还是思政课程，都始终坚持社会主义办学方向不动摇，教育学生坚定共产主义信仰，帮助其正确认识国际国内发展趋势，增强国家认同、民族认同、政治认同和文化认同。同时，课程思政与思政课程虽然在内容重点和实施方式等方面有差异，但两者共同承担着育人责任，发挥着共同的育人功能；通过在教学中对学生进行思想政治教育，引导学生正确认识时代责任和历史使命，刻苦学习，做有理想、有追求、有担当、有作为、有品质、有修养的大学生。

（二）课程思政与思政课程的区别

课程思政和思政课程虽然有着共同的任务和目标，在方向和功能上也是一致的，但两者之间也存在本质的区别。

其一，课程思政和思政课程的思政内容的侧重点不同。课程思政强调要将各类课程蕴含的思想政治教育元素融入课堂教学，从而在教学过程中实现对学生的思想观念、政治立场、政治观点和价值理念的引领。它不是要向学生灌输思想政治教育的基本理论知识，而是要通过这种方式引导学生形成正确的世界观、人生观和价值观。思政课程是以"马克思主义基本原理""毛泽东思想和中国特色社会主义理论体系概论""中国近现代史纲要""思想道德与法治"等一系列课程为主要内容，对大学生进行系统的马克思主义理论教育、党的路线、方针、政策的教育以及道德法治教育等，它的重点在于对理论的学习，以此提高学生的知识素养和理论水平。

其二，课程思政和思政课程的实施方式不同。习近平总书记指出，要坚持显性教育与隐性教育相统一。所谓显性教育，是指教育者充分利用各种公开手段、公共场所，有计划、有组织、系统地开展教育的方法。而隐性教育则是指在宏观主导下通过隐目的、无计划、间接、内隐的社会活动使受教育者不知不觉地受到影响的教育过程。课程思政采取以隐性教育为主的教育方式，坚持显性和隐性相结合，结合不同课程的专业特点，在向学生传授专业知识的同时，把政治认同、国家意识、文化自信、人格养成等思想政治教育元素融入教学过程中，潜移默化地影响学生，促进学生的自由全面发展。思政课程也坚持显性教育与隐性教育相统一，但思政课程主要采取以显性教育为主的方式，通过课堂教学直接向学生讲授大量的教学内容，立场鲜明地对学生进行马克思主义理论教育、党的方针政策的教育及理想信念教育，从而对学生产生影响，实现思想观念、道德观念和价值理念等的灌输，达到对学生进行思想政治教育的目的。①

第二节 课程思政与高校网络思政育人的关系

课程思政与高校网络思政育人之间存在着密不可分的关系。随着信息技术的快速发展，网络已经成为大学生获取信息、交流思想、学习知识的重要平台。因此，高校网络思政育人已经成为高校思政工作的重要组成部分。而课程思政则是将思想政治教育融入各类课程中去，通过课堂教学来引导学生树立正确的世界观、人生观和价值观。

课程思政与高校网络思政育人的关系主要体现在以下几个方面：

首先，课程思政是高校网络思政育人的重要基础。在课程思政的实践中，教师可以通过课堂教学来传授正确的价值观念、道德规范和法律法规，帮助学生树立正确的世界观、人生观和价值观。这些价值观念、道德规范和法律法规不仅可以在课堂上传授，还可以通过网络平台进行传播和推广，从而进一步拓展高校网络思政育人的渠道和方式。

---

① 冯嘉芸. 新时代高校课程思政建设研究[D]. 沈阳：辽宁大学，2023.

其次,高校网络思政育人是课程思政的重要延伸和补充。在网络平台上,学生可以通过各种方式获取信息和交流思想,这为高校思政工作提供了新的机遇和挑战。高校网络思政育人可以通过网络平台来引导学生积极参与各种思政活动,增强学生的思政素养和综合能力。同时,网络思政育人还可以通过网络平台来及时了解和掌握学生的思想动态和情况,为课程思政提供更加精准和有效的指导和服务。

最后,课程思政与高校网络思政育人相互促进、相互补充。在课程思政的实践中,教师可以通过网络平台来拓展教学内容和方式,增强学生的学习兴趣和参与度。同时,高校网络思政育人也可以通过课程思政来提供更加精准和有效的思政服务和指导,帮助学生更好地树立正确的世界观、人生观和价值观。

综上所述,课程思政与高校网络思政育人之间存在着密不可分的关系。高校应该加强课程思政与高校网络思政育人的有机结合,充分发挥两者的优势和作用,为学生提供更加全面、深入、有效的思政教育和引导服务。①

第三节　课程思政视域下促进高校网络思政育人的现实路径

一、基于"课程思政"的高校网络育人体系建设

2020 年,教育部印发《高等学校课程思政建设指导纲要》(以下简称《纲要》),《纲要》指出:要把思想政治教育贯穿于人才培养体系,全面推进高校"课程思政"建设,发挥各类课程的"课程思政"育人作用,提高人才培养质量。2021 年,教育部通过了一批"课程思政"示范课程、教学名师和团队、教学研究示范中心等项目,鼓励开发"课程思政",将"课程思政"融入人才培养过程。将课程思政体系系统地融入专业人才培养方案,基于第三方网络辅助教学平台,构建"建设—运行—评估"网络课程运行机制,实现多样化育人方式、提高教师课程思政能力、建立多维度的

---

① 朱耀华,郝小芳. 高校网络思想政治教育理论与实践[M]. 武汉:湖北科学技术出版社,2013.

课程思政建设成效考核评价体系和监督检查机制；从学校教学"顶层设计"、教学整体设计、网络保障体系、线上线下联动等方面构建课程思政保障体系，确保学生素质能力与知识能力、学习能力同步培养。

（一）基于"课程思政"的高校网络育人体系的构建目的

1. 构建基于"课程思政"的网络育人体系

基于专业人才培养方案将课程分为基础技能模块（公共基础课程）、职业能力模块（专业基础课程）、核心能力模块（专业核心课程）和拓展能力模块（专业选修课程）四个模块，分别将学生从学校入校的素质教育、职业规划、职业素质培养、职业素养提升融入人才培养方案的四个模块，结合模块思政要点具体划分至课程中，并结合思政体系规划将思政元素融入网络辅助教学平台，贯穿整个大学学习过程，将"育德"与"育才"相结合，实现课程与思政的有效融合。

2. 丰富"课程思政"育人方式

将网络平台课程结合具体内容，利用课内课外、线上线下、校内校外等各种资源，全面、系统地融入"课程思政"元素，利用课前导学、课堂督学和课后助学的模式，实时了解学生的学习进度和状态，构建师生便利的网络交流平台；采用典型案例切入、组建兴趣小组、课堂汇报、课程实践、翻转课堂等多种教学形式来呈现思政教育内容，提高学生课堂参与度，促进育人效果的提升。

3. 提升教师"课程思政"育人的意识和能力

推进"课程思政"建设，教师是关键。通过建立优质资源共建共享机制，搭建"课程思政"交流平台，各科教师探索课程育人之间的共同之处，打破各专业之间、各专业课程与思想政治课程之间的壁垒，实现教师思政育人能力提升。此外，将"课程思政"纳入教师岗前培训、在职培训，充分发挥课程组、教学团队、教研室等基层教学组织作用，开展师德师风、教学能力专题培训等，建立"课程思政"集体教研制度。

4. 建立多维度的"课程思政"建设成效考核评价体系和监督检查机制

培养当代素质型人才是"课程思政"教育的重要目标。网络课程建设可以借助中国大学慕课、智慧职教和学习通等第三方平台构建多维度成效考核制度，邀请同行业专家、社会同行从业人员、往届毕业生、在校生等多方对课程建设情况进行评价、监督，课题组、教学团队对网络课程进行跟踪服务、不断调整、优化。

（二）基于"课程思政"的高校网络育人体系的建设思路

根据网络课程建设过程，将其分为"建设—运行—评估"三个阶段。

1. 建设流程

通过行业需求调研确定专业人才培养目标和专业人才培养方案，根据岗位能力分析确定理论和实训课程设计，并将课程根据培养目标划分为基础技能体系、职业能力体系、核心能力体系和拓展能力体系，分别对应公共基础课程、专业基础课程、专业核心课程和专业选修课程。

借助第三方网络教学平台以课程为单位进行建设，构建网络平台课程体系。将课程及课程标准制定相关思政元素以 PPT、微课、教学视频、动画、图片、文档、工程案例、题库等多元化、信息化的资源上传至课程平台，融通教学资源，实现资源共建共享。

2. 运行流程

网络平台分教师课程构建端和学生远程访问端，通过"课前导学—课堂督学—课后助学"三阶段实现师生互动及授课活动。

课前，老师通过平台发布课前预习和课前作业，学生学习或上传课前资源后，教师通过平台查看学生学习、提交课前作业情况，并进行师生互动交流，教师根据学生预习情况调整教学策略。

课中，学生带着构建的知识进入课堂，有意识地进行课堂学习，有助于提高学生课堂参与度，运用翻转课堂、学生演示等多样化教学方法进行授课；师生通过平台进行互动、小组活动，充分发挥课堂上学生的主体作用，结合"课程思政"，将价值塑造融入知识传授过程中。

课后，通过平台跟踪学生学习效果，优化、调整学习策略；进行师生互动，解答学生反馈问题。

网络课程平台体系构建，实现了对学生课前、课中、课后活动进行有效记录，有助于实现过程性考核。教师根据当前学生学习情况、学习记录，更加具体地了解学情、分析学情，为后续更好地进行教学活动奠定基础。

3. 评估流程

邀请行业从业者、在校生和教育工作者分别从专业性角度、可接纳性角度和育人成效角度对网络课程运行情况进行评估，并根据评审情况提出相应对策，授课教师团队对网络课程进行优化调整，提高网络课程运行质量。

（三）基于"课程思政"的高校网络育人体系的运行保障措施

国家不断推动"课程思政"在高等院校的落地落实，省级层面也开始举办课程思政教学创新大赛，鼓励将课程思政融入教学过程中，部分高校将课程思政教学创新大赛纳入学校比赛项目，形成了国家、省级、学校层面的"课程思政"联动机制。

1. 将"课程思政"纳入学校教学顶层设计

目前，仍有高校只注重对人才的知识能力培养，忽视了道德素质引导。在网络思政教育的组织落实过程中，学校教学管理部门要将课程思政纳入学校人才培养的根本理念中，并加以落实。加强对教师队伍课程思政素质的培养、专业课教师与思政课教师的交流互通，提高专业课教师的课程思政能动性；推动专业课程思政体系建设，将课程思政纳入学生人才培养目标，并将课程思政融入课程体系，强化推动课程思政在教学过程中的融入；将课程思政融入教师教学考核体系，保障课程思政在教学过程中的贯彻落实。

此外，应健全"全员育人、全过程育人、全方位育人"组织结构，学校全员参与，从学生入校到毕业、校内校外、线上线下共同营造风清气正的育人环境。

2. 将"课程思政"贯穿教学整体设计

学生的思想政治教育是一个连续的、不间断的过程，并且在不同时期呈现出不同的特点，低年级学生和高年级学生的思想变化呈现不同的侧重点。需要将学生的素质培养纳入知识、能力培养体系，从大一到毕业全过程进行系列的课程思政教育。大学初期，主要开展大学生活适应性、规划性学习及对专业、职业的认知学习，培养学生树立正确的思想观念、辨别是非的能力及对学校和家庭的热爱；大二阶段，会有学习、情感等方面的迷茫，需要根据设定的专业课程和心理类课程对学生的专业学习、情感需求进行适当的引导，确保学生能够以积极的心态面对学习和生活，逐步培养学生的职业态度，加强社会主义核心价值观的学习；临近毕业，实习和求职期间学生可能会面临求职的无措及挫折，学校可以开设求职讲座，辅导员及专业实习指导老师需要经常关注学生动向，通过网络线上直播答疑等方式对学生指点迷津，培养学生树立正确的择业观念和面对挫折的抵抗能力，引导学生顺利从学校走向职场。

3. 构建"1+N"的全网络"课程思政"体系

除了网络育人平台，高校思政教学育人过程中，还需要依托学校官方微信公众号、微博公众号、抖音公众号等广泛的网络信息媒体，网络全覆盖式地进行创新网络育人。通过多样化的网络信息平台，组织开展学生热点话题讨论、时事政治引领、价值观塑造、校内榜样专访等活动，创造出具有公信力、引导力、影响力、说服力的网络文化内容，才能契合学生心灵，触动学生的内心。此外，面对网络乱象和铺天盖地的信息，需加强学生的网络安全教育，引导学生健康使用网络，鉴别网络虚假信息，避免上当受骗。网络思政，需要"如盐在水"，将课程思政融入其中，潜移默化地对学生的思想观念产生影响，达成教育效果。

"课程思政"网络育人体系的构建需要高校教学及相关部门自上而下协同联动，将"课程思政"建设融入专业建设过程中，鼓励开发"课程思政"示范课程，率先形成一批有代表性、可参考借鉴的领衔、示范课程，带动完善"课程思政"网络课程体系建设；织密网络思政网，与时俱进，将思政教育渗透网络平台，线上线下全方位培养时代新人。[①]

二、网络教学下"思政课程"与"课程思政"协同育人模式

习近平总书记在学校思想政治理论课教师座谈会上的讲话强调，"要用好课堂教学这个主渠道，思想政治理论课要坚持在改进中加强，提升思想政治教育亲和力和针对性，满足学生成长发展需求和期待，其他各门课都要守好一段渠、种好责任田，使各类课程与思想政治理论课同向同行，形成协同效应"。

当前，网络科技高度发展，据统计，截至2020年3月，我国网民规模为9.04亿，互联网普及率达64.5%。网络的普及给学校思想政治教育工作带来前所未有的挑战，但同时也给开展"互联网+"模式的思政教育带来前所未有的机遇。

（一）网络教学下协同育人模式的必要性

1. "思政课程"与"课程思政"承担的任务不同

"思政课程"主要承担马克思主义理论和中国共产党创新理论的教育和传播，尤其是习近平新时代中国特色社会主义思想的学习，引导学生

---

① 张果瑞，韩雪. 基于"课程思政"的高校网络育人体系研究[J]. 新丝路，2022（28）：211-213.

掌握科学的理论知识，坚定"四个自信"和理想信念，养成优良的思想品德和素质，树立正确的世界观、人生观和价值观。由此可见，"思政课程"是学校思想政治教育的主渠道、主阵地。而"课程思政"主要是通过思想政治课程以外的课程形式，挖掘该课程蕴含的思想政治教育资源，实现其思想和价值引领的作用。对"思政课程"而言，"课程思政"很大程度上是一种补充和延展。

2. 网络教学的复杂性

如今，"互联网+"已经成为一种时代特征，为各行各业的新发展提供了技术基础，它对教学工作也同样适用。与传统教学相比，网络教学增强了课程的时代感和吸引力，其组织形式更加灵活多样，并突出了学生的学习主体地位。网络教学的优势，是毋庸赘言的。但需要注意的是，教师在网络环境下开展教学以及学习指导的过程中，需要关注学生是否会受到不良网络信息的干扰与影响。

（二）网络教学下协同育人模式的困境

1. 协同育人理念未落地，陷入"两张皮"困境

在思想政治教育工作得到高度重视的时代背景下，对"思政课程"与"课程思政"协同育人理念，知晓的教师不在少数，但由于学校的教学定位、具体教学指导、教师的传统观念等因素的影响，在落实协同育人的过程中屡屡出现"两张皮"的现象：有的教师认为学生的思政教育应该是思政老师的事情，与自己的教学职责关联度不大，对自身的教育教学主体责任不够明确；有教师在教学设计中列入了思政教学目标和内容，但能在教学过程中真正落实的却是少数；有教师对"课程思政"不重视，因此，也没有设计更多的方式丰富"课程思政"课堂。

2. 思政教师队伍与专业教师队伍缺乏合作机制

"思政课程"与"课程思政"协同育人，最关键的是教师。思政教师和专业教师共同实施思想政治教育，二者运行机制不协同、教学教育目标不统一，最主要的是缺乏合作机制，难以形成网络育人合力。

当前的一些队伍合作的困境体现在各专业在制订人才培养方案时，没有将思政教育元素纳入顶层设计，也没有将其贯穿于课程的整个开发过程中。同时，因共同教研机制、集体备课制度等问题，专业教师在实际工作中没有和思政教师建立良好的互动渠道，思政教师对专业教师无法进行有针对性的指导。因此，专业教师只重视专业知识和技能的讲授，较难挖掘

专业课中的思政元素并将其融入专业课的教学过程中。

3. 为"思政"而"思政","课程思政"教学方法有待提高

在教学过程中,教学方法由指导思想、基本方法、具体方法、教学方式四个层面组成,它直接影响到教学内容的呈现、讲解、体验、思考、反思等,是教学的核心和重要组成部分。网络教学环境,实际上对专业教师的考验是很大的。教师在完成了专业教学任务后,需要同时兼顾"课程思政"的内容,必然是一种新的挑战。因此,对于网络教学下的"课程思政",教师要努力摸索教学方法,从而不断促进课程的育人效果,避免走入为"思政"而"思政"的困境。

(三)网络教学下"思政课程"与"课程思政"协同育人模式探索

1. 建立线上合作机制,落实协同育人理念

学校顶层设计中,应该有"思政课程"与"课程思政"协同育人的线上合作机制,以确保协同育人理念的确切落实、与时俱进。作为学校思想政治教育的把关者,学校党委应该担负起"思政课程"与"课程思政"协同育人的主体责任,承担领导小组的职责,党委书记与校长作为第一责任人即组长,主管思政的副校长作为副组长,各个教学部、行政科室负责人为核心组员。在协同育人领导小组的组织带领与思想引领下,线上线下督促协同育人理念的落地、执行。

领导小组领导、统筹设计相关的体制机制,下设以公共基础教学部(思政组)为核心、各个专业教学部、各个行政科室联动的合作机制,为学校"思政课程"与"课程思政"协同育人提供坚强有力的组织保证。在涉及学校思政教育工作的问题上,保持协同育人的初心,从领导小组着手,把协同育人理念切实地内化于心、外化于行。

2. 建立协同教研机制,探讨线上协同育人切入点

把"思政"融入各个学科教学中,是一个庞大的系统。这对思政教师、专业教师而言,都是极大的挑战。各学科都有其自身学科特性和知识体系,这就要求教师在协同育人的过程中,把专业知识与思想政治教育内容有效结合,形成指导性、操作性较强的体系,才能让学生真正内化于心、外化于行。因此,需要建立协同的教研机制,从备课到听课、评课,完善线上协同育人的体系。

首先,需要把思政教师划分到不同的专业教学区,每一专业有固定的思政教师进行专门、有针对性地协同育人连线。专门负责某专业的思政教

师，需要对该专业的核心素养、课程体系等有基础的了解。在备课方面，思政教师与专业教师需要时刻保持一致的育人理念，对应的思政教师参与到相应连线的专业课程的集体备课中。同时，思政教师也应该邀请专业教师定期参与到合适的思政课集体备课中，以寻求协同育人的灵感。

其次，在网络教学下，完善协同育人的听课、评课制度。专业对应的思政教师应定期开展相应连线的"课程思政"，做好听课记录、及时评课反馈，以"旁观者"的角度观察"课程思政"的实际作用力，引领"课程思政"建设，进而形成协同育人的良性互动格局。另外，听课、评课应该是双向的。专业教师也更应该定期开展对思政课程的听课、评课，以实现资源与信息的共享，达到两者在协同育人中共同提升的效果。

3. 注重教学反馈，突破线上协同育人局限

在网络教学环境下，教师开展教育教学工作，既要时刻注意网络环境的变化，又要充分运用当前的信息技术手段，无法全面地考察学生的思想动态、意识变化等。因此，教学反馈显得尤为重要。这里的教学反馈，既涵盖了学生的反馈，也包括了思政教师、专业教师在协同育人中的反馈。

在协同育人开展之前，就应该以问卷调查的形式，对教师、学生进行系统的调研，形成基本的调查研究报告。同时，在期中、期末，也需要以同样的形式开展调查研究，并把前、中、后三个数据进行纵向的对比，以促进未来协同育人的有效开展。在此过程中，应专门针对学生，建立"学生成长手册"，不仅能够作为协同育人的成效参考，也能够更有针对性地对学生开展思想政治教育。

4. 完善教学评价，突出"思政"内涵

针对协同育人，需要完善的教学评价体系，包含了对教师的考核评价以及对学生的考核评价。

首先，针对教师的考核评价，需要把"课程思政"、协同育人等理念落实到考核标准中，注重突出"思政"内涵。注重将过去重专业评价转变为专业与思政并重的方式，明确把"协同育人"纳入评价中，促使教师进一步将协同育人理念内化，并积极行动。

其次，针对学生的专业课程考核与评价，需要根据课程性质、授课内容和教学过程中思政元素的融入情况，结合专业课的考核要求，参考上文中提到的"学生成长手册"，加以完善与修订。考核与评价的标准，既要体现学生对专业知识的掌握，又需要体现学生综合素质的提高。专业课教

师可以结合学生的思想动态变化、成长手册等内容，对学生进行过程化的评价。同时，针对学生的评价与考核主体，应该把相应的思政教师纳入其中，以更全面地对学生进行综合评价。

　　网络教学下"思政课程"与"课程思政"协同育人，任重而道远。这对思想政治教育而言，是机遇更是挑战。最终的落脚点都是"立德树人"。当前，教师需要把握好"思政课程"与"课程思政"协同育人模式构建的时代要求，学校做好组织引领，领导小组设计好核心要素，才能切实发挥出协同育人的合力效应[①]。

[①] 潘虹，邓静文. 网络教学下"思政课程"与"课程思政"协同育人模式探索[J]. 现代职业教育，2020（38）：120-121.

第六章 凝聚高校网络思政育人队伍力量

第一节 高校网络思政育人队伍概述

一、高校网络思政育人队伍的含义

思政育人队伍承载着高校思想政治教育工作的寄托、更承载着培养社会主义建设者和接班人的重托，高校是否能培育出适应祖国现代化建设的高素质、高质量人才，思政育人的队伍建设是关键。随着互联网技术革命与高校思想政治教育的深度融合，队伍建设也被打上了互联网的时代烙印，网络思政育人队伍这个新命题、新名词应运而生。

高校网络思政育人队伍是一支专门从事高校网络思想政治教育的队伍，其人员界定首先是高校教师或者管理者，紧紧围绕立德树人的根本任务，承担网络思想政治教育的工作任务，既具有较强的思想政治教育能力，又具有一定的网络技术应用能力和心理学、伦理学等综合学科的学习能力。

二、高校网络思政育人队伍的职责要求

（一）政治要求

高校网络思想政治教育是党宣传思想工作的一部分，要坚持党性、政治性为先的核心要求。其内涵包括坚定的政治立场、政治信念、政治品德、政治理论水平和政策水平。在网络时代，高校网络思想政治教育者必须具有一定的政治条件和政治品质，保障自身良好的政治素养，保障政治上的三性：敏感性、坚定性及预见性，对网络上繁杂的信息、思潮进行准确辨

析，给予大学生实时的指导。高校应该完善思想政治工作制度，积极创新载体，为大学生思想政治教育提供机制、平台；高校党委也需落实主体责任，明确思想政治工作在立校办学中的重要地位，提高实效，遵从服务于社会整体利益的目标，为建设中国特色社会主义培养建设者和接班人。

（二）技术要求

互联网作为信息传播的重要介质和手段，为高校思想政治教育提供广阔的互动载体，拓展思想政治教育的空间，有利于增强思想政治教育的效果，推动高校思想政治教育向着科学化的方向发展。新时代下，推动思想政治教育传统优势同互联网技术与思维的深度融合是高校思想政治工作发展的必然趋势，也是思想政治教育研究焕发新活力的重要生长点。网络所具有的开放性、虚拟性、交互性、即时性和共享性等特征可以为大学生提供更广泛的自学空间及平台。高校网络思想政治教育中需注重强化互联网思维，在各项教育课程、宣传等实践活动中加强网络应用，充分发挥网络的思想政治教育价值；以网络技术为支持，完善网络教育平台，建立网络思想政治教育工作新机制；加强教育网站建设，促进微信、MSN、电子邮件、BBS论坛等传播介质在教学活动中的应用，强化网络话语沟通，通过网络媒体平台与学生增进互动沟通，彼此交流看法、讨论问题，注重大学生思想道德素养的培养。特别是作为思想政治教育主渠道的思想政治理论课程，应积极借助大学生熟悉的信息网络技术开展互动式的教学活动，让大学生成为课堂教学的积极参与者，努力开创高校思想政治教育新局面。辅导员运用互联网技术能力的提升有利于更好地了解大学生思想行为的动态，从而深入了解学生的真实情感，及时开展网络心理咨询工作，帮助学生排解思想困惑，推进德育工作的有序开展。另外，利用网络进行高校思想政治教育是一个循序渐进的过程，面对复杂的网络环境，通过技术手段对网络信息内容进行过滤，及时屏蔽或者清除网络上的不良信息，优化网络教育环境，为高校学生提供清朗的网络空间及正确导向的网络信息。

（三）素养要求

网络思想政治教育是一项综合性、知识性和专业性很强的工作，对教育者的综合素质有很强的期望。思想政治教育工作者不仅需要较高的政治理论水平，具备良好的网络技术水平，还需要具备一定的网络素质，不断提高对网络信息的辨识力和网络语言表达能力。互联网是社会思想文化的集散地，也是公民进行信息交流、意见表达的重要平台。网络素养是在各种信息交叉渗透、网络技术高度发展的社会中，人们所应具备的网络运用技能和使用网络平台的素质，包括网络意识、网络道德、网络语言等。互联网时代，网络信息的丰富性、复杂性、多元化，对于正处于世界观、人生观、价值观形成关键期的大学生来说是一大挑战，也影响着大学生的判断能力。教育者具备良好的网络信息素养对网络思想政治教育工作者顺利开展工作至关重要，事关能否在网络上开展生动活泼的思想教育活动，及时准确地将最新的思想理论观点传达给大学生，确保大学生能够心领神会，切实发挥网络思想政治教育的功能。

（四）法治要求

互联网是高校意识形态及舆情阵地，在高校法治建设中占据重要地位。"如何加强网络法治建设和舆论引导，确保网络信息传播秩序和国家安全、社会稳定"，是习近平总书记在深刻把握互联网发展特征、对我国国情的深刻认识的基础上提出的网络时代面临的突出问题。为了推进互联网法治建设，要"抓紧制定立法规划，完善互联网信息内容管理、关键信息基础设施保护等法律法规，依法治理网络空间，维护公民合法权益"要切实保障网络有序有效地运行，以法治秩序保障全体网民的自由。在高校网络思想政治教育层面，加强大学生网络法治教育，规范大学生网络行为，促进大学生健康成长，是高校网络思想政治教育的应有之义。要让当代青年明晰网络空间的权利、义务，确保大学生认识到网络信息技术作为科技手段需受到法律法规的严格约束；《国家信息网络专项立法规划 2014—2020》《网络信息保护决定》《刑法修正案（九）》《中华人民共和国网络安全法》等法律、决定及相关司法解释等均是促进网络法治建设的有效规范，应该在高校思想政治教育工作中有所体现，以切实增强大学生的法治意识。要增强大学生的网络保护意识和明辨能力。网络环境的开放性、虚拟性等特点可能成为信息诈骗等新型犯罪的高发地，切实提高大学生对网络信息的识别能力，遇到网络陷阱、网络欺诈等违法犯罪行为时，善于将书本上的理论知识转化为实践，注重运用法律武器积极维护自己的合法权益。

（五）生态建设要求

互联网以一种前所未有的速度推动经济社会的发展与进步，同时也带来了严重的网络信息污染、网络生态危机和网络安全危机，导致网络生态严重失调。而大学生作为网民的主力军，是网络生态的主体，其思维活跃、好奇心强，既是网络生态危机的制造者和参与者，同时又是网络生态危机的主要受害者，容易受到网络不良信息的侵蚀与影响，容易迷失自我，行为失范，人生观、价值观容易发生扭曲和错位。可见，大学生网络生态文明意识及素养是高校网络思想政治教育的重要内容。要积极构建良性互动的网络生态格局，营造和谐的网络生态氛围。

（六）网络命运共同体构建要求

习近平总书记在 2015 年 12 月 16 日第二届世界互联网大会开幕式上强调，"网络空间是人类共同的活动空间，网络空间前途命运应由世界各国共同掌握。各国应该加强沟通、扩大共识、深化合作，共同构建网络空间命运共同体"。大学生群体是网络的主力军，在网络命运共同体的构建中发挥着不可忽视的作用，需得到高校思想政治教育的高度重视。构建网络空间命运共同体既要遵循安全逻辑，又要有发展意识。网络安全既是网络空间命运共同体的基石，也是推动经济社会发展的重要驱动力。高校网络思想政治教育过程中，将网络安全与网络发展理念纳入高校网络思想政治教育的课程，鼓励大学生在使用网络的同时注意维护网络安全，坚决禁止泄露个人信息隐私、网络诈骗等违法犯罪活动，做网络安全的坚定维护者。教育工作者也要完善高校的互联网管理机制，做好网络舆论引导工作，防范群体极化现象或者网络语言泛滥。另一方面，未来经济社会发展需要高校培养一批批优秀卓越的建设型人才，为网络及国家的繁荣富强添砖加瓦，共同实现中华民族伟大复兴。网络空间命运共同体理念体现了深切的人文关怀和厚重的责任意识，关乎人类共同福祉，高校思想政治教育应该突出这一点，积极培养大学生的奉献精神及责任意识，共同维护网络安全，促进网络发展，服务于实现国家富强的宏伟蓝图。①

第二节　高校网络思政育人队伍建设现状

一、高校网络思政育人队伍建设存在问题

（一）队伍建设重视的程度还明显不足

习近平在全国高校思想政治工作会议上指出：要"整体推进高校党政干部和共青团干部、思想政治理论课教师和哲学社会科学课教师、辅导员

---

① 李珺. 互联网时代高校网络思想政治教育队伍建设研究[D]. 沈阳：辽宁中医药大学，2019.

班主任和心理咨询教师等队伍建设"，高校发展的治理、管理其中也包括教师队伍建设的治理与管理。当前，很多学校还是由传统思想政治教育队伍来承担网络思想政治教育的任务，基础不错，但网络技能的专业化标准明显不够，队伍建设的整体性、系统性明显欠缺，没有充分认识到这支队伍专业化建设的重要意义。从各学校人力物力财力的投入情况来看，90%没有专门用于网络思政育人队伍建设的经费，也反映出对队伍建设的重视程度明显不足。由于重视程度不足，所以相应的队伍建设的机制体制也不完善，相应的制度还停留在表面文章，相关教师的培养也没有专门的方案和规划。近年来，辽宁省以"易班"建设推动网络思想政治教育工作的开展，也有效推进了网络思政育人队伍的专业化发展，从试点校的情况来看，明显优于一般院校，即便队伍专业化发展还需要一段时间的建设，但一些必要的工作职责和要求相对来讲明晰到位，硬件建设较为完善，队伍的人员仍以兼职为主，但基本具备相当水平的网络应用技能。一般院校普遍存在网络思想政治教育网站功能板块不完备，对网络信息的监管措施不足，教育工作者网络运用能力及水平参差不齐，教育的实际效果不尽如人意，高校对网络思政育人队伍建设重视度不高，所以，网络思政育人队伍的教师仍存在职责不清、管理不规范等弊端。

（二）专门人才储备明显不足

从目前高校网络思政育人队伍构成情况来看，无论专职还是兼职，专门人才明显不足。高校网络思政育人队伍建设首先需要的是具备良好的政治理论素养，然后才是专门的网络技术管理人才，这种"双素质"的要求，对于高校教师和管理者来讲，人才储备明显不足。当前从事网络思想政治教育的工作者网络素质不高且自我要求过低，不注重自身的网络技术学习及素质提升，不可避免地让高校网络思政育人队伍建设缓慢。许多高校思想政治教育队伍教学目标一般过于模糊笼统，缺乏明确性、针对性，不具有某些思想政治教育工作需要的特殊性要求，不利于思想政治教育工作的有效开展。

（三）队伍建设的协同机制不够完善

当前，各高校采取多措施、多路径推进思想政治教育融入教育教学全过程，构建"课程思想政治"的育人体系，但没有对网络思想政治教育建立相应的机制体制，特别是从队伍建设的机制来看，网络思政育人队伍建设与高校专业教师队伍、管理队伍、辅导员队伍还没有构建协同的机制体制，没有形成队伍建设的合力，所以队伍建设的质量还有待进一步提高。协同机制不够完善的主要原因是各级主管部门还没有建立起系统、科学的网络思政育人队伍建设的顶层设计，制度建设不完善，推进的力度也略显不足。高校也没有把网络思政育人队伍建设单列，从师资培训、进修深造、访学等渠道来讲，网络思政育人队伍建设的路径还受一定限制，并没有与高校其他管理干部队伍建设、专任课教师队伍建设建立协同发展的机制。

二、高校网络思政育人队伍建设存在问题的成因分析

互联网作为一种新兴的社交手段和传播方式，具有开放、互动、虚拟等功能，极大地便利了人们的生活方式，也增强了高校思想政治教育工作的广泛性和实效性。信息传播的迅速性使得思想政治教育突破了时空限制，使大学生更愿意学习思想政治教育课程，增强了教师与大学生之间的互动交流机会。网络技术以生动形象的多元教学模式替代了以往枯燥单一的教学模式，也为高校思想政治教育者提供了广泛的资源与素材，使高校网络思想政治教育取得了良好成效，促进高校整体的思想政治教学效果的增强。可见，将互联网思维融入高校网络思政育人队伍建设，一方面，能够拓宽高校思政教育者的理论视野及知识范畴，通过网络技术手段创新教育方式，丰富教育内容，提高高校思政教育质量及水平。另一方面，可以使大学生获得及时的心理咨询及指导，便于大学生与教师间的互动沟通，改善师生关系，教师可以及时了解学生思想动态，并给予及时疏导，切实发挥高校网络思政教育的实效。

通过仔细分析发现，高校网络思政育人队伍建设存在问题的原因是复杂多面的，包括社会层面的因素、学校层面的因素和队伍自身建设的因素，必须对此类因素进行科学分析、权衡利弊，为加强队伍建设提供理论素材与观点支撑。

（一）社会因素

主要体现在社会错误思想的不当引导上。随着市场经济的不断发展，科技不断进步，经济全球化使很多人的思想观念及价值观念都被同质化，进而认为高校没必要进行思想政治教育工作，单独进行社会主义和中国共产党的意识形态教育即可。很多人认为在社会主义市场经济发展下，经济建设是社会发展的根本，高校思想政治教育建设地位无足轻重，已经跟不上时代发展的潮流。因此，高校思想政治工作者在教育中容易忽视思想政治教育工作，用经济因素代替教育指标，完全背离了思想政治教育课程设置的根本目的。

（二）学校因素

受传统高校思想政治教育思维模式的影响，现在诸多高校普遍认为学校教学中心应该是相关专业课程教育及科研，学校思想政治教育工作服务于这个中心，因此在实际学校管理与学校规章制度设立过程中，思想政治教育方面的设施保障、资金投入力度不足，思想政治教师队伍待遇与保障机制普遍较低，导致很多思想政治教育工作者身兼数职，将思想政治教育工作放在次要位置，而更加重视其他工作，长此以往导致思想政治教育工作者自身思想素质和科学文化素质跟不上思想政治教育整体的发展趋势，且思想政治教育工作者容易产生错误的思想观念，更无法全身心投入思想政治教育工作。

（三）队伍建设自身因素

部分网络思想政治教育工作者网络素质及思想政治素养不高且自我要求过低。一些思政教育工作者在工作后放松了自己的党性教育，不关注社会发展热点问题及党的最新思想和政策，不能与时俱进，与党的步伐保持一致，也不注重自身的网络技术学习及素质提升，不可避免地让高校网络思政育人队伍建设缓慢。许多高校思想政治教育队伍的目标一般过于模糊笼统，缺乏明确性、针对性，不具有网络思想政治教育工作需要的特殊性要求，不利于网络思想政治教育工作的有效开展。例如，缺乏考核、奖惩机制便无法对思想政治教育工作者的工作任务完成状况、取得实效等进行评估及奖惩，导致思想政治教育工作者缺乏动力和约束机制而放松对自身的要求，不利于高校的思想政治教育工作。[1]

第三节　高校网络思政育人队伍建设的规律与方法

一、高校网络思政育人队伍建设的规律

网络思政教育与传统思政教育在空间载体、工作队伍、内容方法等方

---

[1] 李珺. 互联网时代高校网络思想政治教育队伍建设研究[D]. 沈阳：辽宁中医药大学，2019.

面都存在较大差异,对网络思政教育内涵的把握不能局限于技术的变化,而是始终围绕"人"这一主体,抓住网络思政教育的关键要素在于育人,从形态变化和质量提升两个维度深刻理解其内涵。

一方面,网络思政教育重塑了高校育人形态。高校网络思政教育是网络技术与高校思政工作有机融合而形成的一种新型育人形态,这种形式随着在线教育这一"新业态"的大力发展,发生了新的质变,从而达到了一体化育人的效果。教师通过网络生成、发布教育产品和资源,形成网络教学模式;学生在获取和学习网络教育产品和资源的过程中,通过与教师互动、资料搜索以及问题探讨等形式,发现新观点、结识新伙伴、了解新平台,从而加入新的网络社群、产生新的学习需求。

另一方面,网络思政教育推进高校育人方式提质升级。在网络思政育人环境下,知识传播模式由传统的从上至下、由点到面的"广播模式"转变为强调以互动为主的"互播模式",学生自主学习、努力发声的意愿日趋强烈,师生之间的交流更加多元。知识传播过程更加符合师生的感官体验和技术需求,提供声像影视高度融合、图文并茂的平台,让师生在身临其境中激发学习兴趣。

因此,高校网络思政育人队伍建设关键在于适应互联网时代工作要求。高校网络思政育人队伍不是独立于线下辅导员、思政课教师的第三支思政工作队伍,而是基于网络思政工作内涵,立足网络教育阵地,敏锐地把握思政育人空间、载体和时效度的变化,适应大学生的接受特点和思维方式开展思政育人工作的一支全新育人队伍。在宏观层面,高校"大思政"理念深入人心,与此相适应,也应确立网络"大思政"理念,不仅有网络在线课程思政、网络日常思政教育、网络心理健康辅导、网络党建团建工作,一切在网络空间可以发生的教育行为都蕴含着育人价值,高校网络思政育人队伍建设要理解把握信息技术发展趋势,自觉顺应网络发展潮流,把网络思政教育融入学校现代治理体系建设,将网络思政理念融入学校整体育人队伍建设。在中观层面,高校网络思政育人队伍建设要和线下育人工作同频共振、同向同行,为高校凝聚领导力量、管理力量、服务力量、思政力量提供支撑,并且彼此呼应,形成线上线下、时时处处育人的良好氛围。在微观层面,高校网络思政育人队伍建设需充分结合高校特点,聚焦学校人才培养目标,对于网络思政工作学起来、用起来、关注起来,探索适合高校网络思政育人发展和队伍融合发展的路径。①

二、高校网络思政育人队伍建设的方法

（一）以价值认同为根本，夯实高校网络思政育人队伍事业基础

通过大力加强队伍的理想信念建设，让有信仰的人传递信仰，在网络空间与学生对话、交流，及时解决大学生的思想困惑，引导大学生树立坚定的理想信念。

要凸显学科支撑。网络思想政治教育需要网络信息技术、心理学、教育学、传播学等多学科支撑，最根本的是马克思主义理论学科支撑。网络思政育人队伍要用习近平新时代中国特色社会主义思想武装头脑，深入学习领会其中蕴含的马克思主义立场观点方法，以问题为导向，实事求是，切实解决学生在网络环境中呈现出的思想困惑，给予正确引导。

要坚持科学性与实践性相统一。网络思政育人工作要强调科学性，更要体现实践性。可以通过"请进来"的方式聘请网络思政育人研究领域专家作为队伍的特邀顾问，在条件允许的基础上逐步按"一对多"到"一对一"配备导师，定期组织学校网络思政育人队伍骨干开展校外培训和专题调研，开展情景模拟、案例分析、岗位实践等活动，帮助网络思政育人队伍切实提升工作的有效性。

要突出专业能力培养培训。从人才专业发展角度，加强理论研究与工作培训。在完善网络宣传队伍专项培训的同时，逐步扩大范围，将网络思政育人研究能力和应用能力专题培训纳入在职培训、日常培训，确保在所有教师中，形成基础信息化应用能力和网络思政育人研究能力培训全覆盖。同时，激励和发挥网络思政育人队伍主动学习的热情，组建育人团队，搭建"网络思政育人名师工作室"等平台。

（二）以制度建设为抓手，聚合高校网络思政育人队伍智慧力量

网络思政育人队伍制度建设，必须牢牢抓住人的主体因素，坚持以师生为中心，以网络发展特点为核心，聚焦师生思想特点与发展需求，加强模块化管理，创新精准激励方法，探索协同育人路径，开展网络全员全程全方位育人的制度设计，完善网络思政育人队伍的结构，提升队伍的综合素质。

---

① 谭丙华. 高校网络思想政治教育队伍建设研究[D]. 重庆：西南大学，2010.

要搭建队伍协同创新的联动机制。从制度层面动态优化网络思政育人队伍，一方面要逐步将专业教师和学校行政管理部门人员纳入网络思政育人队伍中，另一方面要扩大中青年教师比例，不断优化高校网络思政育人队伍的年龄结构、专业结构。

要完善网络思政育人政策保障体系。通过健全和完善协同育人的领导体制和工作运行机制，把网络思政育人工作融入学校各项工作之中，不断优化网络思政育人建设组织架构，增强队伍归属感。通过完善教师队伍培养培训、人事考核、职称评聘等发展路径，开发专门面向网络思政育人队伍共同参与的工作培育项目、课题研究项目和联合授课平台等，持续提升专业素养。通过创新探索师生双向培育、融合成长的队伍激励机制，实现共同成长。

（三）以协作交流为平台，推进高校网络思政育人队伍共同成长

打造以队伍间横向沟通和交流为目标的网络交流平台群，形成以大学生网络在线、易班平台等高校网络思政育人平台为基础，以校园数字化系统为主的校内办公平台，以及以微信公众平台、微博等为主的自媒体平台群，形成网络思政育人队伍自身"会用网络、擅用网络、用好网络"的交流和成长机制。

强化队伍协同合作的工作习惯。为确保网络思政育人工作提质增效，要落实与执行好现有制度，养成良好的育人习惯，共同研讨育人实践中遇到的新问题、新挑战，制定解决方案与措施。继续探索组建由网络名师、优秀思政理论课教师和骨干辅导员为教师主体，以学生骨干为主体的网络思政育人共同体，将理论与实践紧密结合，就新形势下高校开展网络思政育人工作的热点和难点问题开展针对性的研究，使网络思政育人队伍中最优秀的群体养成紧密联系、互相促进的行为习惯，以此来带动更大群体的协作。①

第四节 加强高校网络思政育人队伍建设的具体路径

加强网络思政育人队伍建设是高校网络思想政治教育的重要举措。充分发挥网络平台和新媒体优势，实现多种媒介的深度融合、创新应用，建

---

① 李羽佳. 教育信息化时代高校网络育人队伍建设研究[J]. 中国高等教育，2020（24）：31-32.

设一支掌握大学生思想政治教育规律、了解学生思想状况、具备较高网络素养的网络思政育人队伍，开创高校网络思想政治教育的新局面。

一、以专职为主专兼结合为原则，培养具有"双素质三能力"的优秀人才

（一）专职为主，专兼结合

2017年2月27日中共中央、国务院印发《关于加强和改进新形势下高校思想政治工作的意见》强调："高校思想政治工作队伍和党务工作队伍具有教师和管理人员双重身份，要纳入高校人才队伍建设总体规划，形成一支专职为主、专兼结合、数量充足、素质优良的工作力量"。由此可见，高校网络思想政治工作队伍建设应以专职为主，专兼结合为原则，规划建设。以往各高校网络思政育人队伍基本上由辅导员或宣传部门人员负责，并没有专职的工作人员，队伍构成单一，远远无法满足网络思想政治教育工作的需要；同时，作者在查阅文献和调查分析的基础上发现，只有专兼结合，各部门协调配合，统筹规划，选聘优秀的思想政治教育工作者成为专职网络思想政治教育教师，党委办公室、宣传部门、学生处、网络媒体技术部门、保卫处、各学院系部辅导员、学生干部、理论教师等联合工作，采取专职为主，专兼结合的队伍建设形式，高校网络思想政治教育的效果才能得到保证。

（二）培养双重素质

1. 政治素养

高校网络思政育人队伍应具备的首要素质，即政治素养。2016年12月，习近平总书记出席全国高校思想政治工作会议并发表重要讲话，强调："我们的高校是党领导下的高校，是中国特色社会主义高校。办好我们的高校，必须坚持以马克思主义为指导，全面贯彻党的教育方针。"明确了我国高校办学的政治方向，对思想政治工作者提出了明确的政治要求。由此可见，高校建设网络思政育人队伍，必须以培养和提升队伍的政治素质为原则，不断丰富政治理论知识、具备优秀的思想政治素养，对培养和引导大学生树立正确的世界观、人生观、价值观起到至关重要的作用。

2. 网络素质

当今互联网时代飞速发展，高校网络思政育人队伍不仅要具备优秀的

政治素质，还需要具备优秀的网络素质，才能面对快速、多变的网络环境。习近平总书记在全国高校思想政治工作会议上发表讲话时提出："要运用新媒体新技术使工作活起来，推动思想政治工作传统优势同信息技术高度融合，增强时代感和吸引力"。互联网的到来，给高校思想政治教育工作带来挑战和机遇，同时，也给思想政治教育队伍带来新的要求，高校思想政治工作要取得互联网的话语权，进行网络正能量发声，占领互联网思想政治教育阵地，需要培养一批具有网络辨识力、网络技术、网络表达力等优秀素质的思想政治教育工作者。

（三）具备三种能力

1. 思想政治教育能力

思想政治教育队伍，不仅要具有政治素养，更要具有丰富的思想政治理论知识，只有这样才能加强网络上思想政治理论教育工作。习近平总书记在全国教育大会上强调，"要坚持不懈传播马克思主义科学理论，抓好马克思主义理论教育，为学生一生成长奠定科学的思想基础。要坚持不懈培育和弘扬社会主义核心价值观，引导广大师生做社会主义核心价值观的坚定信仰者、积极传播者、模范践行者。""打铁必须自身硬"，只有拥有坚定的政治立场、扎实的马克思主义理论基础、思想政治教育理论基础，才能在互联网飞速发展的今天，用科学理论的角度，解答学生提出的各种问题，做到能聆听、能讨论、能询问、能解答。从改革开放到党的十九大，到中华人民共和国成立70周年，我国已成为教育大国，所有成绩的取得都是遵循了马克思主义的辩证唯物理论，都有科学的理论基础，网络思想政治教育也要遵循科学理论知识，用政治理论知识武装头脑，增强队伍的战斗力，打好网络思想政治教育阵地上的每一仗，取得最终胜利。

2. 互联网应用技能

伴随互联网时代的到来，网络对于高校思想政治教育队伍即教育主体提出了更多更高的要求，教育主体不仅要有丰富的思想政治理论知识，还要具有过硬的互联网技术。要利用先进的、现代的网络技术手段，在网络环境下，研究和掌握大学生网络思想政治工作的特点和规律，应对复杂多变的情况。5G时代的真正到来，使高校网络思政育人队伍要以增强互联网技术为原则，掌握甚至精通网络知识，维护网络安全，具有高尚的网络道德，会使用网络话语，善于网络的组织管理和建设，做到对于网络信息能整理，对于网络功能能服务，对于网络布局能建设，对于学生咨询能沟通；

能够打造和构建网络平台，搜寻分析网络信息、使用网络表达能力和技巧，进行网络交流。与此同时，还要有与时俱进意识，面对复杂多变的网络环境，适时开展互联网技术培训，不断增强对网络信息内容的过滤能力，屏蔽不良信息，优化网络环境，在网络上赢得青年学生。

3. 跨学科学习能力

互联网时代，网络思想政治教育领域的应用，已经不单单局限于网络技术的应用，更多地涉及多学科、综合知识的相互交叉使用。高校网络思想政治教育人员，不能再墨守成规，满足于现有的或以往的经验，一定要培育队伍具有跨学科学习能力。善于学习，就是善于进步。党的历史经验和现实发展都告诉我们，没有全党大学习，没有干部大培训，就没有事业大发展。学习能力是一个人一个组织和队伍乃至国家不断强大的基础和关键所在。跨学科是指突破单一学科而进行的两个或两个以上学科的知识、理论学习和实践创造。跨学科学习能力，类似于综合学习能力，在我国各行各业领域中，跨学科学习能力都是综合素质人才所需的必要条件。

当今思想政治教育队伍，要针对大学生用网规律和特点，除了要坚定马克思主义理论学习、互联网技术学习外，跨学科学习能力尤为重要，如思想政治道德素养、互联网相关法律法规、大学生网络心理健康教育、舆论舆情辨识能力、语言表达能力、组织沟通能力、管理与建设能力等的学习和运用，对于网络思政育人队伍建设和网络思想政治教育效果起到了至关重要的作用。

二、以专业化建设为目标，优化高校网络思政育人队伍建设的结构

（一）建设一支爱岗敬业的专职网络辅导员队伍

网络时代下，经济全球化、文化多元化、信息集聚化和高等教育大众化对大学生的价值观念、思维方式产生了巨大影响，这一阶段大学生往往较为迷茫、容易被误导，在学习、工作、生活等方面产生各种问题及矛盾，因此，亟需建设一支爱岗敬业的专职网络辅导员队伍来确保工作的稳定性、连续性、高效性，能够及时觉察学生群体的情绪、了解大学生的实际需求，为大学生提供及时的指导和支持，引导大学生成长成才，同时锻炼并造就高素质的现代化人才。具体而言，可以从以下几方面着手进行：

首先，推动大学生专职网络辅导员选聘工作的规范化、科学化、制度化，以"公平、公开、公正"为原则，以是否具备良好的文化素养，熟悉

大学生思想和心理特征，具备较强的语言和文字表达能力、组织协调能力、调查研究能力、人际交往能力和社会工作能力，熟练掌握各类信息化办公软件和方法，具备一定的奉献精神和创新精神为标准择优选取，建设一支爱岗敬业、求实创新的高素质专职网络辅导员队伍。

其次，强化网络辅导员的绩效考核工作；高校应建立科学合理、操作性强的网络辅导员考核评价机制，对专职人员进行定时定量的评价和考核工作，严格划层，将学生评议的结果作为考核辅导员工作绩效的重要依据，实现对辅导员考核评价的科学化、合理化。

再次，加强辅导员队伍的培训、发展工作；高校需要统筹规划，为网络辅导员的培养、发展创造积极条件。学校应该建立并完善网络辅导员培训机制和体系，建立多层次、分类别、重实效的网络辅导员培训体系，每年选派优秀辅导员参加培训和学习、开拓视野及思路，不断提高自身的能力及水平。

最后，为网络辅导员建设和发展提供制度保障。要以制度建设确保辅导员学习、培训、考核等环节更加规范、科学、合理；不断转变思想观念、拓宽渠道，构建辅导员调配的动态平衡机制，确保辅导员流动的合理有序。积极探索职业化道路，不断提高网络辅导员的理论水平和实践能力，同时完善相应的辅导员转岗机制，增强网络辅导员的积极性和自信心，从而确保工作的顺利进行。加强网络辅导员队伍建设既是长远目标，又是现实需求，高校需在以往经验的基础上结合现实形式，开拓创新，不断完善制度措施，为学校的专职网络辅导员队伍建设提供保障。

（二）建设一支技术过硬的网络保障队伍

技术是推动社会发展、强化教育宣传的重要动力。网络思想政治教育工作者不仅需要具备较高的政治理论水平，还需要具备一定的网络技术和网络素质作为保障。加强网络保障队伍建设，落实工作责任，建设一支忠诚可靠、敢于担当、技术过硬的网络保障队伍，需要不断推进网络安全技术建设，提升网上预测、预防的能力，推进互联网综合管控系统和安全快速感知监测体系建设。互联网背景下高校网络保障队伍建设工作需要做好以下几个方面：一是聘用人才需具备较强的网络技能和素质；二是网络保障队伍建设需要有章（规章制度、职业规范）可循；三是挖掘网络保障队伍的创新能力。高校应当基于媒介融合特点和实际工作需求，吸收互联网发展经验，利用技术创新效应，为网络思想政治教育提供技术保障。高校应规范校园网络平台运行规则，保障网络技术监控的力度，强化网络信息的过滤、分析和处理工作，澄清是非曲直，熟练运用网络载体解决社会中遇到的各类问题。同时，建立功能全面、多层监督的网络管理体系，坚决删除或者屏蔽"黄色信息"，严格管控，营造和谐健康的网络环境，确保网络安全，防范存在着的各种网络不良行为。教师通过增强运用网络的能力，有利于掌握大学生思想行为动态，更加及时地处理网络舆情，开展大学生网络心理咨询工作，推动思想政治教育工作的顺利进行。

（三）整合资源，合力构建高校网络思政育人队伍

高校网络思想政治教育资源的有效整合是大数据时代形成网络思想政治教育合力、提升网络思想政治教育实效性的关键。《国家中长期教育改革和发展规划纲要（2010—2020年）》明确提出要充分整合优质资源和先进技术，发挥思想政治教育育人合力。目前，高校思想政治教育资源孤立存在，一方面局限了本校思想政治教育工作者的思维方式和工作思路，另一方面也难以与其他单位网络教育平台实现资源共享，增加了高校资源整合的难度。一些高校网站更新速度较慢，未能有效整合优秀的思想政治教育资源，思想政治教育未能延伸到大学生培养的全过程，教育内容尚不系统，教育方式也较为传统。而且，高校思想宣传工作涉及面广，需要学校各方力量（党委、宣传部、学工部、团委、教务处、工会、后勤）协同配合形成巨大合力，共同促进高校思想政治教育的及时性、准确性。高校应将制度优势转化为资源优势，增强与媒体的互动交流，充分挖掘校内外资源，为网络思政育人队伍建设提供支撑。高校网络思想政治教育资源包括主体、内容、平台三方面，三者共同服务于高校网络思政育人队伍。首先，整合主体资源。教育主体可以通过学校统一开通的网站平台进行实时沟通、互动交流，形成育人合力，增强高校网络思想政治教育的实效性。学校应为思想政治教育课程教师提供良好的网络平台，通过培训不断更新思想政治教育的教育模式、教育机制、教育方式，引导教师充分利用微信、网站、微博等新媒体方式了解大学生的思想动态，有针对性地开展网络思想政治教育工作。同时，在教学过程中，注意以大学生喜闻乐见的方式整合各方主体理论进行思想政治教育，突破传统思想政治教育模式，增强网络思想政治教育的时代性。其次，整合内容资源。高校思想政治理论课教师可以通过案例教学方式，紧紧围绕社会热点问题、社会主义建设前沿问题开展专题研讨，以增强理论课的先进性与时代性；同时，师生也可以通过网络

平台进行实时互动,共享课程相关信息资料;另外,高校可以探索建立网络思想政治学习课堂,将高校思想政治教育工作与网络结合,丰富思想政治教育的内容及形式。最后,整合平台资源。目前高校网络平台种类繁多,致使大学生难以同时有选择性地予以关注。高校网络思想政治教育内容具有复杂性、抽象性、理论性,涉及的知识领域和层次较广,增加了大学生的学习任务,而通过在课程中进行情境教学,思想政治课程教师积极引导大学生作为学习主体主动感受、体验并探讨相关思想政治课程问题和话题,深入探讨其成因,不断提高教学质量及效率,同时提高大学生的学习积极性、创新意识、应用实践能力。

(四)提升思想政治理论课教师的网络素养

思想政治理论课程是教师和学生在教学环境下围绕教学内容开展的一系列教学实践活动,是一项具有深厚学科基础和经由专业学术训练才能从事的工作。高校网络思想政治教育要将思想政治理论课程教学作为一门专业化的事业,充分利用马克思主义理论学科支撑促进思想政治理论课教师队伍建设的专业化发展,全面强化网络思想政治理论课程教师专业素养及水平,提高思想政治理论课程教师的地位,增加思想政治教学设施和科学研究经费,思想政治教师队伍建设规范化、制度化,切实提高思想政治理论课程教学的质量。系统设计教师学习培训课程,内容包括习近平总书记重要讲话精神和治国理政新理念、新思想和新战略等,发挥学科交叉优势,切实提升教师理论水平。同时,将思想政治教育理论课程建设、教学方法改革、教师队伍建设以及教学任务中遇到的重要理论及实践问题研究作为重要选题,纳入科学研究规划之中,通过高水平教学研究成果,不断提高高校网络思想政治教育理论课程教师的科研能力。在教学活动中,注重教学理念、教学内容和课堂教学方法设计的创新,大幅度提高我国高校网络思想政治理论课程教学的实效性,聚焦于提升思想政治理论课程教师的综合素质和专业化能力及水平。

(五)促进教育和管理的有效融合,培养网络思想政治教育学生工作骨干

学生骨干作为学生干部,在思想政治教育工作中应将现实社会中对大学生的了解和网络思想政治教育相结合,发挥作为学生干部的引导及宣传作用。然而当前学生工作骨干的优势并未完全发挥出来,部分学生骨干的思想政治素质及网络文化素养有待进一步提升。需积极培养学生的骨干力

量，发挥学生的主体作用，强化他们分析问题和撰写文章的能力。同时，加强大学生舆论引导员队伍建设，引导学生骨干加入大学生聚集社区，以成熟睿智的网络话语与大学生进行实时的交流互动，及时监管、疏导以及澄清相关信息，利用学生媒体平台形成良好的校园舆论导向。加强对网络思想政治教育的管理力度，让学生骨干直接参与到学校教育及管理过程中，增强大学生群体的主人翁意识，积极发挥大学生自身的积极性、主动性、自主性和创造性，建立一支既熟悉思想政治教育工作，又精通网络信息技术及管理的高素质学生网络自我管理队伍。

三、以制度建设为保障，建立高校网络思政育人队伍建设的长效机制

系统性、整体性构建是新时代思想政治教育发展的显著特征。高校应以实践为基础，用创新理论制定完善的网络思想政治教育制度，构建一套完整的、科学的、有效的制度体系，作为工作的重要支撑，通过各种制度保障高校网络思想政治教育工作队伍的质效。

（一）准入制度

高校网络思想政治教育需通过建立准入制度切实保证教育队伍质量，为思想政治教育队伍的建设提供良好的基础与保障。首先，提升高校网络思想政治教育课程教师的任职标准。建立思想政治教育课程教师队伍准入制度，坚持思想政治素质、业务素质及网络素质"三标准"，将信仰坚定、理论功底扎实、业务能力精湛的思想政治教师纳入思想政治教育队伍。其次，拓宽思想政治教师的选拔视野，广泛吸纳领导干部、企事业优秀人才进入思想政治课程教学，为大学生群体传授知识和经验，充分发挥思想政治课程特聘教师、兼职教师队伍的特殊作用。

（二）考核制度

高校思想政治教育队伍需建立健全考核激励制度。高校网络思想政治工作队伍建设属于系统工程，绩效考核是其关键环节，考核流程需将媒介渠道上发布的理论成果、教育成效纳入绩效考核内容，在处理并评价考核结果的基础上构建长期激励工作机制。考核过程中，需要利用现代科学理论、方法以及先进手段，提升考核工作的准确性、科学性以及全面性，规范网络思想政治工作队伍的考核活动，切实提升网络思想政治教育工作队伍效能。在考核形式上，通过探索开展教师课程大赛、成果展示、技能评比等途径为教育工作者搭建能力展示平台，结合人才考核结构构建待遇、

绩效联动激励机制，建立精神嘉奖、物质奖励以及职位晋升等激励措施，激发教育者的能力提升意识，鼓励教育工作者积极强化专业素质及网络技能，调动网络技术应用的创造性及积极性。

（三）管理制度

高校网络思政育人队伍建设，创新并完善管理制度不可或缺。一方面，高校应当根据互联网时代的实际要求，对现有管理制度及机制进行持续改进，落实教育与管理职责。另一方面，通过系统的管理流程设计，保障网络思政育人队伍的工作积极性与主观能动性，不断提升高校网络思想政治教育工作水平，改善网络德育现状。最后，实时掌握网络动态，顺应时代发展潮流，总结变化与需求，积极调整高校网络思政育人队伍管理模式。

（四）培养制度

习近平总书记2016年4月19日在网络安全和信息化工作座谈会上讲话时强调："建设网络强国，没有一支优秀的人才队伍，没有人才创造力迸发、活力涌流，是难以成功的。念好了人才经，才能事半功倍。"要加大对高校网络思政育人队伍的培养培训力度，以分级分类为导向，以个性化定制为核心分类、分层次开展全覆盖、专业化的教育培训体系，让思想政治教师及时了解党的最新思想理论创新成果和党的基本路线方针及政策的新要求，提高高校网络思政育人队伍的专业化水平。而且，善于将网络信息与课堂教学、科研任务相结合，可以尝试通过组织开展教师技能大赛、案例式教学、课题申报、教师沙龙、情景模拟、拓展训练等多形式、多途径的培训及交流机制；主要关注大学生工作存在的前沿、热点、难点问题，打破校内资源搜集现状，最大限度地汇聚社会和网络资源，协同社会各方力量开展从事思想政治教育工作相关学科的知识技能培训，如联合信息网络安全管理协会开展网络思想政治教育培训等，在扩大思想政治教师培训力度的基础上提高思想政治教师的专业化能力；保障教师的理论水平及职业素养的全面发展，提高高校思想政治教师解决大学生实际问题的能力，使得思想政治教育生动形象，激发学生对网络思想政治教育的兴趣。同时在政策和制度上面激励辅导员在就业指导、心理咨询、创业培训等方面的学习，切实提高高校教师的专业素养及技能。

（五）提升制度

建设高校网络思政育人队伍离不开制度建设，其中，提升制度作为高校思想政治教育队伍的内部管理制度在其中发挥着重要的价值和作用。高校网络思政育人队伍建设需充分考虑大学生网络思想政治教育工作特点，以德才兼备为原则，按照提高素质、优化结构、功能互补、业务精湛的要求，以优化思想政治队伍结构及提高教师素养为目标，制定严格的提升标准，严格规范思想政治工作队伍提拔晋升制度。将政治信仰坚定、网络素养高、组织管理能力强的列为优先提拔人员，在提拔干部人员时要做到公平公正，制定一定的提拔晋升标准，通过公平竞争的晋升机制营造和谐的工作氛围，从制度上保证对思想政治教育队伍建设的重视性，切实发挥网络思想政治教育的功能及实效。

四、以学习型队伍建设为目标，提升高校网络思政育人队伍整体素质

网络思政育人队伍的整体素质对高校思想政治的教育效果产生直接影响，学习型队伍建设的主要理念意即通过不断地创新和学习，突破思想政治教育职业化发展瓶颈，在实践中探索思想政治教育工作规律，创新教育方式、方法，将学习和工作融合起来，通过学习型队伍建设不仅有利于增强教育工作者间的向心力和凝聚力，也有助于提高教师个人的理论水平和素养，保证教育工作者思想、行为以及教育观念的与时俱进。

（一）建设队伍发展和个人发展的共同愿景

思想政治教育队伍发展愿景是最大限度地发挥高校网络思想政治教育的效用，为国家建设培养具备创新性、实践性、时代性且服务于中国特色社会主义建设的高素质人才。个人发展愿景是我们每个人内心深处渴望实现的美好愿望和远大目标，是发自内心追求的社会终极目标，也是激励我们奋发前进的不竭动力。为了确保实现共同愿景，需要高校及思想政治教师积极从以下三点着手：一是搭建学习培训平台，不断提高教师素质。高校需不断拓宽教师培养渠道，不断强化教师的理论知识学习及网络素养培养，提高专业技能水平，增加解决现实问题的能力，从而提高整体的队伍素质。同时，教师需要确保教学工作的计划性、时效性、阶段性及规范性，按时完成既定教学目标。二是建立公平、公正的竞争和激励机制。结合思想政治教育工作特点，高校需积极开展教育技能培训、工作经验交流及教学人才的评选，建立优秀教师档案库，作为提拔、评优、晋升的有利条件，有效激发每位教师实现个人愿景的斗志和信心，在工作上积极进取，在挑战中不断突破自我，及时归纳总结经验，正视自身的不足及缺陷，制定措施不断缩小现实与理想的差距，在反思中不断进步成长，从而产生强

大的创造性张力，加速共同愿景的实现进程。三是高校需要不断健全各种规章制度，提升思想政治教师薪酬和各种福利，满足思想政治教师的自我实现需要，增强思想政治教师的归属感及认同感，从而全身心投入思想政治教育工作。

（二）推进特色的网络思想政治教育平台建设

互联网时代应不断创新并强化网络思想政治教育平台的建设和管理，要根植于青年学生的生活和学习的实际，充分挖掘网络思想政治教育的要素，建设好吸引力强、关注度高的网络平台。网络思想政治教育工作者要充分发挥自身的技术优势，紧紧把握网络平台快捷、感官视觉强、功能强大的技术特点，建设好具有服务功能，又具有管理职能，还具有教育意义的网络思想政治教育平台。要紧紧抓住网络话语特征，积极探索青年亚文化视域下大学生思想政治教育的表情包路径，把握网络思想政治教育的话语权，增强用网管网治理网络的主动性和主导性，更好地满足大学生个性发展的需要，更好地回应互联网时代对高校网络思想政治教育的新要求。

（三）营造积极健康、向上向善高校网络文化

依托高校校园文化，营造高校网络文化是强化大学生网络思想政治教育的主要路径。海量的网络信息资源可以丰富高校校园文化，增强大学生参与校园文化的热情。通过校园网络文化强化大学生思想政治教育宣传工作，首先需建设校园网络文化平台，设置思想政治教育专栏，开设互动交流专区，实时了解大学生思想动态，关注大学生的思维变化及活动倾向，及时解决大学生现实问题。增强与大学生社团的沟通合作，把思想政治教育工作与社团文化建设相结合，在社团活动中融入思想政治教育内容，在举办过程中使思想政治教育内容自觉融入大学生思维活动。

（四）树立网络共享理念

互联网作为一种科技手段，不仅是一种观念方法，更体现着一种价值文化，目前正潜移默化地重构着我们的生产、生活方式。互联网思维也成为塑造人们意识观念的内在元素。高校思想政治教育队伍建设必须顺应网络时代发展趋势，及时更新教育思想及观念、创新教育模式。网络的活力在于开放共享。网络时代下，人人都是"信息源"，既是传播者同时也是接受者，思想表达更为便捷，传统思想政治教育工作自上而下、由内而外延展的时空、节奏被极度压缩，单向灌输式的课程教学模式已跟不上时代进步的潮流。思想政治教育工作要主动利用网络优势，借助互联网技术和

理念，将教育观念、思维、方式、模式、形式以及评价标准、体系完善化，使之开放性更强、共享度更高、辐射面更广，构建体制内与体制外良性互动的信息共享模式。善于从网络空间挖掘社会热门话题、关注大学生成长题材，设置专项议题，组织开放式交流，在思想交锋中共同进步，从而增强思想政治教育工作的效果。实现互联网技术优势与思想政治教育工作传统优势的有机结合，调动思想政治教育队伍各方的积极性、主动性和创造性，有利于提高全体思想政治教师的自身素质，有利于在难题破解中打造新引擎、新动力，服务于大学生的思想政治教育工作，也促进思想政治教育队伍的建设进程。①

第五节　理论课教师与辅导员队伍协同育人优化研究

一、强化协同育人理念

正如哈贝马斯所说："因为有了共识，才能确保约束力在互动过程中得到贯彻。"可见，统一的思想观念是不同主体共同行动的先导与前提。协同育人作为一种先进的理念和手段，要想充分发挥其作用，就要强化高校中各个育人主体、组织机构的协同理念，树立整体性、系统性的意识，这是合作共赢，促进育人工作高质量、持续进行的前提和基础。

（一）坚持统一管理，引导协同意识

学校要争做树立和落实协同育人意识的表率，将系统性、整体性、科学性的理念运用到协同育人的顶层设计中去。要在党委的领导下，统筹规划协同育人工作，把握好协同育人的方向。办好中国的事情，关键在党。加强中国人才的培育，推进思政课教师和辅导员的协同育人，需要加强党对两支队伍协同育人的统一领导，坚持以习近平新时代中国特色社会主义思想和党的二十大精神为指导，制定两支队伍协同育人相关计划，保证思政课和日常思政的优势和地位，保障社会主义的方向性。

一是要充分发挥党政干部作为协同育人的领导者和第一责任人的管理职能。要定期召开协同育人工作会议，完善顶层设计，把握协同方向，促使协作意识扎根于相关育人主体的心中。要在各项会议、各类文件和资

---

① 李珺. 互联网时代高校网络思想政治教育队伍建设研究[D]. 沈阳：辽宁中医药大学，2019.

料中统筹安排好协同育人的具体要求和做法。要基于培育新时代中国特色社会主义事业建设者和接班人的根本目标，按照学校自身的协同工作开展情况，学生发展要求、学生的思想现状、心理特征等因素进行考量，从大局出发做好统筹规划，将落实协同育人的意识融入制度体系中，调动高校丰富的育人资源，做好各部门和院系协同育人的协调指导工作，增强各部门协同配合的信心。不仅有利于了解和监督协同育人落实情况，及时就协同育人过程中出现的问题调整方案，而且还可以利用好自身纵览全局的优势，总结协同育人的成效，在与其他学校的交流互动中汲取优秀经验，提供典型示范，推动协同育人理念在各个高校生根发芽。此外，党委书记和校级领导可以从自身做起，整合学校丰富的思政资源，带头讲好大思政课，推动协同育人理念逐步扎根于各级领导、基层教师、行政人员、后勤人员以及大学生的心中，促使全员成为协同育人理念的支持者和实施者。

二是要加快成立跨部门、跨院系的协同育人中心。中心负责人由两支队伍所属院系、部门的党委领导组成，对协同育人的具体工作负责。当高校具备科学而合理的顶层设计时，还需要具体的运行机构和人员来实施，而思政课教师和辅导员身处不同的管理体制，由不同的院系和部门部署与考察育人工作。因此，有必要设立专门的协同育人中心，由两支队伍的党委领导直接负责两支队伍的工作，减少中心的层级设置，提高管理效率。一方面，要按照两支队伍各自育人功能来思考如何开展协同，听取两支队伍的真实想法，明确不同队伍的分工，使其更好地理解和支持协同育人工作。要针对两支队伍开展的课堂教学、实践教学和社会实践内容进行一体化设计，统筹安排好用于育人工作的经费和校内外资源。坚持以学生为本，做好学生参加育人过程的真实反馈调查，及时调整育人方案，推动思政课和日常思政的有效衔接。另一方面，协同中心要吸纳思政课骨干教师和优秀辅导员，招募有志于从事思政课教学和理论研究的辅导员、新聘任的思政课教师和辅导员。可以采用定向结对的方式，促进两支队伍在教书育人、科研育人、管理育人等方面联动，将理论知识植入大学生日常校园活动中，将日常思政工作的经验运用到理论研究中，将学生的实际需求和成长特点结合到思政课教学中去，努力破除思政课教学内容针对性不足，日常思政内容深度不足的"病症"，这样才能发挥两支队伍育人的最大功效。

（二）加强理念宣传，营造协同氛围

高校思想政治工作是一项系统工程，其管理运作涉及学校的党政机关、教学科研、后勤管理等多个职能部门，不同部门和院系各有所职，对协同育人理念的认识和重视程度也各不相同。正如马克思在《德意志意识形态》所言："人创造环境，同样环境也创造人。"环境会在不知不觉中对人们产生影响，在潜移默化中改变人们的言行举止。因此，可以从高校的环境与氛围入手，做好协同育人理念的宣传和普及工作，破除各个院系和部门在长期工作中形成的"各自为政"的观念，成为勇担营造良好协同氛围责任的"排头兵"，在高校形成鼓励和支持开展协同工作的环境氛围，以加强高校内部各个系统与要素的协调整合。

各个院系和部门要基于"立德树人"这一根本育人目标，充分认识到开展协同育人工作对大学生的重要性，对学校、学院、部门建设发展的重要性，把协同育人理念纳入意识形态工作中，开展对教师的理念宣传和思想引导，培养队伍的团队意识，激发协同育人的凝聚力和向心力。一是各个院系和部门要响应党中央贯彻落实"三全育人"理念的号召，邀请思想政治教育领域的专家学者，就协同育人理念的内容、优势、重要性，举办讲座、沙龙等活动，通过梳理协同育人相关的文件政策，帮助两支队伍解读好协同育人的实施方案和重点任务，让校园中的每一主体都熟知，促进协同育人理念入脑入心，从而在学校营造良好的协同氛围。二是要善于运用网络这一载体，宣传协同育人理念，营造全员参与思想政治教育的氛围。做好学校、各院系、各部门的官方网站、微信公众号建设，搭建好校内宣传平台，及时发布国家的理论和政策信息、共享最新的思想政治教育资源，可以围绕习近平总书记在全国高校思想政治工作会议中的讲话，发布更为细致的解读和深刻的见解，可以宣传思政课教师和辅导员协同育人建设中的优秀典型，吸引包含两支队伍的专业课教师、行政人员、后勤人员阅读，在吸引中引领思想，将大学生思想政治教育的相关主体、相关部门和院系的思想意识联结起来，使其在工作中成为相互补充、相互配合、井然有序的自组织，打通各方育人资源，促进协同育人效果向更高水平发展。此外，还可以通过线上交流的方式，与周边学校、兄弟院校开展更为便捷的协同工作的经验分享，有助于各支育人队伍在交流共享中深化协同意识，构建更为广泛的协同育人氛围，在潜移默化中加快协同工作的进展。

（三）明确角色定位，深化协作意识

人在现实中不是孤立的，是广泛联系的，并在广泛联系中形成稳定的社会关系。协同育人工作就是一种由多元主体共同参与的合作性活动。因此，思政课教师和辅导员作为高校思想政治工作的核心骨干和关键队伍，需要正确认识自身的角色定位，树立两支队伍一体化的思维观念，深化与对方的协作意识，构建良好的合作关系，自觉成为协同育人理念的拥护者和践行者。

一方面，要充分认识到两支队伍具有共同的育人目标，围绕这一目标有意识地开展协同工作。将其贯穿于思政课建设、管理工作、实践活动之中，发挥协同育人理念的影响力。在协同过程中要注意坚持马克思主义的立场和观点，把握人员协同的整体性、内容协同的系统性、方法借鉴的科学性，避免两支队伍因分工不同而渐行渐远，有效推动育人工作的良性发展。另一方面，要明确角色定位和职责分工，勇于正视自身在育人过程中的不足，主动与对方开展交流合作，提高协同育人的执行力。在学习和工作中取长补短，完善各自的育人内容与方法，促进课堂活力升级，为学生实践活动保驾护航。在需要为对方育人工作提供便利时，更要主动伸出援手，促进大学生培育工作全方位、有序发展。

对于思政课教师而言，教书育人是主要任务，讲好思政课是重要使命和职业追求。为了提升思政课的教学效果，推动思政课的改革创新，习近平总书记在3·18座谈会上提出了"八个相统一"的要求。因而在具体的工作中，思政课教师不仅需要研究教材内容，研究专业理论，把握好思政课的政治方向，使学生更加坚定马克思主义信仰，引导学生树立良好的道德观念，还需要结合现实生活，照顾到不同学生群体的特点与兴趣，走到学生的身边，精心设计教学过程，需要创新方法，在重要时间节点组织实践教学，需要根据反馈及时改善教学过程，这样才能在育人的过程中走进学生的心里。可见，提升思政课的育人效果行之不易，对思政课教师也提出了更高的要求。但在现实工作中，思政课教师面临着教学人数多、工作强度大、时间精力不足，对其他院系学生情况了解不足的困难。因而思政课教师应自觉认识到自身在育人过程中的不足，发挥主体能动性，向负责学生工作的一线辅导员寻求帮助，了解学生最新的学习和思想动态，更新充实思政课内容，提升思政课的协作性和吸引力。

对于辅导员而言，日常思政和管理育人是主要任务，在主阵地的方方面面提升育人效果，成为学生成长的知心人和引路人。在我国的高校中，学生大多通过高考的方式入学，因而在学习能力上差异较小，但学生在思想品德、价值观方面会受到家庭、社会，特别是网络环境的影响，形成很大的差异。因而高校在思政工作方面的要求也越来越高、越来越迫切，具体而言，在面对学业有困难的学生时，要引导学生用马克思主义的立场观点看待这些问题，培养他们坚强的意志；在就业创业指导时，要引导学生将个人理想与远大理想相结合，树立坚定理想信念，钻研自己的专业素养；在开展资助育人时，要用适当的语言引导学生不被消费主义裹挟，传递艰苦朴素、自立自强的价值观念。需要在课上课下、线上线下开展育人活动，需要在入学毕业、关键节日节点进行深化，需要开展显性德育，也需要开展日常管理、校园文化活动、良好校风学风的隐性德育，开展全程全方位育人。但在现实的工作中，辅导员队伍中年轻人居多，缺乏长期的实践积累；专业背景多样，加上行政事务繁多，缺乏充足的时间精力深入理论研究，缺乏深厚的专业知识素养，不利于自身的专业化发展，同时，日常思政工作如果凭智育的方法和过去的经验，很难及时把握住学生身心发展的规律和思想的变化，势必会影响育人的效果。因而辅导员要主动正视不足，促进关键队伍的协同。通过参加思政课教师的科研项目，聆听思想政治教育领域专家的学术讲座，了解学术前沿，提升科研水平和理论素养；在兼任教授思政课时，及时向教学经验丰富、深受学生喜爱的思政课教师请教，提升教育教学水平，努力成为兼具理论素养和管理能力的专业化教师。

总之，思政课教师和辅导员是育人工作中并肩作战的伙伴，在遇到困难，产生困惑时不妨一起讨论交流，共同出谋划策，将难题解决；在取得成效时也应彼此分享，推动合作，从而打造团结一致、和谐共处的合作关系。此外，两支队伍的沟通能力、合作能力越强，自身在合作中形成的竞争实力也越强，有利于建立高校思想政治工作的核心队伍。

二、推动协同育人的平台建设

加强思政课教师和辅导员的协同，不仅需要从观念和意识入手，推动协同意识入脑入心，还需要加强对话沟通，深入交流才能相互理解，相互支持，才能共同探讨协同育人的结合点，并将其落实到具体的实践中，提升思想政治教育的整体效果。因此，要为两支队伍的协同提供有力的平台支持，可以搭建两支队伍的互动、科研平台，促进沟通的有效及时、资源的优化配置，可以搭建实践和网络平台，推动思政课教学和日常思政教育的充分配合、彼此巩固，形成育人合力。

（一）搭建互动平台，促进日常交流

作为教育对象的大学生，其思想观念具有开放性，在选择和接受外界的信息上具有自主性。当外界环境发生改变时，大学生思想也会随之发生变化，因而需要教育主体，也就是思政课教师和辅导员，不断相互进行资源的共享与交换，及时调整优化教育内容与方法。推动两支队伍的日常交流，要重视两支队伍会议平台的搭建，也要拓宽两支队伍交流的形式，通过线上线下定期的交流互动，巩固好两支队伍之间的信息共享、资源互通的桥梁。

一是要重视会议平台的搭建，定期召开两支队伍一线工作者的会议。思政课教师要和所教学生的辅导员做好对接。一般而言，思政课教师有其固定的教学课程，但作为受教育者的学生逐年变化，因而两支队伍需要及时对接。在会议上，两支队伍要做好上一阶段协同情况的总结，及时调整协同方案；两支队伍要以学期为单位互通思政课教学内容和日常思政活动的主题和形式，明确彼此的工作重点，促使两支队伍在保证自身任务完整性的同时，加强与对方的协作；两支队伍要以教学周为单位互通思政课教学具体进度和第二课堂活动的地点，促进两支队伍的教育教学活动规范、有序进行。

二是要拓宽两支队伍交流的形式。第一，要善于运用沙龙、工作坊等平台，加强两支队伍与一线工作者的交流。与严肃的工作会议不同，沙龙、工作坊等活动举办的时间和场地灵活，主题具有针对性和时效性，从事思政课教学和学生工作的第一线教师为主要参会人员，能够营造更为轻松的氛围，能够促进两支队伍各抒己见、直抒胸臆。在沙龙会上，两支队伍就近期教育教学中遇到的困难展开专题讨论，给予对方支持，共同协商解决办法；围绕学生进行经验分享，实现信息交流和资源互通。辅导员通过向思政课教师介绍班级学生基本情况，需要重点关注的学生情况，班风学风建设的目标，使得思政课教师对学生的兴趣点、教学重难点有了更确切的把握。思政课教师通过向辅导员反映班级的课堂整体表现、重点学生的考试情况、特殊学生的思想问题等，及时支持辅导员的日常思政工作。第二，两支队伍也可以以团队的形式组织素质拓展活动，在交流互动中增进彼此的了解，开展丰富的文体活动来愉悦身心、舒缓压力，培养两支队伍的协作精神、团队凝聚力，增强日后在育人工作中的信心、热情与斗志。第三，要善于运用网络这一载体，在常用的社交媒体平台上，如 QQ、微信、钉钉等,以定向结对的方式将两支队伍紧密联系起来,创造一个超越时空限制的传播空间。两支队伍能够实时共享学生的突发情况,求助队伍中经验丰富的骨干教师,能够随时关注、持续追踪自己感兴趣的学生活动、科研资讯、校外基地等资源,掌握并积累更丰富的资源,为两支队伍的育人工作提供思路,防止育人资源因为交流不及时而造成的重复和浪费。

(二)搭建科研平台,促进学术交流

理论是实践的基础。思政课教师和辅导员同属于思想政治教育学科,推动两支队伍协同育人实践工作的深化,离不开在马克思主义理论和思想政治教育学科基础上的开展的理论研究,因此,要推动两支队伍在科研方面的协同,促进理论研究内容、经验和成果转化方面的相互扶持、共同创新。思政课教师通常具备博士学位,在长期科研训练中练就了较高的学术水平,能够更好地抓住理论前沿开展研究,但思政课教师大多在课堂中接触学生,对学生的完整情况掌握不深,使得文章论述富含深度,实践指导意义却不足。辅导员以年轻人居多,能够更好地跟上时代潮流,为学生设计形式多样的实践活动,对学生开展多方位的思想引领,是学生就读期间接触最多的教师,但辅导员的专业背景多元,部分教师缺乏思想政治教育学科的专业训练,不易把握日常思政教育的学理性。两支队伍各具优势,其不足能够通过彼此得到补充和改善,因此,要推动两支队伍在学术方面的交流合作,搭建专门的科研平台,使其取长补短,以科研提升思政课教学,以科研深化日常思政教育,为思想政治教育学科注入创新元素,为高校日后的思政工作提供更深层次的思考与研究。

一是可以组建科研小组。两支队伍可以就不同的研究主题来组建科研小组。一方面,从思政课教学和日常思政工作中的困难出发,着眼于现实,研究主渠道和主阵地的育人内容、育人方法以及学生特点,探索教育教学实施过程中的改进方案。另一方面,两支队伍可以就思想政治教育基础理论开展专业理论研究,推动理论体系的解读和建构,辅导员与思政课教师合作,通过系统的学习、进行长期的研究,其理论水平自然而然得到提升,拓宽了两支队伍日后的岗位晋升与职业发展渠道。二是要搭建项目支撑平台。高校的协同育人工作要加大资金投入,专门为思政课教师和辅导员的科研合作设置专项课题,实现资金方面的保障,解除两支队伍合作开展科研活动的后顾之忧,出台课题管理办法给予后续资助,鼓励两支队伍在学术交流和碰撞中产出成果。三是要充分利用马克思主义学院的人才资源,邀请思想政治教育领域的专家进行业务指导。与不同层次、不同级别的教师进行研讨，可以拓宽学术思维，及时吸取优秀团队的经验。当申报课题时，可以规定科研小组成员人数必须是三人及以上，如果负责人不是思政课教师，那么团队中至少有三分之一的思政教师参与，融合两支队伍开展课题的方向，能够更好地集中力量，凝聚智慧，创造出更优秀的成果，发挥好科研育人的实效。总之，学术交流平台的搭建，拓宽了两支队伍的交流渠道，开展科研合作，一定程度上打通了两支队伍在理论知识、学生情况、方法思路上的壁垒，加深了两支队伍的协同程度，为思政课教学和日常思政教育的优化打下科学的理论基础，推动理论应用于实际育人工作的成果展现。

三、把握协同育人的结合点

为了实现高校思想政治工作这一系统的有序升级和优化，要在开放的环境中不断与外界产生物质与信息交换，调整自身运转方式，要充分运用思政课教师和辅导员这两个关键要素，力求打破传统的课堂育人空间限制，实现课堂内外、网上网下的有效衔接，从而提升育人的精度与广度。把握思政课教师和辅导员协同育人的具体结合点，为最大限度发挥协同效应创造良好条件。

（一）以课堂为抓手，打通线下育人阵地

两支队伍的协同程度不仅要从宏观视角出发，促成二者达成一致的协同理念，在协同意识的指引下寻求合作共享，还要着眼于微观层面，促进二者将日常交流合作的成果落实到具体的育人实践中，落实到所有的学生群体中，鼓励两支队伍在各自的本职工作中开展合作。两支队伍可以积极发挥各自的优势，以第一课堂（思政课）和第二课堂（日常思政教育）为抓手，适时参与到对方的工作中去，共同备课，共同负责育人活动，并在反思反馈中优化协同育人效果。

1. 两支队伍协同的方式

首先，两支队伍可以通过集体备课的方式，积极寻找思政课教学和日常思政工作的结合点。针对不同年级学生思政课的学习内容来设计日常思政活动的主题，借助日常思政教育中演讲、朗诵、戏剧、社会实践、公益劳动等丰富多样的活动形式，使得二者一脉相承。例如，在"思想道德与法治"课程中，讲授"第1章人生的青春之间"的人生观、价值观时，可以将教学内容与日常思政中纪念重要党史人物文化活动相结合，与依托劳动节、植树节等节日的社团成果展示活动相结合，帮助大学生塑造劳动价值观，激发大学生努力学习，将专业学习和社会需要结合起来，培育学生为祖国未来发展贡献一份力的责任感；在"中国近现代史纲要"课程中，讲授"第 4 章开天辟地大事变"时，可以将教学内容和"五四"讲党史、诗朗诵、舞台剧等活动相结合，深化大学生对于世情、国情、党情、民情的宏大历史观。可以将教学内容与科创活动相结合，激发学生对知识钻研的渴望，培育大学生的创新意识和创新精神。总之，两支队伍通过精心设计日常思政活动的主题，抓住育人的关键时机与氛围，借助丰富的育人形式，保证日常思政活动的理论支撑度的同时，也提升了思政课的亲和力和趣味性。两支队伍通过在备课和组织环节的精心准备，能够为大学生的思想进步、开阔视野、活跃思维提供更广阔的空间。

其次，两支队伍可以通过相互兼任的方式，适时参与到第一课堂和第二课堂的育人过程中，共同负责多项育人工作，实现多方面的深度合作。在具体的实施中，可以尝试以班级为单位，组建固定协同团队，方便长期追踪具体学生和班级的情况，共同见证学生成长蜕变。辅导员可以通过旁听思政课来协助管理课堂纪律；通过旁听思政课来提出改善性的建议；通过兼任"形势与政策"课程教师来分担教学任务，参与到思政课教师的本职工作中。思政课教师可以通过担任评委老师、指导老师、带队老师等角色，参与辅导员组织的学生校园文化活动、党团活动、班级团建、寒暑期社会实践活动，通过正面引导、交互式答疑解惑等方式，帮助解决日常思政实践活动理论性、思想性不足的问题。与此同时，两支队伍也要从全局出发，通过对教材内容的把握程度，对活动的组织管理是否恰当，以及是否充分运用了各自的资源等要素出发，及时分析思政课和日常思政教育相衔接、相结合的育人效果，以实现两支队伍协同育人进一步的改进与提高。

2. 两支队伍协同的内容

由于高校思想政治教育的内涵丰富，思政课作为主渠道，其课程的设置、教材的编写、教学的内容具有相对稳定性和系统性，涵盖人的三观、道德与法治观、国史国情、马克思主义理论、马克思主义中国化的理论体系、最新的国家政策方针等。日常思政教育作为主阵地，涉及的范围除了上述内容外，还涵盖了心理健康、人际关系、学业发展、就业创业等。因此，思政课教师和辅导员之间协同效应的发挥，需要通过具体内容的协同来进一步实现。

对于第一课堂（思政课）主渠道而言，要把握好育人内容的主导权，也需要增强与学生的互动，回应学生关心、关注的问题，让理论学习更有趣味、更贴近生活。例如，思政课教师可以在课程设置中加入一定的心理健康知识内容，与辅导员组织的心理健康活动、谈心谈话相结合，引导学生更加理性地看待生活中、学业上的挫折与困难，及时关注学生的心理健康、思想动态。思政课教师可以在课堂中加入劳动教育的内容，与学生参与的社会实践、田野调查、志愿服务活动相结合，通过解读劳动法的相关内容，帮助学生更好地知晓劳动者的权利与义务，为日后求职工作做好必要的准备，通过讲解劳动与中国特色社会主义发展之间的关系，激发学生扎根中国大地开展劳动的使命感。与此同时，思政课教师还需注意课堂用语的转化，辅导员队伍与大学生群体之间的年龄差距相对较小，两支队伍的交流沟通，在一定程度上能够加深思政课教师对学生话语体系的了解，使得思政课教师在教学中把握住学理性的同时，将晦涩难懂的语言浅显化、生活化。两支队伍的协作能够帮助思政课教师系统地却又不失针对性地实施灌输，稳固思政课的吸引力和感染力，在合作中建强思政课这一主渠道。

对于第二课堂（日常思政教育）主阵地而言，往往蕴含着丰富的思想政治元素，例如，演讲比赛、职业规划大赛、心理健康讲座等就与学生的成长需求相关，理论类、文体类、志愿服务类社团与学生的兴趣爱好、价值观念相关，党建工作、党团干部培养与学生的政治素养、未来发展方向相关。因此，主阵地育人不仅需要开展实践活动丰富大学生的课余生活，还需要增强各类活动的学理性与科学性，提高大学生在日常思政教育过程中的获得感。例如，可以邀请资深的思政课教师为学生开设创新创业方面的理论讲座，帮助学生解决在未来发展、职业选择等方面的问题，给予学生在价值观念方面的引领，帮助学生树立正确的创业就业观念。可以邀请优秀的思政课教师主讲入党积极分子的培训，介绍党的最新理论成果与方针政策，始终坚持正确的政治方向的同时，引导学生坚定理想信念。可以邀请思政课教师担任读书会的带读人，运用马克思主义的理论魅力吸引学生，将有限的思政课堂延伸到日常生活中。主阵地开展丰富多彩、健康向上、格调高雅的活动，并在适当的时机对学生进行理论引导，不仅能够帮助为学生的成长答疑解惑，使其更好地认识社会、认识自我，寻找到未来发展的方向，还能使得大学生在日常思政活动中感知理论的魅力，深化对课堂内容的认识，提高其对思政课的兴趣，实现日常思政教育这一主阵地的优化。

综上，育人不仅要育在纸上，更要育在实践中，两支队伍不仅可以利用自己的优势配合、协助对方开展育人工作，增进对彼此工作的了解，还可以在具体的育人实践中了解自己所带学生在课堂内外、校园内外的状态，突破教学时间与空间的限制，积累丰富的素材与资源，运用到提升本职工作的精度和深度中去，携手并进提升育人的整体效果，发挥思政工作者的价值与作用。

（二）以网络为抓手，开辟线上育人阵地

网络的兴起和普及，新媒体的更新迭代，伴随着这一代大学生的成长过程，大学生自然成了使用网络的主要力量。学生更容易被网络上的新鲜事物、新潮思想、新兴理念吸引，更喜欢在网络上探索新知识，在社交媒体上表达自己对热点的观点和看法。仅靠思政课教学和日常思政教育等线下育人渠道，已经难以全面深入学生的思想。与此同时，网络的开放性与包容性给予了不良社会思潮可乘之机，冲击着大学生正确价值观的养成。网络已经成为两支队伍开展思政工作必须要占领的阵地。正如习近平总书记在 2016 年 12 月召开全国高校思想政治工作会议上指出的："要运用新媒体新技术使工作活起来，推动思想政治工作传统优势同信息技术高度融合，增强时代感和吸引力。"主动搭建网络工作平台，升级换代传统的育人方式，能够促进两支队伍将思想政治教育与网络相结合，扩大育人的范围，积极掌握传播思想、舆论引导的主动权。

首先，要促进线下育人与线上育人的联动。网络不仅给予了广大师生便捷的生活体验，还拓宽了两支队伍教学的场域，使得两支队伍不再拘泥于线下思政课堂、线下特定的德育场所，能随时实施思想政治教育。第一，两支队伍要提升线上育人的技术和能力。两支队伍要及时适应好腾讯会议、钉钉等网络教学平台，思政课教师要做好线上教学在内容和语言风格方面的转变，提升线上教育教学的真实感、互动感；在遇到突发情况和特殊事件时，辅导员要扮演好"消防员"的角色，及时运用网络平台召开班级会议，做好舆论的正向引导，提供心理咨询，稳定好班级的育人环境。促进思政课教学和日常思政活动在线上的有效开展，使其取得与线下授课、线下活动相同的效果。第二，两支队伍要设计好网络育人的专题活动，将线下思政教育与线上思政教育联结起来，主动引领舆论。通过设计以学生为主导的网络思政活动，鼓励学生以信息创造者和传播者的身份参与到网络思政工作中。例如，可以组织大学生宣讲"党的二十大精神"微视频活动，让学生参与到收集相关精神资料中，成为宣讲的主体，制作微视频发布到网络上，用学生喜闻乐见的方式进一步掌握党代会的重要内容，领会国家的最新政策，增强主体意识和社会责任感。大学生成为宣传工作者，两支队伍要做好宣传工作的指导，共同建设好网络思想文化阵地，为社会带来更多青年人的正能量声音。

其次，要加强新媒体平台建设，拓展育人的深度和广度。一方面，要发挥好思政课教师和辅导员的带领作用，组建以两支队伍以及学生骨干为主的网络育人队伍，打造个人微信公众号、微博号等关键的网络育人平台，为学生营造良好的学习氛围。通过定期发布贴近学生的时政热点新闻、优质学术文章，吸引学生的关注，便于学生关心了解国家大事、国内外形势以及思想政治教育学科的理论前沿，传播正能量，使得学生广泛接受主流文化的滋养。另一方面，学院的官方网站、微信公众平台要定期发布一周思政活动的预告与总结，关注学生近期活动的组织和举办情况，两支队伍可以通过后台的浏览数据，掌握学生关心的话题，了解与学生拉近距离的方法，这样在面对学生的问询和求助时，可以更有底气、更有效地疏导他们的困惑，引导学生的思想和行为，两支队伍要在社交平台中立足学生的实际需求，给予学生"雪中送炭"的帮助，在帮助他们疏导和解决具体困难的过程中，赢得他们珍贵的信任，实现网络这一载体在育人工作中的有效运用。此外，还可以发挥大数据智慧育人的力量。通过大数据网络平台，两支队伍可以精准了解学生在校园、图书馆、宿舍的出入情况，把握学生在教育超市的消费情况，把握学生四年间日常思政活动的参与情况，促进两支队伍深入学生的学习生活，协助改善学生在科研学习、交友择优、消费观念等方面的问题，了解学生对不同主题思政活动的需求与偏好，提升高校思政工作的精细程度。

四、健全协同育人的相关制度

健全协同育人一系列的制度，形成保障体系，能够切实提高两支队伍的整体素质，锻造一支优质的协同育人团队，能够使得两支队伍之间的协同育人有章可循，实现真正的取长补短，保障高校协同育人工作朝着持续、有序、高效的方向发展。

（一）完善人才培养制度，提升协同育人能力

健全两支队伍的培养培训制度，是提升教师协同育人能力的必要举措。通过持续、深入的学习，用专业素养和人格魅力感召学生，能够为高校贯彻落实"三全育人"理念，培养德才兼备、全面发展的人才提供扎实的团队力量和坚实的人才后盾。

第一，要完善深造进修制度，为两支队伍提升专业素养提供教育培训机会。拥有扎实的理论功底是做好本职工作的最有效武器，因此，要鼓励有一定科研能力、对思政课教学有兴趣的辅导员继续深造马克思主义理论相关专业的博士学位，通过更深层次的教育，提升思想政治教育学科素养，通过系统的专业训练，厚植马克思主义理论基础，当学生提出关于现实社会的问题时，可以给予他们观点明确、具有说服力的阐释，可以从理论的角度分析日常思政工作中遇到的问题，提升管理育人的深度。要鼓励思政课教师积极开展国内外的进修活动，通过参加校外的培训进修，学习借鉴新兴的教学方法；通过参与校际、国际学术会议，更好地把握学科的前沿问题和最新动态，拓宽国际国内视野；通过公派进修、海外访学，拓宽理论眼界，在了解和涉猎其他学科的理论的过程中，优化自身的知识结构体系。当两支队伍在课堂上、科研中、日常生活中展现出丰厚的理论功底、精彩的人生阅历、独特的人格魅力、强大的敬业精神等，就会在不知不觉中吸引学生的注意，成为学生喜爱并模仿的对象。

第二，要开设协同育人专题培训，完善培训体系，为两支队伍提升协同育人能力提供专门渠道。术业有专攻，两支队伍在长期的工作中形成了天然的优势与短板，因而，要根据两支队伍的不同需求设计培训内容，提升业务能力。对于思政课教师而言，要加强其组织与管理能力的培训，与学生的沟通技巧培训，运用于实践教学、指导学生社团、参与校园文化活动中，促进思政课教学和日常思政教育的有序进行和全面覆盖。对于没有思想政治教育学科背景的辅导员，要加强其理论知识的培训，开展思想政治教育原理与方法、马克思主义经典著作导读等专业内容的培训，对于兼职思政课教师的辅导员，要开展教学基本技能、教学实施技巧、思政课教学改革与最新动态等内容的培训。在具体的实施过程中，可以邀请思想政治教育领域的专家学者，思政课教学的先进教师，管理学、法学等学科的专家学者，党政机关或企事业单位中的优秀管理人才，加入培训两支队伍的过程中，为开展协同育人工作充实高质量的人才。在培训的形式上，不

仅要开展大型的集体培训，扩大培训的覆盖面，还要注意内部需求的差异性，加强培训的适配度，开展小型交流培训班，解决两支队伍在思政课教学、课题申报、实践活动、管理工作等方面协同的具体问题，切实提高工作效率，也为两支队伍的未来发展提供更广阔的空间。

第三，要建立双向兼任制度，为两支队伍提升协同育人能力创造实践机会。参与到具体的教学实践和管理实践中，不仅能够深化两支队伍理论培训的效果，锻炼协同育人的能力，还能获取更深刻的育人体验，吸取更多育人经验，从而加以借鉴，反哺自身的本职工作。一是可以建立辅导员辅助思政课教师开展实践教学制度，在备课环节共同商量实践教学的主题和环节，在实践环节共同指导学生并负责好学生的安全。二是可以建立择优选取辅导员兼任思政课教师制度，鼓励有相关学科背景，有志于思政课教学，有一定科研能力的辅导员担任"形势与政策"课程教师，充实思政课教师队伍的同时，也使得辅导员在教学中开阔理论视野，强化自身理论水平。三是可以建立思政课教师兼任辅导员、班级导师、社团导师制度，鼓励刚入职的思政课青年教师兼任辅导员，参与学生的主题班会，指导学生的社团活动等，有助于思政课教师更全面地认识大学生，锻炼组织协调能力，在与学生的接触中获得他们的喜爱与认可。四是可以建立思政课教师和辅导员的轮岗制度，通过选聘青年思政课教师担任一年的专职辅导员，使得思政课教师在深入接触学生中提高日常思政工作的理论深度，把握新时代大学生的思想变化与心理特点，为日后的思政课教学和理论研究积累扎实的现实素材。通过选聘科研成果较好、日常思政工作能力较强的辅导员担任一年的思政课教师，能够发挥其在学生工作中的经验，针对学生的现实问题设计教学环节，为思政课堂增添新鲜度与活力，在备课和科研中加快理论水平的提升，为日后的日常思政工作打下更深厚的理论基础。

（二）完善考核评价制度，增强协同育人动力

首先，要建立科学的考评制度，为协同育人提供外在约束。对于两支队伍的考核，不仅要重视其在本职工作中的表现，还要充分考察其协同育人的参与程度与效果。评价两支队伍协同育人效果，要看其是否能有效促进大学生综合素质的提升，评价两支队伍协同育人的参与度，要将两支队伍参与协同实践的数量纳入工作量计算中。要探索科学的量化标准，完善工作量计算办法，避免只重视参与协同的数量而忽视协同育人的实际效果，造成协同育人流于形式的局面。基于两支队伍的功能定位，设置具体的协

同工作项目表，将思政课教师参与和指导学生的主题班会、入党培训、社会实践、校园文化活动等工作量纳入其中，将辅导员参与思政课备课、教学、旁听，与思政课教师共同开展教学研究等工作量纳入其中。可以运用信息技术，为结对的协同育人小组建立档案，详细记录两支队伍共同参与或组织的协同育人项目与活动，明确他们在这些项目中的具体分工，追踪这些项目与活动的实施对学生成长成才产生的效果。可以通过领导评价、协同育人小组内部互评、学生评价等方式，对育人过程中的各个环节进行综合考量。此外，也要重视两支队伍在师德师风方面的评价。作为高校思想政治教育的一线工作者，只有人格正才能吸引学生，才能做好学生的榜样，赢得学生的信任与喜爱，因此，不仅要重视考核两支队伍开展本职工作、参与协同育人的项目的数量与质量，对于难以定量考核的思想道德素质，更要及时跟进展开调查，重视学生的评价，避免道德失范事件的发生。通过完善符合两支队伍各自特征的考核制度，能够推动思政课和日常思政教育的协同"落地生根"，当这些项目和活动没有产生预期效果时，能够及时根据反馈做出调整，避免出现两支队伍在育人过程中产生重复与内耗，推动协同育人朝着高质量发展前进。

其次，要建立合理的激励制度，为协同育人激发内生动力。一方面，要在评奖评优中给予激励。合理的激励制度是要将物质激励和精神激励有机结合起来，在每学期、每学年的评奖评优环节中，可以按照协同育人考评的结果，给予优秀、良好、合格的评定，对思政课教师中积极参与日常思政教育活动，在辅导员中积极参与思政课的教学与研究工作，为取得优异成绩的个人与团队发放嘉奖，增强两支队伍协同育人的成就感。对两支队伍中业务水平佳、协同效果优、师德师风高尚的先进个人、优秀团队，要适时总结并宣传他们的协同育人经验，鼓励两支队伍继续探索携手共赢的工作模式，增强两支队伍协同育人的使命感，吸引更多符合条件的教师加入协同育人的团队中来。另一方面，要完善两支队伍的晋升制度。目前，高校思政课教师在职称评定方面更加重视科研成绩，而辅导员的晋升渠道较窄。在协同育人的过程中，通过参与一部分对方的工作，可以为其职业发展寻找更多的方向，因此，高校应畅通两支队伍交叉发展的晋升机制，将协同育人成效纳入晋升的考核中，给予有教学能力、科研能力的辅导员更多转岗成为思政课教师的机会，给予先进辅导员，对学生工作感兴趣、有良好管理能力的思政课教师更多晋升为各级管理干部的机会，催发两支队伍开展协同育人的行动自觉，吸引两支队伍中的更多主体积极参与到协同育人工作中来。

（三）完善经费保障制度，夯实协同育人基础

对于任何一项育人工作而言，充足的资金支持都是保持其活力生机，促进其顺利运行，推动其持续发展的重要基础。作为协同育人的骨干队伍，思政课教师和辅导员无论是合力开展课堂育人、实践育人、管理育人还是科研育人都需要一定的经费支撑。为了更好地发挥两支队伍的协同效应，就需要完善经费保障制度。学校可以通过设立协同育人中心，为协同育人工作配备专项资金，制定专门的资金管理使用办法，保障资金分配的合理性、使用的有效性。

一是用于两支队伍自身的培养与发展上。教育者需要不断地接受教育，才能有底气开展高质量的育人活动。专业化的培训是加强两支队伍的理论水平、业务能力，提高其协同育人能力的有效途径，因而，要加大对人才培养的资金投入，充实两支队伍的师资力量。拿出一定的资金用于研修培养基地建设，为两支队伍创造长期的教育培训渠道；用于报销两支队伍中继续深造博士、挂职锻炼、海外进修等活动，解决其物质方面的后顾之忧；用于补贴两支队伍中参与到对方工作中的课酬，调动兼任的积极性；用于设置协同育人专项课题，鼓励两支队伍共同开展思政课教学研究和前沿理论研究。

二是用于两支队伍具体的协同育人活动中。近年来，为了给予学生更深刻的学习体验，高校通过挖掘校内外的资源，积极开展多元的育人实践，来满足不同成长阶段学生的需求。因此，要拿出一定的资金，用于更新教学所用的多媒体设备、教学场地等硬件设施，用于购入更丰富的思政课教学资料；用于两支队伍组织学生参观纪念馆、遗址等爱国主义教育基地，组织学生开展志愿服务、指导理论社团等校园文化活动，组织学生在寒暑假期间开展实地调研活动；用于网络育人平台的开发与维护，吸引学生参与到与思政课教师和辅导员的互动中。通过满足两支队伍协同育人的支出需要，完善实践育人的配套环节，为师生创造更好的育人条件，实现育人的有效供给，促进协同育人的可持续运行。①

---

① 康喆琦. 高校思政课教师和辅导员协同育人研究[D]. 上海：华东师范大学，2023.

第七章 科学搭建高校网络思政育人平台

第一节 高校网络思政育人平台概述

一、高校网络思政育人平台的内涵

高校网络思政育人平台是指高校思想政治教育者以网络技术为支撑，以各种信息接收与处理工具为载体，结合当代大学生的认知和行为发展特点，按照一定规范对思想政治教育信息进行选择、制作、传递、反馈的网络形式，其目的是使网络信息对大学生施以正向影响，使其形成符合社会需要的思想道德素质和信息素养。从性质上来讲，高校网络思政育人平台既是一种载体，也是一种方法。高校网络思政育人平台的发展历程与网络技术发展的历史是相匹配的。高校网络思政育人平台的发展共经历了四个阶段：

第一阶段是萌芽阶段（1987—1993 年）。这一时期，大学生运用网络的目的更多地集中在学习先进的网络技术、共享资源、软件等方面，高校网络思政育人平台以电子邮件为主，部分高校开通了校长信箱、书记信箱等，开始摸索思想政治教育与网络融合的方式方法。

第二阶段是初步探索阶段（1994—2002 年）。随着网络的广泛应用，高校信息网络设施的建设不断成熟与完善。为了促进高校重视和做好思想政治教育进网络工作，2000 年 9 月，教育部印发了《关于加强高等学校思想政治教育进网络工作的若干意见》。这个文件提出网络思想政治教育的建设路径，给高校网络思政育人平台的研究指明了方向。这一时期，全国共有近万个学生网站和一千多个 BBS 网站（校园论坛）建成，思想政治教育网站如雨后春笋般不断涌现。

第三阶段是快速发展阶段（2003—2010 年）。经过十多年的探索和实践，网络作为思想政治教育的新阵地，受到了更为普遍的重视。网络已经成为大学生自由表达个体利益与情感的重要平台，网络舆论对大学生的影响从虚拟世界延伸到现实世界，大学生的价值取向、行为方式以及心理问题逐渐凸显出来。2004 年中共中央、国务院印发的《关于进一步加强和改进大学生思想政治教育的意见》（中发〔2004〕16 号）明确提出："加强网络思想政治教育队伍建设，形成网络思想政治教育工作体系，牢牢把握思想政治教育的主动权。"《关于进一步加强高等学校校园网络管理工作的意见》提出"要充分认识校园网络建设的重要性和紧迫性，……主动占领网络新阵地"。这一时期，高校网络思政育人平台出现了许多新兴类型，QQ、博客、SNS 社交网站（人人网、开心网等），高校与网络的结合更加紧密，网络中人际关系的互动也越来越频繁。

第四阶段是总体布局全面发展阶段（2011 年至今）。随着大数据时代的到来，高校网络思政育人平台的发展更加全面和深入。这一时期的高校网络思政育人平台类型更加多样化。例如，微信、微博、微视频、慕课、微课、翻转课堂等。类型多样、功能丰富是当前高校网络思政育人平台的显著特点。面对移动互联网引发的教育大变革，当代大学生能不能适应新时代的发展，能不能扛起新时代的历史使命，关键在于高校能不能运用先进的媒体技术把思想政治教育工作搞活、做实，能不能打造好和把握好高校网络思政育人平台。

二、高校网络思政育人平台的基本特征

（一）时效性和兼容性

高校网络思政育人平台的时效性是指其在收集、处理和输出思想政治教育信息上，具有快捷、迅速的特性。网络加快了信息传播的速度，拓宽了信息交流的广度，重塑了人们对时间和空间的常规理解。信息可以凭借庞大的网络，突破时空界限，迅速到达网络世界的任意点。这就意味着受教育者接收信息比以往任何时候都更加畅通和便捷。社会的热点和焦点问题往往容易形成网络舆论，引发受教育者的关注和讨论，高校网络思政育人平台可以通过大数据分析，在很短的时间内收集和整理受教育者关注的

问题，获取受教育者的思想和行为动态，便于教育者及时采取引导举措，有利于帮助受教育者做出正确的价值判断，从而保障了思想政治教育信息的鲜活性和时效性。高校网络思政育人平台的兼容性表现为两个方面：一是高校网络思政育人平台涵盖了网络的多个终端。思想政治教育信息可以通过固定终端（台式电脑）发布，也可以通过移动终端（手机、笔记本等）发布，尤其是移动终端的广泛使用，可以跨越地域和时间的限制，随时随地进行信息的发布。二是高校网络思政育人平台集合众多功能于一体。随着媒介技术的发展，媒介产品的功能实现嵌套式的开发，如QQ、微信、微博等除了信息传递、资源分享等基础性功能外，还延伸出购物消费、移动支付、公益服务等新功能，为受教育者提供学习、娱乐、社交、消费等综合服务，满足其个性化的需求。此外，高校网络思政育人平台之间实现了功能的嵌套，如微信、QQ空间和微博，用户只需要登录一个平台就可以实现信息的同步传递，大大提高了信息传递的效率。

（二）渗透性和交互性

高校网络思政育人平台的超大容量性和形式兼容性使其具有更深层次的渗透性。对于伴随网络成长起来的大学生来说，生活即网络，网络即生活。网络的印记已经深入大学校园生活的每一个细节。思想政治教育可以通过网络平台嵌入受教育者的日常生活，为受教育者提供丰富、健康和多样化的网络资源，潜移默化地影响受教育者的思想，真正使思想政治教育内容入脑入心，成为受教育者的行为纲领。平台的渗透性还体现在推动思想政治教育渗透介入受教育者的生活空间，使思想政治教育更通俗化、更接地气、更利于受教育者主动接受。高校网络思政育人平台为教育者与受教育者开展网络交往提供了良好的场域。高校网络思想政治教育是按照学校既定的教育任务、选择合适的教育信息、依托合适的网络平台，实现教育者和受教育者之间共同参与、相互作用的行为。进入移动互联网时代，高校网络思政育人平台的交互方式更加多样化，思想政治教育信息实现了"点对点""多对多""点对多""多对点"的传播，大大缩短了教育者和受教育者之间的传播距离，实现了思想政治教育信息的双向互动，共同参与信息的产生、发布、传递和接受的全过程；同时也实现了精神和情感的双向输出。因此，高校要重视网络思政育人平台的各种互动形式，在教育者与受教育者之间搭建桥梁和纽带，营造平等的交往互动关系。

（三）动态性和虚拟性

高校网络思政育人平台不是一个固定不变的系统，它会受到平台的各要素及要素结构关系、平台内部和外部环境的影响和制约。由此可见，要实现高校网络思政育人平台的动态发展，需要思想政治教育者熟悉和掌握高校网络思政育人平台运行状态，变化和调整的客观规律；需要从网络思想政治教育的目标、任务、受教育者的网络道德现状等方面，分清主次，对平台的各个部分进行有机的排列、组合，使平台各部分都按照一定的规则相互作用、相互协调、相辅相成，整体呈现出一种协调有序的发展状态。高校网络思政育人平台的虚拟性表现为其建构的思想政治教育环境并不是物化的、可以直接感知到的实体教育环境。而是依赖信息技术建构出虚拟化、数字化的网络空间，以文字、图像、音频、视频等方式存在。网络思政育人平台的虚拟性带来了网络空间的开放和自由，受教育者可以隐匿真实身份来发布信息、参与网络互动。网络思政育人平台的虚拟性也模糊了真实世界和网络世界的界限，对受教育者思想品德的形成、行为规范的养成造成些许负面影响。因此，高校要巧妙地运用其虚拟性，克服受教育者在现实思想政治教育过程中可能存在的抵触情绪，在更轻松、更平等的氛围中发挥网络思想政治教育的育人优势。

（四）整体性和开放性

系统科学认为，系统的要素不是孤立存在的，它们彼此关联、息息相通，又相互制衡，从而形成一个有机整体。因而考察思想政治教育平台时，必须把它看成是一个相互联系的有机整体，必须从整体上来把握平台要素与要素之间，要素和整体之间的关系。高校网络思政育人平台的性质和功能不能简单地等同于各要素性质和功能的叠加，而是要从维护平台整体性的需要和原则出发进行各要素的组合、排列，从而构成有序的平台整体，正是由于平台自身所具有的整体性，才使其体现出自身的性质及功效的整体性。整体性不仅仅是一种特征，也是一种思维视域。一方面高校网络思政育人平台要从全方位、全视角、全维度来考量，从学科建设的高度来推进网络思想政治教育的创新。另一方面要对构成高校网络思政育人平台的要素、结构、功能等做深入分析，分析各部分之间的关联度，从而对高校网络思政育人平台的要素、结构、功能等作用机制形成整体性的认知。开放性特征是指高校网络思政育人平台不是一个封闭的体系，而是一个受到外部环境影响的、需要纳入社会大系统的社会实践行为系统。平台要按照整体运行的特点，不断地根据环境的变化，进行调整、稳定、再调整、再稳定，正是通过与外部环境保持频繁的互动来达到平台整体的统一、稳固和发展。高校网络思政育人平台具有鲜明的时代特征，强调开放性既是平台自身历史发展的产物，又是今后其继续发展的前提。当前我们需要紧密结合"双一流"背景下高校的发展和创新需求，在高校网络思政育人平台体系中，不断地融入最新内容、新技术和新方法，巩固高校网络前沿阵地①。

第二节 高校网络思政育人平台的建设与运营

一、高校网络思政育人平台的建设

（一）统筹协调，发挥合力作用

首先，要成立高校网络思想政治教育中心。分管学生工作的校领导具体牵头中心工作，中心成员单位包括党委宣传部、党委学生工作部、校团委、教务处等职能部门以及马克思主义学院等二级学院，中心办公室可下设在党委宣传部或者党委学生工作部，负责学校网络思想政治教育工作的总体规划和具体工作的目标与方向，中心成员单位具体负责分管范围内的网络思想政治教育工作。

其次，构建"一核多维"的立体网络思政育人平台体系。"一核"就是以党委宣传部负责的校级各类新媒体平台为核心，"多维"就是以各二级单位为建设主体的新媒体网络平台，构建包括文字、图片、海报、音频、视频等多种形式相互配合、相互补充的立体化平台体系。在具体建设过程中，学校党委宣传部等相关责任部门发挥指导监督作用，对于内容雷同、关注度不高、功能单一的各类平台进行有效整合，避免重复和资源浪费，同时各二级单位的建设主体要突出各自平台建设的亮点和特色，把握优势，扬长避短，切实发挥平台在网络思想政治教育过程中的重要作用。

最后，建立科学合理的考核评价机制。有效的考核评价体制是推进工作做实做细的有效手段，因此要建立完善的考核评价机制。有关职能部门和二级学院要职责明确、分工负责，工作落实到具体部门、具体责任人，

---

① 樊凯. 高校网络思想政治教育平台系统研究[D]. 北京：中国矿业大学（北京），2019.

同时建立适度的考核指标体系。所谓"适度",就是指评价指标要有一定的挑战性,需要经过一定钻研和努力才能够达标。具体的评价指标做到定量考核与定性考核相结合,对各平台的关注度、浏览量、转发量等进行量化考核,对于内容的思想性、知识性、趣味性等方面进行定性考核,重点在于通过考核评价体系确实能够反映出平台建设的实际效果,同时将考核评价结果运用到涉及师生切身利益的评奖评优以及职称聘任、职务任免等工作中。

(二)内容为王,发挥质量优势

首先,要确保学校层面的平台的示范性、引领性和辐射度。校级平台作为整个高校网络思政育人平台的核心,抓好其内容建设是整体内容建设的关键所在。因此,在内容上要突出思想性、知识性、趣味性。思想性就是要紧跟时代发展的步伐,第一时间传播和宣传中国进入新时代的新理论、新思想、新观点;知识性就是高校充分发挥传授知识、技术和文化的职能,对学生进行多角度、全方位的知识普及和教育;趣味性就是要根据学生的成长和发展特点,及时获取和捕捉学生的兴趣点,以兴趣为突破口为内容增质提效。在此基础上牢牢把握学校发展的实际,进行有效的落地创作,突出地方特色、学校特色和学生特色,传递和讲好学校真善美的故事,切实发挥平台的权威性和引领力。

其次,要提升各学院层面平台的服务力和吸引力。各二级学院所属平台的建设内容以服务性为突破口加强内容建设,即以问题为导向,根据学生的实际需求不断优化平台内容,并为学生提供多种有针对性的综合性服务,如优化选课系统、在线学习系统功能等,在确保提供和完成各类综合服务的基础上,通过隐性教育的方式在内容上突出思想引领等思想政治教育功能,从而提升平台的吸引力。

最后,要鼓励创作原创网络文化精品。只有创作出更多更好的网络文化精品,才能牢牢掌握网络文化阵地。因此,要在师生中间大力开展网络文化精品创作活动,推动中华优秀传统文化和社会主义先进文化在网络传播和师生中广泛推广,鼓励教育对象用自己的文字、歌声、图片、音视频等形式创造既符合时代发展需要,又适合网络平台传播的精品佳作,展现当代青年学生健康向上的精神品格,同时营造文明和谐的网络环境,让青年学生在创造中实现自我教育和自我提升。

（三）育人为本，发挥队伍功能

首先，要建设一支结构合理、数量完备的网络思想政治教育工作队伍。所谓结构合理，就是要从网络思想政治教育工作人员的知识背景和擅长领域出发，构建一支青年为主体，以老带新，既懂大学生思想政治教育，又懂网络信息技术；既懂学生成长发展规律，又懂理论教育的"混编"性工作队伍。所谓的数量完备，主要是从专职人员的配备出发，学校要根据学生的人数按照比例配备专职的网络思想政治教育专职人员，促进网络思想政治教育人员队伍从兼职为主逐渐过渡到专兼职相结合，再发展到全部为专职人员。

其次，要在网络思想政治教育工作队伍的培训上下功夫。网络思政育人平台的不断深化建设和持续推进，要求这支工作队伍不断更新知识结构，并紧随信息技术发展的需要，不断提升应用新媒体的技术和能力，所以要开展定期与不定期、线上与线下、理论与实践相结合的业务培训，这既包括思想政治教育方面的理论培训，也包括新媒体技术方面的应用培训。同时要结合工作实际定期开展业务研讨和工作案例分享会，不断相互汲取工作经验，促进工作交流和工作思考。此外，要做好学生干部队伍的培养培训工作。学生干部队伍是网络思想政治教育工作队伍的有益补充，他们本身就是学生，理解学生的所思所想，同时又具有创新思维，所以要加大对这部分学生的思想政治理论和专题技能培训，充分发挥这部分学生的朋辈教育引导作用。

最后，要划拨专项资金为队伍建设保驾护航。各高校要按照教育部等八部门《关于加快构建高校思想政治工作体系的意见》要求，每生每年不低于 30 元的标准设立网络思政工作专项经费，在这部分经费中划拨一定比例用于网络思想政治教育队伍建设，从资金上为队伍建设给予有力支撑。①

二、高校网络思政育人平台的运营

高校网络思政育人平台的运营是一项复杂而重要的任务，它要求平台运营者具备深厚的思想政治教育理论素养和丰富的网络运营经验。只有这样，才能确保平台内容的质量和传播效果，从而更好地发挥网络思政育人的作用。

---

① 章洪丽. 高校网络思想政治教育平台建设的实践研究[J]. 辽宁农业职业技术学院学报，2023（2）：38-41.

首先，高校网络思政育人平台需要注重内容的创新性和丰富性。平台应该根据大学生的思想特点和成长需求，结合时事热点和社会现象，设计富有吸引力和启发性的教育内容。同时，平台还可以邀请专家学者、优秀学生代表等进行线上讲座、互动问答等活动，增强平台的互动性和影响力。

其次，高校网络思政育人平台需要注重用户体验和反馈。平台应该不断优化界面设计、提高页面加载速度、完善搜索功能等，确保用户能够方便快捷地获取所需信息。同时，平台还应该建立用户反馈机制，及时收集用户意见和建议，不断改进和优化平台服务。

此外，高校网络思政育人平台还需要加强与其他高校、企业、政府等机构的合作。通过合作，可以共享优质资源、拓展平台影响力，共同推动网络思政育人的发展。同时，合作还可以为平台带来更多的资金和技术支持，促进平台的可持续发展。

总之，高校网络思政育人平台的运营需要多方面的努力和配合。只有在不断创新、注重用户体验、加强合作的基础上，才能打造一个具有吸引力、影响力和实效性的网络思政育人平台，为大学生的成长和发展提供有力的支持和帮助。

第三节　高校网络思政育人平台的评价机制

随着高校思政课与网络平台的关联越来越密切，对学生评价不仅凭学生课堂成绩的单一评价来推动思想政治教育发展，还应强调对学生思想全方位的评价，对学生思想评价的合理有效，将学生日常行为和思想状态的保护和利用加入高校思政课网络平台学生评价的范畴之中，这成了思想政治教育的重要内容。强化思政课评价指标和思想政治评价工作实践的基本要求，以网络思政课教学为核心的发展导向，实现线上线下双向评价机制。

一、转变观念，完善网络平台体系

加强思想政治教育，满足学生成长和发展的需要和期望。加强思想政治教育网络平台学生评价机制的改革，是对传统评价机制的挑战。面对这一观念的转变，我们就要采取合理有效的方法与手段来完善网络平台体系的评价机制。定期开展专业水平评估，利用新媒体时代带来的机遇，创新思想政策，精心组织全校师生加强高校思想政治教育的重要性。高校思政课网络平台提供的教育内容质量会影响大学生思想政治教育的实效性。高校思政课网络平台的发展不断给大学生思想政治教育创新的内容层面提出新的问题。使高校思政课网络平台学生评价机制更加规范化、组织化、实践化。加强内部监督，完善开发网络平台，高校内应该设置思政课内部监督评估系统，加强对高校思政课网络平台学生评价机制行为客观性、公正性、全面性的监督，及时发现那些不易发现的问题进行修正，对薄弱环节进行改进，对违规行为进行惩处。加强高校思政课教师沟通交流的有效性和及时性，联合起来构成学生评价机制，对不良行为进行举报奖励，带动学生积极地参与高校思政课网络平台建设。增强高校新媒体话语传播的有效性，微信、微博、论坛等网络平台所呈现的社交网络软件的广泛使用，对大学生的日常生活产生了深远的影响。高校要高度重视对高校思政课网络平台传播内容的监督，充分发挥思政课网络平台与其他媒体的合作战斗力。结合高校思政课网络平台和其他媒体的优势，完善监管体系，完善评价机制，不断推进高校思政课网络平台学生评价机制的完善。

二、改变课堂教学方法，科学设计思政课评价标准

高校思政课网络平台学生评价机制对于学生各个方面都应该有所涉及。针对当前课堂教学方法和思政课评价标准状况予以了解，并做出妥善的处置。在对高校思政课网络平台进行指导工作的时候，首先要改变课堂教学方法，大学生正处于知识学习和经验积累的关键时期。他们思维发散，对外部环境充满新鲜感，能够挖掘深层次的思维和解决问题的方法，具有一定的判断能力。其所具备的综合性较强，特别是管理方面仍然留存着非常完善的系统模式。除此之外，科学设计思政课评价标准也都是应该基于一定的形式来执行，并且将管控范围划定下来。在高校思政课网络平台管理活动开展的过程当中，还是应该构建起一项综合性比较强的学生评价指标，从而促进高校思政课学生评价工作的高效完成。从终结性评价向过程性评价转变，使学习过程和学习结果的评价达到和谐统一，将终结性评价与过程性评价相结合。充分发挥新媒体传播的作用，逐步深化大学生思想政治教育。网络话语的产生和应用，既是网民话语交流的特点和表现，也是大学生在虚拟语境之间交错的生活方式。要因材施教，完成学科规定的教学任务。

三、营造和谐校园氛围

拓展网络环境下思想政治教育的新阵地,大学生思想政治教育的健康发展离不开注重评价主体,营造和谐校园氛围的不断改善。保护思想政治教育内容的广泛性与保护方式的隐蔽性的发展能够展现概念、对象、主体、工具以及组织形式,同时也可以展现高校思政课网络平台学生评价机制本身的优势。通过网络平台发挥学生的主动性,使道德判断的结果更接近事实,此外,注重评价主体的学习效果,使用思想评价权重加以强化。通过评价标准强化,既可以发现学生学习过程中存在的问题,也可以加深学生对所学习内容的理解。如果学习得不到及时强化,学习的内容就会衰退。高校思政课网络平台学生评价机制中很少使用统一标准导致评价机制没有侧重点,课程内容和教学过程应该以一种可观察、可测量的形式来进行,学生的思想道德成绩不应随着学习和生活的变化而变化。最后一点就是高校思政课网络平台的评价标准选择上,网络平台上的评价标准应该具有典型性,因为教学中的评价标准本身就具有解释说明知识点的作用,如果在举例子上面出现了分歧,不仅会引起学生的困扰,更有可能误导学生。高校思政课网络平台学生评价机制中,尤其是思想政治教育教学,应该要更注重利用学生熟悉的生活用语来创造语境,让学生更充分地理解思想政治教育的内涵和作用。

高校思政课网络平台学生评价机制有助于促进大学生树立科学的世界观、人生观、价值观,选择正确的成功途径,高教部门要制定大学生新媒体思想政治教育规划,在一次又一次反复探讨中确立高校思政课网络平台学生评价机制的重要地位。高校思政课网络平台学生评价机制是新时期教育培养大学生的重要工具,面对西方思想的"侵蚀",大学生思想政治教育的任务仍然十分艰巨,需要各方共同努力才能达到预期的效果[①]。

---

① 王学良. 基于网络平台的高校思政课评价机制探索[J]. 黑龙江教育(高教研究与评估),2020(3):59-60.

第四节　高校网络思政育人平台的优化策略

一、增强宣传意识，提高平台知名度

再好的产品如果得不到好的宣传，就没有人看到它的价值，大大浪费了这个产品存在的意义。比如现在国家大力推广直播带货，平台要让带货主播到贫困山村帮助村民宣传当地的特产，一是可以解决乡村贫困问题，二是可以把乡村的绿色有机农副产品让更多的人知道，把产品推广出去。

高校网络思想政治平台面临的问题也是如此，只有把前期的宣传推广做好，让更多的大学生知道网络思想政治平台的存在，这个平台才能给学生提供更多的服务。

首先，利用好线上自媒体，通过朋友圈、抖音、微博等形式来对思想政治网络平台进行宣传，把平台的特点和优势通过这些自媒体来传递给在校的大学生。然后，在学生会举办活动的时候，可以将思想政治网络平台以各种方式宣传出去。最后，通知好各个班级班委同学，在各个班级与同学进行宣传，做到一对一面对面地直接推广，真正做到把平台宣传到每一个人。

二、优化平台内容结构，提高师生使用满意度

首先，在平台搭建的时候要确立良好的质量管理制度，使产品走向好的方向，步入正轨；然而，如果前期没有一个好的质量管理制度，任其随波逐流，最终在构建平台的时候必定会出现许多问题，最终导致失败。其次，要钻研平台构建时的各种细节，细节决定成败，伴随着各种细节的优化，大学生的体验度也会提高，形成一个良性循环。最后，网络思政平台需要强调创新性和动态性，积极引入时代元素。有发展就会有问题，大学生是平台的使用者，他们所提出的问题是对平台最好的建议，解决好大学生所反馈的问题，才能让平台得到长久的发展。

三、加强技术创新，多方面满足师生需求

第一，平台技术创新。在新社会环境下，短视频软件获得民众青睐，

在构建平台的时候我们也应该注意到这一点，如何用"短而精"的方式来把我们的思想政治教育理念传递给我们的大学生，让大学生在较短的时间内更好地理解思想政治教育的精髓。第二，平台软件使用方式创新。随着信息技术不断普及，大学生群体能够接触的事物以及获得的信息不断增加，他们的需求也会越来越多，所以平台提供的服务也应该越来越多，以充分满足大学生实际需求。第三，教师授课内容的创新。思想政治教育本身就是一个与时俱进的学科，随时根据国家的形势政策和要求的变化而变化。我们的思想政治教师在网络平台录制课程的时候，也要不断对自己的授课内容和授课方式进行创新，为大学生思政教育工作有序开展打牢基础。

四、完善平台后续服务质量

完善平台后续服务质量应该做到以下几点。第一，组织学生学习一些相关的思想政治理论知识，以及平台的后期服务流程，在交流心得体会时或者提出问题时，这些学生可以给出自己的一些意见或者建议。如果遇到自己解决不了的问题就汇总起来及时交给老师。第二，设置人工智能服务平台，通过大数据将学生提出比较多的问题汇总成答案，这样即使在深夜人工客服下班的时候也能为大学生提供一些相应的服务，但要注意把智能服务和人工服务结合好，二者相辅相成。第三，相应负责教师要定期把问题较多的大学生组织起来进行一些线下的教育指导，增加师生间的互动，这样可以让更多的大学生增加对网络思想政治平台的信心，感受到平台的真实性、可靠性，使其投入其中[①]。

[①] 张澜，梅宇宸. 高校网络思想政治教育平台建设研究[J]. 牡丹江教育学院学报，2022（11）：83-85.

第八章 提升网络舆情应对能力

第一节 网络舆情给高校思政育人工作带来的挑战与机遇

一、网络舆情给高校思政育人工作带来的挑战

舆情虽然不等同于舆论,但是二者又存在一定的相关性。舆论是集合化的大众意见,具有大众性,这是舆论能够快速传播并易于被更多人接受的根本原因,而舆情实际上是赋予了现代意义的舆论,指在一定的社会空间中,民众对社会管理者行为的态度、意见或者见解等。

(一)网络舆情的含义

网络舆情是舆情在互联网发展中、各种网络媒体相继出现背景下的必然产物。当前,网络媒体的影响力已经远远超过传统媒体(报纸、广播和电视等),被认为是人类发展过程中出现的第四种媒体。目前对于网络舆情概念的描述有多个版本,下文引用了其中具有代表性的几个版本。

卢伏龙认为:网络舆情是指在一定的社会空间内,通过网络围绕中介性社会事件的发生、发展和变化,民众对公共问题和社会管理者产生和持有的社会政治态度、信念和价值观。

和讯网认为:网络舆情是传统舆情发生在网络中,与传统舆情的不同之处是,一个存在于民间,一个存在于虚拟的网络环境中,其传播速度更快,传播范围更广,影响程度更深。

军犬舆情公司创始人彭作文认为:网络舆情是指网民的情感、态度、意见、观点等在网络平台中表达、传播,其核心为事件。此外,其他研究

者也给出了网络舆情的概念,刘毅认为网络舆情是指网民的各种情绪、态度和意见通过互联网进行表达和传播;中共中央宣传部舆情信息局将其定义为:网民借助互联网,对社会公共事务特别是社会热点焦点问题所表现出的有一定影响力、带倾向性的意见或者言论。

上述不同形式的概念都涉及三个要素:互联网、民众及观点,民众与观点的结合即为常规的舆论,互联网、民众及观点三者的结合即为网络舆情。

(二)网络舆情的特点

与传统媒体相比,网络媒体具有典型的特点:草根性、信息量大、用户量大、交互性强、实时性强,同样,网络媒体上发表的舆情信息(即网络舆情)也具有典型的特点:自由性、交互性、多元化、偏差性。以下将对网络舆情的这些特点做简单介绍。

1. 网络舆情的自由性

互联网是完全开放的,每个人都可以成为信息的创造者,也可以自由地选择自己感兴趣的网络信息。由于舆情发布平台都具有匿名性,用户可以在不透露自己真实信息的前提下,自由表达自己的观点和感情,故自由性已经成为网络舆情的典型特点之一。网络舆情的自由性有好坏两个方面:从好的方面而言,它可以充分地体现言论自由;从坏的方面而言,正是言论自由导致舆情信息质量参差不齐,一些不良的言论在网络上快速传播,给社会带来不利的影响。为建设绿色的网络环境,避免错误的舆论导向,舆情信息的质量评估及舆情监控显得尤为重要。

2. 网络舆情的交互性

由于网络媒体的草根性,人人都可以自由地参与到网络中,都可以针对某条舆情发表自己的意见。不同人针对同一个问题可能有不同的见解,于是开始争论、探讨,由此网民之间形成微妙的互动关系网。这种互动有利有弊:一方面可能通过思想碰撞产生解决问题的方法;另一方面可能产生网络冲突、矛盾,并从虚拟的网络演化至现实生活。

网络舆情的交互性在社交媒体中显得尤为突出,例如在微博中,对一篇博文,任何用户都可以对该博文进行点赞、评论和转发,此外用户之间还存在关注行为。挖掘社交网络中的交互关系,对舆情监测、社区发现、兴趣挖掘等具有重要的意义。

3. 网络舆情的多元化

网络舆情的自由性导致网络舆情的多元化，具体体现在舆情主体多元化、舆情话题多元化和舆情来源多元化。舆情主体即舆情的参与者，也即网民，随着互联网的普及，网民涉及社会各个阶层、各个领域、各种职业，即网络舆情的主体是多元化的；舆情话题可以涉及人们生活中的方方面面，包括经济、民生、军事、医疗等，体现了舆情内容的多元化、多样性；从舆情信息的来源来看，不同于传统纸质媒体的特约作家，任何人都可以随时发布舆情信息，任何人都可以成为舆情信息的评论者、转发者，故网络舆情的来源是多元化的。网络舆情的多元化极大地丰富了网络信息，可以有效地满足不同网民的不同需求。

4. 网络舆情的偏差性

受各种因素的影响，网络平台中会存在一些不实信息，或者存在比较情绪化甚至缺乏理性的一些言论，网民在这些言论的引导下可能会产生错误导向。实际上，每年每个领域都会出现很多与真实信息有偏差的舆情。网络舆情的发布、传播平台多为社交性的网站或 App，网络信息可能由人为操纵，故意引导可能引起民愤的信息向不良方向发展。一般情况下，当 IP 地址大致相似的多个用户同时对某一条信息发表类似的见解，甚至语气都很像，那这条舆情很可能被人为控制。普通网民应该具有辨别力地对待网络信息，不应该跟风评论。舆情信息除了人为操纵外，还存在一些本来就是假的信息，这些虚假信息损害了网络媒体的公信力，甚至引起社会动荡，对虚假信息的识别、筛选、控制对建设绿色的网络环境有很大帮助。

（三）网络舆情的分类

虽然网络舆情具有明显的多元化特点，但依据一定的标准也可对其进行分类，中国舆情网依据舆情信息的特点和内容，将网络舆情分为四类，分别是：思想反映类舆情、问题倾向类舆情、工作动态类舆情和对策建议类舆情。

1. 思想反映类舆情

网络媒体中的任何热点舆情，都会引起广大网民的普遍关注，网民也会针对这些热点舆情产生一定的看法、想法，即思想反映，将所有网民针对舆情的看法、想法收集起来，形成思想反映类舆情。思想反映类舆情主要包括两类：一类是思想动态，指某一舆情发生后，网民第一时间在各种网络媒体中发表的看法和观点；另一类是社会思潮，指网民长期关注某一个问题，并在一定范围内形成的有影响力的、被广泛关注的观点或者主张。

思想动态的关键点在"动态"二字，即事件发生后人们对该事件的评论及观点会随着时间的推移而变化，当然也会有新的评论加入，该类舆情信息有明显的时间轴及生命周期。社会思潮是一定时期社会存在的反映，社会思潮对社会具有正负两方面的影响，其作用范围涉及社会生活的各个方面。

2. 问题倾向类舆情

这类舆情主要涉及网民对热点问题的思想倾向或对党政工作的思想倾向。2018年中国互联网舆论分析报告统计发现：对老百姓而言，2018年的热点话题直接反映他们的生活实感，话题涉及教育、住房、个税改革等关系民生的重大问题。问题倾向性舆情大致包括三个方面：一是网民对国内外重大、热点事件的态度、情绪、意见等；二是在意识形态中形成的可能对社会稳定性有影响的思想倾向；三是相关部门在进行思想宣传工作中对网民产生的思想倾向引导。其中，第一个方面和热点话题、危机管理、民生等有直接关系，所以其关注度较高，目前已经成为国内外的研究热点之一。

3. 工作动态类舆情

主要是指思想宣传工作的动态，包括两方面内容：一是党政各级各部门开展各项工作的新进展、新成效；二是党政工作中探索的新思路、新方法，取得的新经验、新成果。此类舆情信息的影响面大小由部门级别决定，例如国家级党政部门的工作动态舆情可能是全民关注的问题。

4. 对策建议类舆情

这类舆情主要是针对某些热度较高的、被普遍关注的问题，由相关人员、部门等提出的建议。依据提出建议的人员不同，此类舆情可分为三种：第一种来自民间，即广大网民通过各种媒体平台，针对所关注的问题提出建议；第二种来自领域专家，即相关学者通过科学研究，针对某问题、现象等提出建议，发表观点，这类建议的权威性高于第一种；第三种和政府部门相关，即思想工作方面的宣传者，通过参考多方面信息，结合各类人员提出的建议，站在一个更高的层次对某个问题给出建议。

二、高校网络舆情概述

（一）高校网络舆情的内涵

高校是多元文化发展的重要场所，教师和学生既是新思想、新观念的重要传播者，也是网络空间的重要参与者，他们有着强烈的网络表达和参与意愿。然而，随着网络舆情的规模、频率、特点和问题不断变化，网络舆情风险危机也随之产生，对高校师生的思想教育和校园的和谐稳定造成了较大的负面影响。相比于网络舆情，"高校"二字为高校网络舆情带来更特殊的内涵。高艳丽、朱勤文等（2015）认为高校网络舆情指的是在某一特定时期，高校群体对于高校内外的一些突发事件或是热点事件的情绪反应和意见倾向等在网上的综合表现。这种属于广义的概念研究，将网络舆情的主体划定为高校群体，即高校师生。而另外一种狭义的概念研究，则只是精准定位大学生为网络舆情的主体展开研究，其他方面毫无二致。

（二）高校网络舆情的基本特征

高校网络舆情的基本特征是指高校网络舆情所具有的一些共同和显著的属性和规律，它们体现了高校网络舆情的本质和特点，也影响了高校网络舆情的形成和发展。随着微博、微信、抖音等社交媒体的发展，高校学生成为网络舆论的重要参与者，他们在一个随意、同质、迎合的网络环境中发表自己的声音，高校网络舆情的基本特征也愈加丰富。

1. 网络舆情主体的特殊性与同质性

高校网络舆情的主要参与主体是大学生，作为网络时代成长起来的一代，"网生代"大学生们对于互联网有着天然的亲和力，他们熟悉网络平台、依赖网络传播。由于网络媒体快速广泛的特点深受年轻人群的喜爱，当前，大学生信息获取的主要来源已经变更为网络空间和媒体平台。他们的学习方式更加主动，信息获取能力更加有效。利用社交媒体平台，随时关注和获取自己感兴趣的话题、新闻、观点等"有效信息"，并根据自己的立场、价值观、情感等因素对这些信息进行"加工"，比如评论、转发、创作等，然后再将这些"加工"后的信息传到自己的社交网络，从而实现信息的共享和交流。随时表达自己的观点和立场，主观色彩浓厚，成为"具有不同思想的芦苇"。由于网络空间具有匿名性，人们在网络上往往不需要暴露自己的真实身份，这就给大学生在网络上表达自己的想法提供了便利，但也带来了一些问题。如果大学生在网络上过分强调"本我""自我"

的表达，就容易忽视他人的感受和社会的规范，甚至为错误思想提供了传播渠道，这不仅会影响自己的形象和声誉，也会对社会的和谐与稳定造成负面影响。

由于较强的猎奇心理、较高的参与意识、较明显的个性特点，使得高校网络舆情的主体又具有一定的同质性，他们在以新浪微博为代表的社交媒体上进行想法或观点的分享，相似的"特殊性"，他们非常容易情感共通，形成观点共鸣，最终导致同质集群的出现，同质集群也被称为"回音室"效应。诚如古斯塔夫·勒庞所言，当个人融入群体时，就会失去自己的个性和理性，而服从于群体的集体心理。这种效应如果不加以限制，还会增加虚假信息在互联网上的传播概率和传播范围，甚至成为网络谣言的"放大器"。面对各式各样的网络舆情，大学生们的判断力和辨别力有限，缺乏深层次思考，极易受到错误信息的影响。

2. 网络舆情内容的海量化与复杂化

随着我国社会呈现出多元文化碰撞与融合的格局，舆情内容的海量化与复杂化表现愈加明显，并进一步反映在高校校园中。舆情的内容涵盖政治、社会、生活等各个领域，甚至涉及国内国外各种热点问题和敏感话题，来源广泛，无所不包。既有能够启发人们思考、激励人们进步的内容，也有一些迎合低级趣味、过分追求刺激的倾向。学术诚信、师德师风、校园管理等都是高校网络舆情内容的"常客"，无论最开始是什么不起眼的小事情，如果不加以妥善处置，最后都会成为引爆社交网络和新闻媒体的热点。网络舆情呈现方式多元，不仅有能够表达观点和情感的文字，同时有能够展示现实和想象的图片，更加有能够传递声音和动态的视频。新近热门的表情包、弹幕等更不必多说，多样化的展示方式使得高校网络舆情内容趋于海量多元。

矛盾的特殊性，既体现在反映不同事物之间的矛盾，又体现在反映矛盾不同侧面和不同阶段发展的特征。高校网络舆情发展是一个动态的过程，不同的发展阶段，舆情内容的重点也会有所不同。这是因为高校网络舆情受到多种因素的影响，如高校的内部管理、学生生活、社会事件、媒体报道等。这些因素随着时间和环境的变化而变化，从而导致高校网络舆情的变化。媒体融合发展，网络平台具有开放性和匿名性。这意味着高校网络舆情不仅受到高校内部的影响，也受到外部的影响，而且网络平台上的舆情参与者可以隐瞒自己的真实身份，从而更加自由地表达自己的观点和情感。加快信息传播的同时也造成舆情信息真真假假并存，这些舆情信息会在短时间内呈现爆炸式增长，"小舆情"会瞬间变成"大关注"。同时每个个体都可以作为发言人，增加了网络舆情的复杂性和不确定性。每个个体都有自己的观点和情感，他们可以通过网络平台表达自己的看法和态度，也可以与其他个体进行交流和互动。不同个体的立场可能相同，也可能相反，也可能相互影响和改变，舆情的走向很难用简单的规律来判断和预测。

3. 网络舆情表达的碎片化与情绪化

在智媒时代，人们可以通过多种渠道来表达自己的想法，不再需要局限于传统的单一主体。每个人都可以自由地表达自己的观点，甚至可以将自己的想法传播出去，让更多人知晓。信息传播同样打破了传统媒体时代的单一主体，信息能更加广泛地传播，更加及时地获得反馈。舆情表达的碎片化是指大学生通过"造词运动""梗""表情包"等新兴的、个性化的、非正式的话语与象征以及其他话语形式呈现出明显的时代性与圈子性，有时难以为外界所理解与接纳，给网络舆情的引导与管理带来困难。舆情表达的情绪化则是指大学生在网络上对于社会问题或者学校事件的评论和反馈时，往往带有浓重的个人感情色彩，不能充分了解整个事件的前因后果，容易受到利用和蛊惑，以非理性的方式表达自己的观点和态度。

网络舆情表达的碎片化与情绪化之间，既有相互影响，又有相互作用，表达的碎片化与情绪化表现也逐渐出现新的特点。大学生对于社会发展和个人利益的关心和诉求，也体现了他们在价值取向、主体意识、道德观念等方面的多样性和差异性，他们想要表达个性、彰显自我、寻求认同。一方面，碎片化的信息获取和传播方式，使得高校学生更容易接触到符合自己兴趣和偏好的信息，而忽略了其他不同或相反的信息，从而形成了信息茧房和认知偏差，进而导致了公众情绪的极端化和偏激化。另一方面，情绪化的舆情表达，使得高校学生更容易被愤怒、恐惧、厌恶等负面情绪所驱动，而忽视了理性、客观、平和的态度，从而形成了群体极化和群体偏执，进而导致了舆情的激化和失控。

4. 网络舆情传播的交互性与裂变性

高校网络舆情传播的交互性和裂变性是指网络舆情在不同的渠道、平台和群体之间相互影响、不断变化的传播过程。网络舆情可以通过多种渠道进行传播，如抖音、微信、微博等强互动性社交媒体平台。此外，还有许多不同的群体，如学生群体、政府机关等，它们也会在网络舆情传播过程中起到重要作用。传播内容的转化和传播范围的扩散往往会受制于网络舆情的环境，在这里，我们根据其性质将其分为两种，一种是网络舆情的硬环境，即所有信息媒介所构成的承载空间环境；另一种是网络舆情的软环境，即舆情信息内容蕴含着的文化形式和文化内容等软性群体边界所构成的环境，这也是高校网络舆情引导机制建设时需要重点关注的对象。

在舆情传播过程中，网络舆情可以充当爆料的角色，通过网友爆料来揭露社会上存在的不良现象；也可以充当跟进的角色，通过连续的报道和评论跟进事件发展，并对事件的发展进行深入的分析，发挥引路人的作用；还可以充当情绪渲染的角色，通过报道和评论等引导来激发学生的情感。但是这种引导存在好坏之分，正面的引导可以激发学生的热情，负面的引导则会加重网络舆情的发展态势，学生自身和高校方面都要时刻警惕一些"伪装"的负面引导。网络舆情传播的交互性和裂变性为大学生的学习提供了挑战和机遇。大学生要在海量信息中筛选出有价值和可信的信息，利用各种资源来培养自己的批判性思维和创新能力，并在多元文化中培养自己的独立见解和价值判断的同时，在网络舆论中形成自己的独立见解和价值判断，不断提升自身的认知水平，从而更好地融入社会。

（三）高校思想政治教育实效性的内涵

作为一种客观存在的实践活动，高校思想政治教育实效性是观察教育者在对大学生实施思想政治教育这一实践活动后所取得实际效果与思想政治教育目标的符合程度。也即是大学生思想政治教育结果是否实现了思想政治教育目标，或者实现的程度，对大学生思想政治教育活动的一个效益判断。高校思想政治教育实效性的组成部分相互关联，主要包括以下四个方面：

第一，思想政治教育目标实现程度。这是一种最直接也是最重要的衡量标准。它主要体现在评估大学生是否已经具备高尚的思想品质和道德规范，能够坚持马克思主义指导思想。正确地认知世界，能够运用科学的方法和视角分析问题。客观地评价自己和他人，不断提升自身素质和能力。遵守社会公德和校园规范，积极投身于社会主义现代化建设，为实现中华民族伟大复兴的中国梦贡献力量。

第二，思想政治教育内容贴合程度。思想政治教育内容贴合程度是指思想政治教育内容与学生的实际情况、兴趣爱好、成长需求、发展目标等的契合程度。主要反映在思想政治教育内容是否能够满足时代的要求，满足学生的需求。需要有效地开展思想政治教育,解决学生关心的热点问题和困惑问题,注重引导学生从理论到实践、从个人到社会,激发学生的学习兴趣和参与热情。

第三,思想政治教育方式方法创新程度。主要反映在思想政治教育的方式方法科学合理,不仅能够满足学生的实际情况,还能够满足社会的发展要求。思想政治教育方式方法创新程度高,意味着思想政治教育能够更好地适应时代发展和学生需求,能够更有效地激发学生的主动性和积极性。反之,则容易导致学生的抵触情绪和消极态度,难以达到预期的教育目的,甚至可能产生反效果。

第四,思想政治教育保障条件完善程度。主要反映在思想政治教育队伍建设、制度建设、平台建设、资源建设等方面是否有力有效,是否能够为思想政治教育提供坚强的组织领导、科学的评价机制、优质的服务支持。加快构建高校思想政治教育保障条件完善程度,需要坚持把立德树人融入各个环节,提升育人质量。同时不断创新思想政治工作的理念,紧跟时代发展和师生需求,增强育人活力。

三、影响高校思想政治教育实效性的基本要素

任何事物的发展都会受到诸多因素的影响。因此,在探讨高校思想政治教育实效性这一主题时,需要充分考虑各种因素。良好的实效性是高校思想政治教育的出发点与目标。只有高校思想政治教育达到预期的目的,才能培养出具有高尚的思想品质和道德规范的合格人才。

(一)思想政治教育内容的科学性

思想政治教育内容的科学性强调符合马克思主义基本原理和中国特色社会主义理论体系,反映客观规律和时代特征,能够引导学生树立正确的世界观、人生观、价值观,增强思想自觉、政治坚定、道德品行、文化素养。思想政治教育内容的科学性对于高校思想政治教育实效性的影响具体表现在以下几个方面:

第一,增强思想政治教育的针对性和时代性。用科学的思想政治教育内容来回应学生的思想需求和现实问题,紧密结合国家发展战略、社会主义核心价值观、习近平新时代中国特色社会主义思想等,提升思想政治教育的吸引力和感染力。

第二,增强思想政治教育的系统性和规范性。用科学的思想政治教育

内容来构建完善的课程思政体系,将思想政治教育贯穿人才培养全过程,形成公共基础课程、专业教育课程、实践类课程等多层次、多维度、多形式的课程思政网络。

第三,增强思想政治教育的创新性和开放性。用科学的思想政治教育内容来深入挖掘提炼专业知识体系中所蕴含的思想价值和精神内涵,结合不同学科专业的特点和优势,科学合理拓展专业课程的广度。

(二)思想政治教育方法的灵活性

思想政治教育方法的灵活性强调贴近实际。针对不同对象、不同场合、不同目的,不会局限于单一的"解题方式",而是灵活运用多种方法、手段、载体。思想政治教育方法的灵活性对于高校思想政治教育实效性的影响具体表现在以下几个方面:

第一,使思想政治教育更加精准地解决学生面临的问题和困惑,更加契合群众的实际需求和期待。灵活的方法可以根据不同学科专业、不同年级阶段、不同个体差异,进行分类指导和个性化服务,提高思想政治教育的针对性和有效性。灵活的方法也可以根据不同行业领域、不同工作岗位、不同社会角色,进行有针对性的宣传教育和引导服务。

第二,使思想政治教育更加生动有趣、富有感染力,更加互动共建、共情共鸣。灵活的方法可以充分利用网络、媒体、社会实践等多种渠道,运用文艺作品、先进典型、形象案例等多种载体,增强思想政治教育的吸引力和感染力。灵活的方法也可以充分发挥互动交流、讨论辩论、体验参与等多种方式的作用,调动学生和群众的主动性和创造性。

第三,使思想政治教育更加便捷高效、无处不在,更加贴近实际,反映时代特征。灵活的方法可以突破时间和空间的限制,利用网络平台、移动终端等新技术新手段,拓展思想政治教育的覆盖面和渗透力。灵活的方法也可以结合时代发展和社会变化,引入新鲜的素材和案例。

(三)思想政治教育环境的开放性

思想政治教育环境的开放性强调适应社会变化和时代发展。不断更新教育内容、方法、载体和机制,与国内外各种思想文化交流互鉴。思想政治教育环境的开放性对于高校思想政治教育实效性的影响具体表现在以下几个方面:

第一,使思想政治教育及时反映时代特征。回应社会关切,增强现实意义和感召力,从而提高思想政治教育的时代性和针对性。能够使思想政治教育根据不同学生的特点和需求，进行分类指导和个性化服务，从而提高思想政治教育的针对性和有效性。

第二，使思想政治教育借鉴和利用多学科知识进行研究。丰富和完善理论体系，从而提高思想政治教育的创新性和学术性。能够使思想政治教育充分利用网络、媒体、社会实践等多种渠道，运用文艺作品、先进典型、形象案例等多种载体，从而提高思想政治教育的吸引力和感染力。

第三，使思想政治教育尊重学生的主体地位和价值选择。充分发挥学生的主动性和创造性，从而提高思想政治教育的包容性和互动性。能够使思想政治教育与国内外各种思想文化交流互鉴，展示中国特色社会主义理论体系成果和实践成就，从而提高思想政治教育的影响力和竞争力。

四、网络舆情给高校思政育人工作带来的挑战

（一）思想政治教育对象的价值观受到冲击

首先，消极的网络舆情信息会扭曲学生的价值认知。大学生的思维灵敏活跃，但相对缺少社会经验，在面对一些复杂的社会问题时还无法充分地认识与分析。这种情况容易导致大学生在思想认知上滋生困惑，同时在信息更新较快的情况下很难及时做出准确的判断与认知，容易引起学生价值认知混乱。其次，消极的网络舆情会扰乱大学生对价值的判定标准。处于网络信息时代背景下，为了达到自身的目的，存在一些别有用心的媒体和具有一定影响力的公众人物，通过截取部分新闻内容和篡改内容，带有偏向性地对网民进行报道和传播。这些不良媒体发布的负面舆情信息经过一系列的包装，并混杂着拜金主义和享乐主义等各种畸形的价值观。这些错误的价值观极有可能突破部分大学生的思想防线，扭曲大学生思想意识和价值取向，最终误导大学生的价值评判标准。

（二）高校思想政治教育网络空间管理的难度增加

思想政治教育实践活动被教育空间所制约，且思想政治教育活动的实践也扩展了人们的思想政治认知的空间范围。"人在哪儿，宣传思想工作的重点就在哪儿，网络空间已经成为人们生产生活的新空间……"网络空间是大学生生活与学习的重要场域，对其思想观念、政治意识等具有长远深刻的影响。因此，思想政治教育网络空间成为不得不关注的问题。

然而，随着互联网的崛起，高校思想政治教育对学生在网络空间的言行举止的监管与引导在某些方面上处于空白状态。思政工作者无法在网络上同步了解青年学生关注的问题和事件，也无法有效应对突发性事件、群体性事件等网络风暴，因而无法进行及时有效的引导。如2021英雄联盟全球总决赛当晚，高校宿舍楼整晚"炸锅"，在EDG战队夺冠后，更是全网沸腾。在赛前不少高校学子纷纷立下令人戏谑的誓言，而在EDG战队夺冠后，部分高校学生竟然纷纷兑现自己的承诺。夺冠当晚，部分学生出现了剃光头、穿女仆装游街、裸奔等疯狂举动，并被拍摄并发至社交平台。部分高校思政工作者对大学生的疯狂行为感到疑惑和忧虑，侧面显示出，从事思政教育工作的相关人员和学生所关心的话题层面出现脱节，这不利于大学生网络舆情引导工作，也反映出思想政治教育管理的精准性被弱化。新时代高校思想政治教育要与个体的精神生活空间和网络虚拟空间相关联，但当联系不紧密时，就会出现了高校思想政治教育空间管理弱化的现象。

（三）思想政治教育话语权被削弱

互联网时代的开放性使信息传递不再受时空的限制，这导致思想政治教育话语权面临新的挑战。

首先，思想政治教育话语吸引力受到网络舆情多样化的影响。随着西方社会思潮如历史虚无主义和拜金主义等开始在社会泛滥，并利用网络监管的漏洞大量渗入我国，对广大青少年价值观产生极大冲击，同时解构传统思想政治教育话语权威，甚至妄想着取代马克思主义的指导地位。而思想政治教育话语权的削弱直接影响马克思主义意识形态的领导地位的稳固。其次，高校思想政治教育者话语权威性被削弱。网络新媒体的进步与发展对信息传播方式的转变造成影响，这使得教育者和大学生获取信息资源变得更加平等，从而对思想政治工作者的话语权威遭受影响。思想政治教育者在传统思想政治教育话语权中占据主导地位。但是，网络时代信息的即时性、共享性使得思想政治教育者不再拥有信息的先导权，由此其话语的权威性被削弱。

（四）负面网络舆情信息破坏高校思想政治教育环境

网络舆情一方面丰富了思想政治教育内容，另一方面又使教育环境变得复杂多变。网络舆情信息良莠不齐，鱼龙混杂，尤其在涉及网络意识形态论争的时候将会使得高校思想政治教育环境风险加剧。网络意识形态论争鲜明地反映出网络意识形态安全的问题越发凸显，其集中体现在以下两个方面：

一方面，西方反华势力干预网络意识形态论争的程度加剧。互联网早已成为敌对势力对我国渗透意识形态的重要阵地。西方反华势力收买并包装出所谓的"大V博主"和"UP主"作为他们的代理人，组织或强迫他们散布负面的网络舆情信息，这些信息包括对我国政府不利的虚假网络言论、危害社会秩序和国家安定的消息、抹黑国家形象的图片与视频。其目的就是质疑我们党的领导能力和攻击我国的社会主义制度，致使国家安全保障陷入危机，各种负面舆情信息涌现网络平台，借此制造恐慌，扰乱了人们的思维，打破了社会共识。另一方面，主流社会意识形态面临着被排斥的危险。邓小平同志曾强调"思想战线不能搞精神污染"。在网络舆情环境下，西方敌对势力的政治价值观言论屡见不鲜，并且西方敌对势力无时无刻不向我国民众普及所谓的政治价值观。值得警惕的是，当面对负面的舆情信息与错误的价值观时，一些媒体和个人丧失了政治责任感，其表现在缺乏自觉主动地维护社会主义主流意识形态，是非观念模糊。目前，网络上已经出现了淡化甚至排斥社会主义意识形态的负面舆情信息，这样的舆论氛围将可能导致大学生的政治立场出现动摇、价值观受到冲击，不利于开展教学活动，从而破坏高校思想政治教育环境。

（五）部分思政工作者无法适应新媒体技术带来的挑战

在网络信息时代，多媒体技术的发展为网络信息带来了各式各样的表现形式和传播方式。虽然教学模式已经有了一定的转变，然而很多高校思想政治教育课堂上多媒体教学的效果不尽如人意，不利于高校网络舆情引导工作的顺利进行。

现在多媒体技术的应用给思想政治教育活动带来了新的挑战。其主要征兆是：第一，传统的高校思想政治教育模式无法满足大学生的教育诉求。新时代大学生对高校思想政治教育的要求越来越高，而传统的教学模式很难获得他们的更多关注。受多媒体技术的影响，传统的教学模式亟须改良和创新。与"老师讲学生听"的教育模式相比，如今的大学生更喜欢互动教学模式。况且思政学科的理论内容较为枯燥，更急需发挥多媒体的优势来充当教学过程中的润滑剂，这将有利于思想政治教学工作获得大学生支持。第二，对习惯传统教学方式的思想政治教育者来说，熟练操作多媒体技术对他们是一种新的考验。相比于青年教育工作者，大部分入职多年的思想政治工作者受多媒体传播信息的影响程度较小，学习并熟练操作使用多媒体技术对他们难度较大。目前，高校思政工作者对多媒体技术的使用有待于进一步提高，加强网络媒介素养知识的专业学习有利于更好地落实思想政治教育工作。

五、网络舆情给高校思政育人工作带来的机遇

(一) 丰富了思想政治教育教学内容

思想政治教育教学内容是实现思想政治教育教学目标的载体。若思政工作者能发挥网络舆情的正面优势来丰富教学内容，这必然对教学目标的实现起到积极作用。多关注网络舆情信息虽然无法全面地掌握学生的思想变化，但这不失为思政工作者了解学生的一种新型渠道。调查数据显示，大学生最为关心的是社会热点和民生相关问题，紧随其后的是学习、工作相关信息，同样娱乐八卦相关内容也善于抓住大学生的眼球。这反映出通过这种渠道，思政教育者可以随时了解大学生的思想变化、喜爱领域和意愿需求，主要为高校大学生的思想现状提供原有手段不易收集到的依据，并据此改进和完善教育内容，使其更加贴近现实生活。

理论的先进性与实践的落后性是传统思想政治教育长期存在的矛盾。传统思想政治教育通过学习理论知识来帮助大学生树立崇高的政治信仰，提高他们思想政治素质，培养他们成为社会主义事业合格接班人。传统思想政治教育说教色彩较为严重，内容较为单一，不能及时根据大学生关注的网络热点设置出有针对性的教育内容，学生通常是被动地接受理论，教学方式缺少针对性与时代感。随着时代的发展，学生的思想和行为随之变化，传统思想政治教育早已无法满足学生的现实所需。所以，新时代思想政治教育应当根据当代大学生的思想行为特点及变化规律，不断丰富思想政治教育学科内容，而网络舆情的多样化特征为此增添了可能。网络舆情内容涵盖了现实社会生活的各个方面，包括政治、经济、科技文化等多种现实问题，比较全面地体现了人们的意见。所以，搜集、分析、利用好网络舆情资源是每位高校思政教育者的基本工作。教师应尽力做到将专业理论与学生感兴趣的热点信息相统一，不断完善并丰富思政教育内容，提升思想政治教育学科教学质量。

(二) 增强了思想政治教育的吸引力

传统思想政治教育侧重课本知识，局限于刻板说教的窠臼，比较忽视实践活动。教学资源多数源于专业教材、纸质参考书籍和文本资料，教育信息来源构成简单且传递时间较久，教育过程相对僵化，教育内容相对乏味，学生也不乐于接受结论式的教化、愿景式的号召。这种情况往往使得思想政治教育教学工作成效甚微、缺乏吸引力。网络包含着数不尽的信息资源，如各类图像、音乐、视频等信息更容易调动学生的积极性。而网络舆情信息是对网络舆情进行汇集和分析后得到的信息，其具有共享性、开放性和及时性等特征。一方面，大学生利用网络舆情信息的特征来帮助自身随时随地、自主选择信息资源。同时网络舆情信息打破了传统高校思想政治教育的时空限制，拓宽大学生的发声途径。另一方面，思政教育者可以借助网络舆情信息的特点开展教育活动。观察大学生共同的心理特征及喜好可以发现，当代大学生更偏向于分析问题的方法和着眼于实际的叙事。因此，思政教育者要深入了解并研究社会热点事件的来龙去脉，结合专业所学再引入教学中，借此激发学生的积极性。具体来说，思政教育者可尝试将文字、图片、视频等多种教育信息相整合，再将社会热点事件作为案例引入课堂，以娓娓道来的叙事方式来吸引学生的注意力，再与大学生共同讨论、教导学生辩证地看待问题和分析问题，帮助学生认清案例的事实真相，尽可能让每位大学生参与其中，从而提高大学生的理论水平和政治觉悟，切实增强思想政治教育工作的吸引力。

（三）提升了大学生参与思想政治教育的主体性

首先，在传统的教育与培养方式中，作为"配角"的大学生通常是填鸭式地获取信息，缺少主动地学习思想政治教育内容的兴趣，也不会积极地参与课外实践活动，无法彰显出他们作为思想政治教育的主体地位。随着新媒体时代的到来，面对网络舆情信息，大学生愿意主动地参与进来，而思想政治工作者要抓住时机，充分激发大学生的积极性和能动性。其次，当代大学生崇尚自由和追求个性，个人的主体意识较强。原有的授课方式缺少课堂互动，无法迎合学生的需求。而网络舆情具有自由共享的优势恰好符合学生的口味，改变了固定的教育模式，使受教育者与教育者能够实现灵活互动，充分调动了学生们的积极性，继而推动大学生主动融入社会实践中并深入了解国内外热点问题，帮助大学生主观能动性得到更好地发挥。另外，思想政治理论课教师可以利用大学生喜闻乐见的网络舆情事件，将热点话题合理融入教学内容中，并鼓励他们大胆发声。当谈论到大学生关注度高的网络热点话题或者网络舆情事件时，他们更愿意积极参与其中，并勇于表达自己的观点和意见。这种教学方式，增强了大学生的参与感与获得感，促使学生变得主动乐观，强化了思想政治教育的实效性①。

六、网络舆情视角下高校思想政治教育实效性的现实困境

当前，高校网络舆情引导工作也面临着诸多困境，具体反映在教育主体、教育客体、教育环境三个方面。

（一）高校思想政治教育主体困境

思想政治教育者是思想政治教育的主体，他们的素质对其发挥主导作用至关重要，只有他们具备良好的知识水平、实践经验和政治觉悟，才能有效地完成思想政治教育任务，并有效地影响学生的行为和价值观。同时，教育者的育人能力也是影响思想政治教育效果的重要因素，它不仅包括教师自身的教育素养，也包括学生对教师教育理念的接受程度和教师对学生学习方式和方法的掌握程度。只有教育者具有较高的育人能力，才能更好地培养出符合社会要求、具有良好道德素质和创新精神的学生。习近平总书记指出："今天的学生就是未来实现中华民族伟大复兴中国梦的主力军，广大教师就是打造这支中华民族'梦之队'的筑梦人。"通过网络舆情内容分析，我们发现，部分教师存在迂腐观念、言论不妥、违纪违法、品德不端等失范行为。在师德师风建设过程中，师德失范问题是一个需要根除的顽症，对不履行师德职责的教师进行问责是解决师德失范问题的实质。要时刻保持对师德违规问题零容忍的态度，严厉惩戒师德违规行为，破解高校思想政治教育主体困境，促进高校思想政治教育实效提升。

（二）高校思想政治教育客体困境

高校思想政治教育客体是指高校思想政治教育的受众即学生，面临的一些思想认识、价值取向、情感信任等方面的困难和挑战。

一是人际交往信任困境。网络环境下的思想政治教育，需要教育主体和教育客体之间建立良好的人际关系，以增强教育的互动性和吸引力。然而，在网络环境中，教育客体往往感受不到教育主体的真实情感和态度，也难以与教育主体建立信任和理解。这就导致了教育客体在接受网络思想政治教育时，可能产生怀疑、误解、抵触等消极的心理反应。

二是主导价值认同困境。教育客体要保持对社会主义核心价值观和中

---

① 白德诚. 网络舆情对高校思想政治教育的影响研究[D]. 石家庄：河北经贸大学，2022.

国特色社会主义道路的坚定的信仰和忠诚，以增强教育的针对性和有效性。然而，在网络环境中，教育客体面临着多元文化、西方价值、民粹主义等各种思潮的影响和诱惑，对社会主义核心价值观和中国特色社会主义道路的认同度不高，甚至出现怀疑、否定、抵制等态度，影响思想政治教育的正确导向和深入实施。这就要求教育主体在网络环境下，加强对教育客体的引导和教育，提高他们的思想觉悟和政治素养。

三是情感信任困境。网络环境下的思想政治教育，需要教育主体和教育客体之间形成良好的情感交流和信任关系，以增强教育的亲和力和吸引力。然而，在网络环境中，教育客体往往缺乏对教育主体的情感依赖和信赖，对教育主体的关心、关爱、关注等感知不足，对教育主体的话语、行为、举措等缺乏理解和支持，影响思想政治教育的亲和力和吸引力。这就要求教育主体在网络环境下，加强对教育客体的情感沟通和信任建设，提高他们的情感认同和价值共鸣。

（三）高校思想政治教育环境困境

高校思想政治教育环境是影响学生思想品德的重要因素，它可以为思想政治教育提供有利的外部条件，也可以为学生提供良好的成长环境。高校思想政治教育环境既包括线下的教育环境，也包括线上的网络环境。

其中教育环境又可以分为校园外部环境和校园内部环境。从校园外部环境来看，西方敌对势力对我国意识形态不断进行渗透和冲击。学校既不应该只是"象牙塔"，也不应该只是"桃花源"，作为意识形态工作的前沿阵地，各种敌对势力始终企图在我国进行意识形态渗透，对我们的青少年进行思想控制。一些境外势力和反华分子利用网络环境，对我国高校进行思想渗透和意识形态颠覆的手段和方式。他们有意识地将一些国际热点问题，如涉港、涉疆、涉台等问题，引入我国高校的教育教学和学术研究中，企图激化师生的对立情绪，挑拨师生与党和政府的关系，破坏我国高校的稳定团结。他们还利用社会热点，如贫富差距、社会公平、环境保护等问题，进行网络炒作，制造舆论焦点，吸引师生的注意力，转移师生的视线，诱导师生对社会现实产生不满和怀疑。他们还通过发表一些攻击、抹黑中国的文章，如歪曲中国历史、贬低中国文化、诋毁中国制度等，混淆师生的思想情绪，削弱师生的民族自豪感和自信心，动摇师生的理想信念和价值取向。

从校园内部环境来看，我国高等教育在经历了快速扩张和普及化的阶段后，进入了以提高质量和效益为核心的内涵式发展阶段。在这一阶段，我国高等教育面临着更加复杂和严峻的形势和任务，各种新的矛盾和问题也更加突出和紧迫。比如，高等教育的供给与需求之间的矛盾，高等教育的结构与质量之间的矛盾，高等教育的创新与传统之间的矛盾，高等教育的公平与效率之间的矛盾，高等教育的国际化与本土化之间的矛盾等。教育公平、高职扩招、在线教育、"双减"政策、家庭教育、学生就业等问题，既是教育改革和发展中的重要内容，也是社会各界和广大师生关心的焦点。由于这些问题涉及教育的理念、制度、资源等方面，对教育的公平性、效率性、创新性等有着重要的影响。因此，这些问题在网络环境下容易引发各方的争论和评论，形成舆论热点。

与其他专业课程的教学不同，高校思想政治教育的培养因为教学理念的抽象和单调，所以很难将学生的学习热情调动起来，甚至会让学生产生抵触的心理。随着新媒体内涵的不断丰富，网络媒介技术作为信息时代的一项革命性技术，思想政治教育的线上环境从内容到技术形式都有着重大拓展，对教育主体、教育客体和教育活动产生深刻影响，从过去的"思想政治教育+互联网"演变为网络舆情视角下的"互联网+思想政治教育"，一改过去的被动局面。高校思想政治教育要适应网络环境的发展变化，充分利用校内校外媒介矩阵，构建多元化、立体化、全覆盖的思想政治教育传播体系。然而，要做到这一点，不仅需要掌握丰富的信息资源，还需要完善相关的机制体制，以保证信息资源的有效管理和合理配置。此外，还需要深入研究各类平台的特征和内容的规律，以实现不同平台之间的深度融合和优势互补，以及平台与教育内容之间的契合和创新。

第二节 思政育人工作对网络舆情引导的原则与策略

一、思政育人工作对网络舆情引导的原则

多元化、广泛化、复杂化是网络舆情的表现形式。面对网络舆情生态失衡的一系列新问题、新挑战，高校网络舆情引导要透过现象看本质，把良好传统与网络舆情发展的新形势结合起来，整体把握高校网络舆情引导的基本原则。

（一）以人为本原则

"以人为本"是马克思主义哲学的内在要求，高校网络舆情引导工作要坚持"以人为本"的原则和理念，尊重学生主体地位，与学生平等对话，回应学生合理诉求。

大学生是祖国的未来与民族的希望，提高大学生思想政治水平对大学生个人与社会具有重要意义。高校作为大学生思想政治教育的主阵地，要秉持"以人为本"的教育理念。马克思指出，从前的唯物主义对对象、现实、感性，只是从客体的或者直观的形式去理解，而不是从主体方面去理解。因此，高校网络舆情引导工作要站在学生的角度考虑问题，尊重学生的个体差异，维护学生群体的基本利益。媒介技术的高速发展，为大学生网络参与提供了极大的便利。作为使用网络的主要力量，大学生对网络热点有着敏锐的嗅觉，尤其是对"新、奇、异"的信息兴趣更浓。负面网络舆情多以夸大的、不符合实际的方式给大学生带来情绪宣泄的突破口。在舆情引导方面，高校要尊重学生的主体地位和学生成长发展规律，把以"学生为中心"的理念贯穿到高校网络舆情引导全过程，有的放矢地解决学生在网络舆论场域的困惑，引导他们理性看待高校网络舆情事件。

在媒介技术全域性介入与前沿科技深度互嵌的态势下，网络改变了人们的生产、生活方式，信息传播形式也因此发生变革。传统舆情视域下大学生是话语权相对薄弱的群体，网络环境的开放性与网络平台的匿名性为信息主体自由表达观点，进行平等对话提供了极大便利，改变了大学生"多元无知"的状态，成为网络舆情信息的"传声筒"与"扩音器"。高校网络舆情作为学生情感表达的网络呈现，承载着学生的不满与期待，也折射出校园管理的问题与矛盾。居高临下的说教模式会使学生产生抵触情绪，舆情引导收效甚微。高校舆情工作者在应对舆情危机时要建立科学的对话机制，通过与大学生平等沟通，走近大学生的内心，降低舆情危机发生的可能性。通过营造良好的对话氛围，与学生进行生活化、人文化的信息交流与情感沟通，强化"平等意识"，弱化"权威意识"，摒弃"高势位"灌输，转为"嵌入式"引导，尊重学生合理诉求，切实解决事件所涉及的学生切身利益问题。

（二）因事而化原则

习近平总书记在 2016 年 12 月 7 日至 8 日召开的全国高校思想政治工作会议上指出："做好高校思想政治工作，要因事而化、因时而进、因势而新。要遵循思想政治工作规律，遵循教书育人规律，遵循学生成长规律。"因事而化是指思想政治教育的方法要根据学生的具体情况、具体事实来选择，解决学生的实际问题，得到学生内心的认可。高校网络舆情一般具有突发性、不可预测性等特征，社会公众对其极易产生"未知性"恐惧，这种恐惧是谣言等负面舆情传播的温床。在舆情风暴中渴望获得信息和了解真相的人们，容易在众说纷纭中激化舆情情绪，在裂变交互中扩大舆情事态。高校思想政治教育工作在网络舆情引导过程中要善于给青年学生还原一个"真实的世界"。高校相关部门要有正视问题的清醒，解决问题的自觉，以解决实际问题能力的确定性应对高校网络舆情风险的不确定性。高校在开展网络舆情引导工作时，要判断舆情信息的真实性，主动提供客观正确的信息，为学生还原事实真相，保证大学生接触到正确的信息，避免负面舆情大肆传播造成的消极影响。"因事而化"要求思想政治教育者投入真挚的情感，结合具体的事情，选择恰当的方式，具体问题具体对待，以学生为出发点和落脚点，本着关心学生、服务学生的初心，围绕学生来展开思想政治教育工作，为学生解决实际问题。

（三）因时而进原则

明者因时而变，知者随事而制。因时而进是指思想政治教育方法的选择要随时代的变化而不断改进，根据思想政治教育环境的变化而变化。互联网时代，网络信息的生产、发布与传播在时效上呈现出根本性的变化，时效性成为高校网络舆情引导的基本要求。媒介的发展与社会的演变密切相关，从"纸媒"到"传媒"的跨越见证了社会变迁与时代发展。各种舆论实现从现实社会向虚拟空间转移，完成了从"小范围"向"大舞台"的跨越。高校网络舆情往往因网而生，因网而兴，因网而增。社交化平台、移动化阅读、个性化表达的冲击下，高校网络舆情引导要跟随时代的变化发展破除旧的教育观念和思想，主动适应传播新格局，以互联网思维指导舆情引导工作，打造高校网络舆情管理"组合拳"。高校网络舆情管理不同于一般的管理活动，由于其发生在虚拟的网络空间，管理工作更为复杂。思想政治教育中的"人"并不是一成不变的，而是随着时代的发展不断变化的。因此，高校要主动适应网络和新媒体传播规律，把握大学生的时代特征与心理特征，创新舆情引导内容与手段，摆脱传统舆情管理的窠臼。

（四）因势而新原则

新时代高校网络舆情引导与应对要遵循高校网络舆情演变规律，遵循思想政治教育规律、宣传规律和舆情应对规律，把握舆情发展态势。规律是客观事物之间内在必然的联系。马克思指出，整个自然界是受规律支配的，绝对排除任何外来的干涉。高校网络舆情的演变经历完整的闭环，在不同发展阶段有各自的规律。把握舆情演变规律是高校网络舆情引导的根本前提。高校网络舆情具有一定的生命周期，经历潜伏期、扩散期、爆发期和回落期。潜伏阶段是舆情的积累与发酵阶段，舆情影响范围相对较小；扩散阶段是舆情速度快速阶段，舆情影响逐渐扩大；爆发阶段是舆情事件持续扩散和升温的阶段；回落阶段则是舆情危机基本解决的阶段，舆情信息数量减少，网民的关注度也降低。高校网络舆情在不同的发展阶段有不同的表现特点，舆情引导也应该各有侧重。新时代高校网络舆情引导要深化对舆情演变规律的认识，科学把握不同阶段的舆情变化规律，在不同的舆情发展阶段制定不同的舆情应对方案，做到"合适的时间说合适的话"，牢牢把握舆情工作的主动权。①

二、思政育人工作对网络舆情引导的策略

新时代背景下，高校网络舆情作为社会舆论的一个缩影，如何从思想政治教育的角度出发，加强网络舆论引导，厘清思想政治教育的主要内容和发展大趋势，是需要我们认真思考并应对的问题。

（一）确立高校网络舆情引导原则

1. 坚定文化自信，厚植高校思想政治教育的文化底蕴

"文化自信是一个国家、一个民族对自身拥有的传统和价值的充分认同与肯定，是对其文化旺盛生命力所保持的坚定信心和希望。"新时代要求厚植高校思想政治教育的文化底蕴，引导大学生在复杂的网络环境中坚守底线，不迷失自己。首先，要坚定文化自信，弘扬社会主义先进文化理念，通过思想政治教育活动引导大学生树立坚定的文化自信。其次，要从高校思想政治教育视角出发，提高网络舆情引导的科学性与理论性，加强理论宣传，明确主流意识形态，坚持正确舆论导向，让大学生积极投入学习，用先进的理论知识武装自己的头脑。

理论是实践的指南。在新时代网络舆情兴盛的环境下，应该对大学生进行文化理论的教育与指导，不断激发其文化创新发展的活力；应充分发

---

① 陈妙君. 思想政治教育视角下的高校网络舆情引导研究[D]. 漳州：闽南师范大学，2022.

挥课堂教育的本底作用，帮助大学生提高思想认知、提升辨别能力，树立历史唯物主义和辩证唯物主义的世界观及方法论，用正确的思想意识指导自己的言行，在变幻莫测的网络世界中保持清醒，做出正确选择；应培育大学生坚定、正确的价值观取向，推动中国特色社会主义文化繁荣发展。

2. 坚定政治信仰，凸显高校思想政治教育下的学生主体性

改革开放以来，尽管我国经济取得了飞速发展，但西方资本主义思想也在不断渗透，对我国的主流价值观产生一定的影响。尤其是当代大学生比较喜欢新鲜事物，推崇西方节日，如情人节、圣诞节、愚人节等，而冷落传统节日。面对复杂的网络环境，高校从思想政治教育的角度对舆情进行引导就显得尤为重要。大学生作为国家的希望，只有明确自身定位，把握政治方向，不断提高自身的思想认识水平，才能在网络世界中保持清醒头脑，自觉抵制不健康思想的侵蚀。

进入新时代，面对海量的网络信息和错综复杂的舆情环境，高校思想政治教育工作可以通过新媒体的各种渠道和平台发挥其主渠道、主阵地的重要作用；积极转变教育管理者和学生之间的固化关系，突出学生在高校思想政治教育工作中的主体性地位；始终以高校思想政治教育工作为核心，引导学生增强自主性和互动性，构建和谐校园网络环境。

（二）优化高校网络舆论引导环境

1. 提倡文明引导，优化高校网络舆论文化环境

网络世界是虚拟的，自由度较高，各种语言蔓延其中，网络受众之间常因意见不合出现相互对立的情况且具有隐匿性特点，因此维护网络秩序成为我们每个人的责任。在没有约束和监管的环境下，网络世界可能会出现肆意妄为的现象，如恶意造谣，甚至为了满足自己的私利去损害别人的利益。当前我国正处于一个大有可为的历史机遇期，经济发展固然重要，公民素质提升也是必不可少的。中国是礼仪之邦，为了进一步净化网络环境，就要发挥思想政治教育的作用，使人们能传承中华民族的传统美德，培养良好的道德素养，时刻保持清醒的头脑，共同维护健康的网络环境。

2. 注重趋势引导，强化高校网络舆情思政引领

虽然网络舆情的传播与发展在一定程度上影响了国人的思维与生活习惯，但我国高校思想政治教育对网络舆情发展的作用从未间断。思想政治教育是网络舆情引导的重要力量，应注重趋势引导，构建一种不同以往的全新教育背景以及网络舆情思政引领模式。无论是面对普通舆情还是突

发事件，高校思想政治教育工作者都要尊重高校网络受众的特点，精准分析，把握时机，引导大学生正确解读各种舆情，及时批评和制止不正确言论，掌握网络舆情引导主动权，将大学生的讨论焦点转移到主流舆论，促进高校网络舆情稳定发展。

在高校思想政治教育对网络舆情引导过程中，教育工作者应时刻关注舆情的变化，减少不利因素的影响，为引导工作的开展提供有力的支持；广大师生应意识到高校思想政治教育氛围的影响力，对网络舆情事件进行立体控制，充分发挥先进文化理论的作用，保证在最短时间内引导大家正确认知，从而提升高校网络舆情的思政引领氛围。

（三）完善高校网络舆论引导机制

做好高校网络舆论的引导工作，需要坚持马克思主义唯物辩证观，建立健全舆论引导的相关机制，从主客观角度对舆论信息进行理性分析、判断，注重舆论判断的真实性、时效性、准确性，实现舆论引导可持续健康发展。

1. 完善网络舆情信息汇总与预判机制

及时掌握相关的"网络第一舆情"，是高校网络舆论引导的关键，是危机应对工作的首要任务，也是有效处置舆情的基础和前提。高校思想政治教育工作者可以通过组织支持机制、沟通交流机制、管理保障机制、信息汇集和研判机制、危机应急机制等进行深入探讨。针对师生关注的时政要闻、文化娱乐、经济形势、体育赛事、创业就业等内容，高校可以借助网络舆情点线面、多渠道、多路径、全通道的传播特性汇总大量信息，建立在思想政治教育体系下对网络舆情研究的预判机制。

大学生是高校网络舆情传播的重要参与者与推动者，维护且实现他们最关心的根本利益，是引导高校网络舆情的根本出发点。建立高校网络舆论预判机制，首先，要建立网络舆情监测体系、监管平台以及网络舆论管控制度，规范并简化网络舆情处置程序，完善舆论危机预警机制。其次，要注重校内外公共网络的舆情差别、师生之间的差别，做好大学生舆情的收集工作，掌握大学生的思想形态，通过对网络舆情的分析提前预判其发展态势，把握发展规律，从而提升分析评估的针对性和有效性。在建立网络舆情预判机制的过程中，高校要从思想政治教育视角出发，明确角色定位，注意方式方法，进行科学合理的预判分析；尊重不同学生群体的利益需求和立场，站在他们的角度考虑问题，发现情况时既不能简单封杀，也不能一味相信网络传言。

2. 完善网络舆情信息发布与应急处理机制

国家改革阶段各种思想观念的冲击，以及高校网络舆情的偶然性和不确定性特点，使不良的网络舆情给大学生的心理健康和道德准绳造成双重伤害，甚至出现与社会主流价值观相悖的声音，而固化、呆板的网络程序容易让决策层错过权威信息发布的最佳时机。因此，高校必须培养有魄力的舆论引导决策队伍，精准把控，避免出现舆论引导缺失甚至不可控现象。面对瞬息万变的网络舆情，高校需及时掌握网络舆论受众的心理需求，简化原有拖沓冗长的决策程序，提高网络舆情信息发布的时效性，把握舆论引导主动权。高校思想政治教育工作者可以采用换位思考的方式，围绕大学生关注的问题开展网络舆情引导，从而取得良好的引导效果；也可以通过深入分析完善网络舆情的发布信息，并以此作为引导学生的参考依据，从而保障网络舆情健康发展。

高校思想政治教育工作者要善于运用惠民利民政策，充分考虑广大师生的利益诉求，将网络舆情引导融入主流意识形态。提前设置网络舆情引导预案，可以及时应对突发事件，对未来发展趋势做出正确预测与判断；充分发挥预案的作用，可以将原有舆情出现突发事件处理时的僵化应对转变为快速的精准决策，从而化解网络舆情的负面效应；通过舆情应急预案处理后的科学反馈，可以使高校舆论引导决策队伍全面把握舆情的发展状况，实现应急预案的预期效果。

3. 建立以思想政治教育为主体的高校网络舆情引导队伍

面对复杂多变的网络舆情，高校在建设以思想政治教育为主体的校园网络舆情引导队伍时，要以校、院二级专业化思想政治教育引导队伍为切入点，明确分工，审时度势，准确判定危机预测的结果，做到精准引导、提早处理，以必胜的信念打赢高校网络舆情正确引导的"阵地战"。

校级思想政治教育部门以思想政治理论课为先导，明确理论教育环节的出发点，强化授课教师的综合素质和专业技能，打造保障高校舆情建设与引导工作的"第一集团军"；充分发挥思想政治理论宣传者与教育者的角色作用，关注、了解网络社会舆情发展动向，对虚假失真的信息准确辨别，及时与高校决策层、学院引导层沟通，从第一层面准确引导学生舆情发展，真正做到高校网络舆论宏观方向的引导者。

院（系）级的思想政治教育工作者要从贴近生活的角度，以"第二集团军"的角色时刻关注身边大学生网络舆情的发展。面对新时代大学生的个性发展,院(系)级思想政治教育工作者要做出积极改变,直面网络舆情带来的挑战,对网络环境进行科学合理的分析,找到合适的教育模式潜移默化地影响学生,从认知层面引导大学生的健康发展。

校、院二级思想政治教育引导队伍可以开展集中与分散相结合的互动活动,通过开放教育理念引导学生群体的网络舆情发展。也就是说,我们要以习近平新时代中国特色社会主义思想为指引,注重网络舆情的引导方式,以符合高校气质的思想政治教育为中心,提高学生的思想认知,培养其责任担当以及勇于与不良网络舆情作斗争的精神。一旦出现突发事件,校、院二级思想政治教育引导队伍能够明确立场,迅速形成合力,及时发布权威、准确的信息,澄清和回应各种谣言,主动掌握舆论的制高点与话语权,努力引导网络舆情朝着积极、健康、有序的方向发展[①]。

三、以立德树人理念为指导的高校网络舆情应对策略

(一)加强学生思想政治教育

高校网络舆情的发生,往往与学生的思想政治水平息息相关。因此,加强学生思想政治教育是有效预防和应对网络舆情的重要途径。

1. 开设网络教育相关课程

高校要充分利用自身教育资源,将网络道德相关内容贯穿教学实践中,开设网络思想道德修养课程,使学生对网络道德内容有更加清晰、明确的认知,提升学生法律意识和道德素养,更好地规范其网络空间言行。高校还可以通过讲座的形式向学生分享在网络舆情中道德失范的案例,从学生的角度出发,使其在网络舆情参与中保持良好的道德修养,做到不起哄、不围观;针对不良舆情信息,敢于斗争。另一方面,高校思政工作者始终坚持以立德树人理念创新大学生网络道德教育,充分利用微信、微博、抖音等发布优质网络德育内容,使大学生把道德知识内化于心,外化于网络中的良好行为,使大学生在网络空间中慎独律己,文明上网。

2. 增加实践教育

高校学生由于缺乏社会实践,容易受到感情思维的影响,在对学生进行思想道德教育时,可以增加社会实践活动,让学生深刻体验社会现实,

---

① 吴杰. 论新时代思想政治教育视角下高校网络舆情的引导[J]. 苏州科技大学学报(社会科学版),2021(2):7-13.

从而认识到自己所在的社会环境，了解人民群众的需求和期望，形成对社会的热爱和责任心。

3. 提高学生文化知识水平和艺术修养

高校作为学生学习的主要场域，要充分利用自身丰富的教学资源，丰富学生的课外学习和生活，使学生能够学习到更多的文化和艺术知识，打开学生的视野，培养学生的审美能力和人文精神。这样可以增强学生的情感认同和归属感，减少负面情绪和行为的出现，帮助学生树立积极向上的人生态度。高校应通过加强学生的思想品德教育，引导学生树立正确的世界观、人生观和价值观，形成负责任、理性、法律意识强烈的公民意识。这种教育不仅可以让学生在自身行为中使网络舆情源头断掉，同时也有助于营造高校和谐良好的网络氛围。

（二）增强网络舆情监测防范能力

高校作为教育机构，具有很强的社会责任感。在网络发展日益迅猛的时代，高校网络舆情监测防范能力的提升尤为重要。

1. 高校网络舆情监测，"技防"是基础

网络舆情事件的前期，信息相对零散，影响力较弱。针对该时期舆情信息，高校要充分借助技术手段进行监测，对于可能引发舆情危机的信息及时进行拦截，做到防患于未然。一是重视软件的升级。高校要加强对舆情监测的资金投入，做好软件的升级，改进旧软件监测不全面的缺点。二是充分利用大数据技术。在网络舆情监测中引进大数据技术可以打破社交圈的壁垒，对圈层内的信息进行及时全面的捕捉，通过与人工智能技术结合分析由社交媒体封闭性所滋生的圈层舆论。三是构建智能化网络舆情监测和分析系统。在检测系统中，不仅要构建科学完善的舆情关键词库，词库要包含高校相关制度、学生生活以及制度管理等方面的内容，为检测系统进行精准检测提供基础，而且要建立舆情监测树体系，从而可以对舆情的走向进行科学精准的预测。高校舆情监测中的技术手段包含数据爬取技术、数据过滤技术、信息可视化技术等。数据爬取技术通过对学校内部微信公众号、论坛、知乎、微博等平台进行相应的数据爬取，高校可以快捷地获取学生关心的热点、热议话题或突发事件，并及时进行处理和应对。尤其是针对突发事件的处理，数据爬取技术可以帮助高校准确把握事件上下文，为高校网络舆情处置提供数据支持。数据过滤技术是指在海量数据中挑选出有用信息的技术，为高校提供更为精准的网络舆情监测数据，同时也能最大限度地屏蔽无关信息。在选取数据过滤技术时，需要结合高校特点，例如，可采用机器学习算法进行数据筛选，从而更好地适配不同类型高校的需求。

2. 高校网络舆情管控"人防"是关键

一是建立科学的人机结合机制。高校要加强舆情管理人员、技术人员的管理，鼓励他们积极参与技术交流和培训，提高自身的专业技能。高校网络舆情监测要在技术检测前提下，发挥专业人员的分析判断能力，提升其在网络舆情监管中的管控力，对大学生舆情动态有更加清晰的把控，及时对舆情信息作出合理的回应。二是加强安全管理机制。高校需要建立一套完整的舆情监测管理责任体系，确保所有相关人员都能及时、有效地处理网络舆情事件。特别是针对重大事件和危机，需要针对预设情景、定好责任人并进行备案，提高应对舆情事件的效率。三是完善风险应对机制。在舆情发生以后，要合理地利用大数据发布预警信息，合理地划分相应等级，估算影响的范围，结合具体事件，给出科学的应对方案；并且对于监测舆情信息要尽量做到立即处理，如发现舆情要在15分钟以内上报，2小时内书面回应。

（三）完善高校网络舆情引导机制

高校要重视完善自身舆情引导机制，使之成为规范网络舆情引导行为的制度支撑。

1. 增强权威性

高校要严格遵循政府部门有关网络舆情引导机制的文件，立足立德树人理念以及网络舆情引导工作的具体实际，制定符合高校内部实际情况的网络舆情引导工作方案，制定目标清晰的引导机制和详细对策，为高校舆情引导机制的建设指明方向、提供政策依据。

2. 强化系统性

系统性的网络舆情引导机制是提升网络舆情处理效率的保障，高校要依据网络舆情的处理流程，合理地把舆情引导机制分解为信息的搜集和反馈机制、数据的挖掘以及分析机制等，并且确保各个部分之间相互补充。

3. 强化开放性

新时期，网络信息技术在持续地更新迭代，导致高校网络舆情工作也不断有新的问题出现。高校舆情引导机制想要与时俱进，就需要保持开放性，促使保障机制可以持续更新，从而更大程度地发挥自身作用。

4. 强化实践性

高校网络舆情引导机制具有较强的可操作性，才能为舆情相关人员处理各种网络突发事件提供依据，使高校网络舆情处理有法可依、有章可循，真正把舆情引导工作落实。

（四）提升立德树人理念和舆情监控工作的契合度

高校想要真正落实立德树人理念，增强其时代感和吸引力，就必须将其和信息技术进行深度的融合。高校要与时俱进，加大先进智能技术的投入，构建开放统一的舆情数据共享平台，为高校舆情数据的共享提供有力的支持，提升立德树人理念与舆情管控工作的契合度，提高学生的思想道德水平，营造高校和谐良好的网络氛围。先进智能技术的应用为高校网络舆情的应对带来新的机遇，实现了舆情数据的有效互通共享。

1. 加强智能技术的应用

高校要加强对于先进智能技术的应用，打破技术壁垒，构建开放统一的舆情数据共享平台，实现舆情数据的高效共享，使舆情数据依靠先进技术真正发挥自身的作用，真正流通起来。一方面，利用数据整合技术，更加全面地整合校内的舆情数据，并且将其共享到平台内，利用技术手段，增强数据的共同性，使高校思想政治教育工作者能够及时掌握舆情信息，从而有针对性地对学生进行思想道德教育，提升立德树人理念和舆情监控工作的契合度；另一方面，重视学校与学校之间舆情数据的整合。面对目前复杂的网络舆情环境，仅仅依靠高校自身的力量对舆情进行监测和管理，很难有效化解舆情的影响。因此，高校要重视新技术的使用，把各所高校的舆情数据、案例进行整合，并且在平台进行共享，加强校际的舆情数据共享，扩大舆情的监测范围。

2. 丰富平台的功能

高校要以智能技术为支撑，在信息共享平台上增设网络舆情案例分析、舆情信息交流、数据共通等板块。在平台使用上采用智能算法深入分析平台数据，绘制出清晰直观的可视化数据图谱，便于高校思政工作人员和舆情工作人员有针对性地对舆情走势作出响应，并且研判未来舆情的引导方向。在平台信息交流上，要改变传统侧重线下开会讨论的工作模式，利用智能推送技术把最新监测的舆情信息及时传送给高校相关人员，实现线上线下工作的联动，促进思政工作人员把握大学生思想动态，扩大立德树人理念在网络舆情监控中的影响力，提升立德树人理念和舆情监控工作的契合度。

（五）培养优秀学生骨干

在应对网络舆情的过程中，高校还需要注重培养一批优秀的学生骨干。这些学生骨干不仅能够在日常学习生活中发挥模范带头作用，还能有利于网络舆情环境的和谐稳定。首先，高校应建立完善的选拔机制，从思想品质、学习成绩、组织协调能力等多个方面综合考量，选拔出具有潜力和责任感的学生骨干。通过系统的培训和锻炼，提升他们的舆情敏感度、信息分析能力和沟通协调能力，使他们能够在网络舆情事件中迅速反应，有效引导舆论走向。

其次，高校应鼓励学生骨干积极参与网络舆情的日常监测和管理，让他们在实践中不断积累经验，提升应对能力。同时，可以设立专门的舆情监测小组，由学生骨干担任组长，负责带领小组成员定期开展舆情分析、信息汇总等工作，为高校舆情管控提供有力的支持。

此外，高校还应建立健全的激励机制，对在网络舆情应对中表现突出的学生骨干给予表彰和奖励，激发他们的工作热情和积极性。同时，可以通过举办舆情应对经验交流会、案例分析研讨会等活动，为学生提供更多的学习和交流机会，不断提升他们的舆情应对能力。

通过这些措施的实施，高校可以培养一批优秀的学生骨干，他们在网络舆情背景下将发挥重要的作用，为高校思政育人工作机制的创新和发展贡献力量。

第三节　在网络舆情背景下创新思政育人工作机制

一、网络舆情视角下增强高校思想政治教育实效性的基本遵循和实践途径

高校师生群体思想活跃、社会关注度高，他们不仅仅利用互联网来获取信息、分享信息，也积极参与讨论和交流，以更好地实现自身价值，与互联网有着非常紧密的关联。在系统把握新时代青年学生成长发展新需求的前提下，我们需要对内容供给进行优化，以适应时代的变化；对方式方法进行改进，以适应新环境的变化；对复合人才进行保障，以满足社会的需求；对评价机制进行创新，以适应新的发展阶段；对评价机制进行

创新，以满足新的要求。全面覆盖，广泛互动，充分发挥高校思想政治工作的潜能。

（一）增强高校思想政治教育实效性的基本遵循

高校网络舆情不仅对高校的和谐与稳定起着至关重要的作用，也是确保意识形态安全的重要因素。它能够有效地宣传社会主义核心价值观，弘扬主流价值观，增强师生的认同感和凝聚力，并有助于构建社会主义和谐社会。此外，它还能够有效地加强对学生思想道德的教育，为高校学生营造一个良好的学习氛围。面对媒体格局和舆论生态的变化，高校网络舆情的影响和挑战是不可忽视的，因此要重视对高校网络舆情的梳理总结，通过科学的方式方法来有效提高网络舆情管理能力和水平，并以安全、健康、有序发展为目标，有效应对高校网络舆情的影响和挑战。

1. 教育主体的平等性原则

目前，在高校思想政治教育中有一种新型的主客体交互关系被逐步建立起来，它可以有效地帮助学生更好地理解和接受思想政治教育，从而促进学生的全面发展。它包括教育主体"去主体化"和教育客体"主体化"，这两个方面既有各自的特点，又相互补充、相互促进，形成了一种新的、有效的主客体交互关系。注重教育主体的平等性原则，是新型主客体关系的内在要求，它不仅有助于紧密贴合高校学生主体性发展的特点，还能激发他们的主体意识，满足其培养需求。在这一过程中，需要关注不同群体之间的差异，以促进教学目标的有效实现。同时随着思想政治教育课堂的变换和网络思想政治教育的出现，由于教育主体难以掌控"话语主导权"，所以，教育客体在信息选择上的自由和自觉权利变得更加明显，这也使得思想政治教育主客体关系的平等性也变得日益突出。这就要求不仅要充分了解高校学生的各种需求，以此为基础，针对其存在的矛盾性学习、生活问题，进行有针对性的引导，帮助其更好地适应社会发展，从而实现全面发展。更需要注重培养并发挥高校学生的自我教育能力，正确地引导其利用正确思想面对与解决困难，不断地深入思考与实践，在不断的问题思索中实现思想政治教育目的，以有力提升教育工作的实效性。

2. 教育内容的精准化原则

网络舆情频发，对学生的思想和行为产生持续而深刻的影响，网络顺势成为高校思想政治教育应有的育人场域，这就给高校的精准化、个性化的思维方式带来了崭新的发展空间和无限的发展潜能。教育内容的精准化原则要求高校要通过对网络舆情教育内容的精准分析，把握网络舆情的发展脉络，掌控网络舆论发展方向，教育者则要根据受教育者的不同层次、不同类型、不同特性进行分门别类地规划和设计教育内容，在避免普泛化的基础上实现精准化的灌输，真正推动思想政治教育内容入心入脑，提高思想政治教育的质量和效果。

3. 教育方法的及时性原则

教育方法的及时性指的是要根据社会发展和学生需要变化，及时更新教育内容、方法和形式等，以确保学生能够及时掌握最新的知识，并能够具备良好的能力应对未来社会和专业发展中的挑战。面对网络舆情不断变化的态势，高校思想政治工作的方式也要做出相应的调整。根据网络舆情及时调整教育方法要求教育管理者和教师提高网络舆情应对能力和水平，建立健全网络舆情预警和处置机制，运用各种信息发布平台及时发布权威信息和解释政策，引导正确的网络舆论。也要求学生树立正确的网络素养和价值观，理性参与网络讨论和表达意见，避免盲目跟风或造谣传谣，维护良好的网络环境。

4. 教育方向的前瞻性原则

高校思想政治教育工作，不仅要与时代同步，亦要着眼于未来。面对各种易发生的网络舆情事件，要始终保持前瞻性与预见性，为提前防范做好准备。如果没有前瞻性的研究，不具备超前的意识，网络舆情事件一旦爆发将会迅速蔓延，学生的理想信念、道德水准和传统意识将会受到极大的冲击，极不利于高校思想政治教育工作的开展。因此，网络舆情视角下的高校思想政治教育工作必须紧密围绕智媒时代下学生展露出的种种特点，提前发现工作中存在的问题和弱项短板，尽力将问题解决在萌芽阶段。

（二）增强高校思想政治教育实效性的实践途径

在中国特色社会主义建设的新时期，高校肩负着"引领新时代"的任务，要走内涵发展的道路，重点是提高思想政治教育实际效果。以学生需求为中心，以技术应用为重点，以队伍建设为保障，以教育评价为牵引，实现"教育感性"与"科技理性"的有机融合，加强高校意识形态阵地管理、领导权管理权和话语权建设，完成高校思想政治教育实效性提升的目标愿景。

1. 以学生需求为中心，优化高校思想政治教育内容供给

刘少奇同志在《论口号的转变》一文中指出，口号如"不切合群众的

要求和心理，叫得太久而至于厌烦，引不起注意，都不适合作为群众行动的口号"。这就要求我们在实施宣传时要根据实际情况，把握好时机，在最适当的时间进行宣传，从而达到最佳效果。这对于高校开展思想政治教育工作同样适用，在高校思想政治教育中，既要知道"教什么"，又要知道"何时教"，抓住了"关键时刻"，方能达到"事半功倍"的效果。具体来说，就是要精准对接学生需求，顺势而为。

第一，加强学生网络道德教育。这是构建清朗网络空间的重要保障，是提高大学生思想道德水平的重要环节，是大学生自我发展的重要基础。重点在于要以科学的价值观来指导大学生，充分发挥学生自身主体作用，让他们树立正确的价值观，正确处理社会中存在的矛盾与问题，深入到社会中去，了解实际情况，认识社会现象，增强他们的责任感。一要立足传统，从本土文化中挖掘网络伦理道德教育的因素，将其融入现代社会的发展过程中，让它成为适应我国国情、富有中国特色的网络伦理道德教育内容的重要来源。二要明确规范，重构学校网络伦理道德教育体系，将网络伦理道德教育纳入各学段必修课，通过立法、执法、法律教育和宣传等各种手段共同营造良好的网络社会环境，进一步增强大学生的网络安全意识。三要社区联动，充分发挥家长的引导与监督作用，通过家校合作，实现学校教育与家庭教育的互补，设立青少年网络安全举报电话，加强监督力量。同时，我们也要加强对网络技术的掌握，及时更新、完善高校网络技术系统，以更好地满足学生的学习和生活需求。

第二，打造高校网络思政工程。高校网络思政工程，指的是高校运用网络传播方式，建立一套完整的网络思政教育体系，推动网络思政教育的开展，以培养能够担当民族复兴大任的时代新人。其核心在于传统思政教育向网络转变、发展，注重以文化人，实践育人的理念，通过构建和发展网络文化，实现教学和实践相结合的方式，促进学生的全面发展。一要加强网络思政平台建设，持续加强中国大学生在线、易班、全国高校思政网等全国性网络思政平台建设，重点打造若干个高校思政类头部平台。指导各地各高校加大省级、校级网络思政中心建设力度，形成立体化网络思政平台矩阵。二要优化网络思政内容生产，开展高校优秀网络原创内容训练营，持续举办"大学生网络文化节""全国高校网络教育优秀作品推选展示活动"，遴选展示一批高校师生优秀网络文化作品，提升师生网络文明素养。

第三，建设高校主题网络阵地。高校主题网络阵地，指的是大学运用互联网的传播方式，围绕着重大主题和热点问题，展开对学生进行网络的思想政治教育，并对学生进行宣传引导的网络平台。一要加强网络阵地管理，出台《新媒体平台管理办法》等制度，建立网络信息员和网评员队伍，强化对校园网、"两微一端"等校内媒体的管理指导和内容审核。二要创新网络阵地形式，开展高校优秀网络原创内容训练营，遴选展示一批高校师生优秀网络文化作品。充分利用新媒体技术，打造体验式、沉浸式、交互式的网络思政教育新模式，如建设"创易未来"VR智慧思政展厅，构建"大数据+"管理服务平台等。三要协同网络阵地发展，加强学工部门、院部、辅导员和学生协同共建机制。如构建以易班和新媒体矩阵为载体的网络思政教育大平台，着重建设并构筑"两盟两体"这一大学生思想政治工作的主体网络阵地。

2. 以技术应用为重点，改进高校思想政治教育方式方法

基于网络平台碎片化、传播快、敏感问题多的特点，高校网络舆情风险防控机制应立足大学生法治教育，搭建网络舆情信息监测体系，完善网络舆情风险应急机制。

第一，搭建网络舆情信息监测体系。在智媒体时代，高校要利用好网络技术和大数据分析，对网络上涉及高校的各类舆论信息进行采集、分类、存储、处理。一要明确监测的目的、责任人、工作步骤和应急方案，形成有效的组织协作和指挥调度能力。二要用人工科学结合的方法，全天候双重监测网上的各种言论信息，搜集挑选各种相关数据，为网络舆情建立数据模型，全面跟踪分析言论发展情况。三要用大数据分析系统对舆情数据进行统计、分类、比较、分析、预判，预测言论发展趋势及时预警提醒，为网络安全教育提供数据支持。四要根据不同种类和特点的网络舆情，采取相应的应对措施，如正面引导、积极回应、及时澄清、有效化解等，维护高校的形象和声誉。

第二，完善网络舆情风险应急机制。相较信息监测体系，风险应急机制更加侧重在遇到突然的网络舆情事件时，能够及时、有效地进行预警、处置。一要提升高校对网络舆情风险的认识和重视，增强危机意识和责任感，把网络舆情风险管理作为思想政治教育工作的重要内容。二要建立完善的高校网络舆情风险管理制度和保障体系，明确管理职责、工作流程和应急预案，形成专门组织落实、分工责任清晰的组织协调和指挥调度能力。

三要运用大数据、人工智能等先进技术,建立高校网络舆情态势感知平台,实现关口前移,防范在先,实时捕捉舆情焦点和热点,精准预判舆情性质和能级,及时预警提醒。

3. 以队伍建设为保障,培育高校思想政治教育复合型人才

高校思想政治教育队伍不仅是高校教师队伍中的中坚力量,更是保证学校培养社会主义接班人的重要保障,肩负传递知识、传递思想、传递真理的时代重任。因此,高校思想政治教师要不断提升自己的政治素养、育人能力和技术水平。

第一,提升高校思想政治教育队伍政治素养。高校思想政治教育工作者的政治素养是他们履行立德树人根本任务的重要保证,也是他们赢得师生信任和尊重的重要基础。高校思想政治教育工作者需要理解和掌握党的创新理论,拥护和执行党的路线方针政策,洞察和分析国情社情民情,最后,也是最重要的一点——热爱和投入思想政治教育工作。这就要求高校思想政治教育工作者要做到言行一致、身教言教相长,以自己的实际行动为学生树立榜样,以自己的真诚关爱赢得学生信任。

第二,提升高校思想政治教育队伍育人能力。高校思想政治教育教师要不断拓宽知识视野,深入学习其他社会科学和自然科学的相关知识,加强理论修养,深入研究现代科学技术发展趋势,不断提升自身知识水平和创新能力,更好地满足学生的学习需求。要善于运用多种教学方法和手段,创新教学内容和形式,以新颖的方式,将知识讲授得深入浅出,增强课堂的趣味性,提高学生学习的主动性和积极性,激发学生对学习的兴趣和热情。此外,还要学会借助外力,如加强与其他教师的交流合作,形成良好的教研氛围和育人合力;加强与家庭和社会的沟通协调,充分利用社会资源和实践平台,拓展育人空间和渠道。

第三,提升高校思想政治教育队伍技术水平。提升高校思想政治教育教师的信息化能力,是适应新时代教育发展要求的必然选择。一要加强信息化理念的更新,提高信息化意识和素养。高校思想政治教育教师要认识到信息化是当代教育的重要特征和发展趋势,是思想政治教育的重要支撑和保障,是提升思想政治教育效果的重要手段。要积极适应信息化时代的教育变革,主动学习掌握信息技术和数据分析方法,不断提高自身的信息化能力和水平。二要加强信息化资源的开发和利用,提高信息化教学的能力和水平。高校思想政治教育教师要充分利用大数据和人工智能等新技术

新手段，丰富创新思想政治教育的内容和形式，开发和利用各类优质的信息化资源，为思想政治教育提供丰富多样的载体和平台。同时，要善于运用信息化手段进行教学设计、组织实施、效果评估等，提高课堂教学的互动性、个性化和智能化。

4. 以教育评价为牵引，完善高校思想政治教育评价机制

高校思想政治教育质量评价不仅能够反映出学生的思想素质和水平，而且还能够有效促进人才培养质量和思想政治教育工作科学化水平的提升。除此之外，教育评价也可以为高校思想政治教育改革提供参考，有助于促进高校思想政治教育的持续发展。

第一，明确高校思想政治教育评价机制的顶层设计和制度保障。形成高校思想政治教育评价机制的基本框架和规范要求，为评价机制的优化提供制度支撑和保障。坚持以协同联动为保障，加强部门协调、层级衔接、内外联动等，形成高校思想政治教育评价机制的有序运行和良好氛围。

第二，扩大高校思想政治教育评价机制的实施主体和参与主体。需要有专业化、专职化的高校思想政治教育评价团队，具备较强的政治素养、理论水平、业务能力和创新精神，能够有效组织和实施高校思想政治教育评价工作。同时，广泛动员和吸纳高校师生、家长、社会等多元力量参与高校思想政治教育评价，形成共建共治共享的良好氛围。

第三，确保高校思想政治教育评价机制的改革创新和持续完善。不断总结高校思想政治教育评价工作的经验和问题，及时调整和优化评价指标、方式、方法等，适应社会发展和学生需求的变化。此外，建立健全高校思想政治教育评价结果的运用和反馈机制，将评价结果与高校思想政治教育工作的改进、完善、创新相结合，实现评价与促进的良性互动。

第四，坚持高校思想政治教育评价机制的长久运行和有效反馈。只有长期坚持高校思想政治教育评价机制，才能真正发挥数据价值，为思想政治教育的科学化提供正确的决策依据，实现教育信息的精准反馈调节。要坚持以改革创新为动力，积极探索适应新时代要求和学生特点的评价指标、方式、方法等，不断提高评价机制的科学性和有效性。

二、网络舆情视角下思政育人工作机制的创新

（一）改进思想政治教育创新的引导机制

巩固马克思主义理论在网络舆论中的指导地位。因为网络舆情传播的

速度极快，各种非马克思主义以及反马克思主义的社会意识不断地对社会主义核心价值观进行着冲击。高校大学生思想政治教育者应当正视对网络舆情的正确引领，高举马克思列宁主义、毛泽东思想、中国特色社会主义理论体系的伟大旗帜，引领年轻的大学生树立正确的世界观、人生观、价值观。

（二）改进大学生思想政治教育保障机制

完善专业化、知识化的思想政治教育队伍建设。"思想政治教育队伍不仅是人类灵魂的工程师，还是思想政治教育网络建设的工程师。"网络思想政治教育的建设要求思想政治教育工作者主动与大学生们在网上交流，帮助学生解决思想问题。网络思想政治教育者首先要掌握深刻的思想政治教育理论知识、党的方针、政策等，其次要不断学习网络建设的相关内容。大学生网络思维与行为纷繁复杂。提高理论知识和计算机技能水平非常重要。

（三）创新思想政治教育的监督机制

将被动抵御不良信息转变为积极搭建网络交互平台并实施有效监管。高校开展网络思想政治教育需要对网络舆情进行有力的监督。对校园网络舆情监督需要高校利用现代的各种传播手段，通过对网站和社交平台的监测，利用网络积极开展思想政治教育，将科学的观念和健康的信息传递给大学生。高校可以开设主题电子论坛，内容涉及社会生活的方方面面，为大学生提供一个能够发表自己看法的平台。

（四）创新思想政治教育的应急机制

树立危机意识，线上线下共同引导高校网络舆情的发展。面对舆情突发事件时，通常的处理往往是在事件发生之后采用"堵""拦"的方式防止舆情恶化。随着互联网的不断发展，现今的网络舆情应急机制更应当注重规范化、科学化。监控者要根据舆情的发展状况，全面把握、防微杜渐式地引导舆情的展开。面对因信息不对称而引起的舆情危机，高校可以将信息公开，从源头上预防和化解危机，防止负面舆论谣言的恶化。此外，监控者还要及时地分析出当前舆情的具体情况，研究和判断高校网络舆情的下一步走向，不断总结舆情应急处理办法，推动高校网络舆情呈现健康状态[①]。

---

① 王志强. 基于高校网络舆情的思想政治教育机制创新[J]. 佳木斯职业学院学报，2017（4）：138.

参考文献

[1]白德诚. 网络舆情对高校思想政治教育的影响研究[D]. 石家庄：河北经贸大学，2022.

[2]陈剑峰. 大学生网络思想政治教育研究探析[D]. 福州：福建师范大学，2008.

[3]陈妙君. 思想政治教育视角下的高校网络舆情引导研究[D]. 漳州：闽南师范大学，2022.

[4]陈永胜. 高校网络思想政治教育内容的供给路径探析[J]. 新丝路（中旬），2023（3）：128-130.

[5]程高峰. 试论高校网络思想政治教育的意义[J]. 东方企业文化，2014（22）：26.

[6]樊凯. 高校网络思想政治教育平台系统研究[D]. 北京：中国矿业大学（北京），2019.

[7]冯嘉芸. 新时代高校课程思政建设研究[D]. 沈阳：辽宁大学，2023.

[8]邰晖,刘立清. 数字时代高校思想政治教育精准化模式的内涵要素及建构研究[J]. 教育观察，2022（19）：50-54.

[9]康喆琦. 高校思政课教师和辅导员协同育人研究[D]. 上海：华东师范大学，2023.

[10]李彩丽. 网络育人视角下大学生思想政治教育路径研究[D]. 哈尔滨：东北农业大学，2023.

[11]李春雨. 拉斯韦尔5W传播模式与会议新闻传播效果研究[J]. 南开学报（哲学社会科学版），2014（4）.

[12]李慧. 网络思想政治教育的价值意蕴与生成路径[J]. 江苏高教，2021（2）：108-111.

[13]李珺.互联网时代高校网络思想政治教育队伍建设研究[D].沈阳：辽宁中医药大学，2019.

[14]李腊生.网络文化与思想政治教育[M].武汉：武汉大学出版社，2023.

[15]李文春.高校网络思想政治教育的现状及对策研究[D].太原：中北大学，2021.

[16]李羽佳.教育信息化时代高校网络育人队伍建设研究[J].中国高等教育，2020（24）：31-32.

[17]刘子铿.新时代高校网络思想政治教育现状及对策研究[D].大连：大连外国语大学，2023.

[18]潘虹，邓静文.网络教学下"思政课程"与"课程思政"协同育人模式探索[J].现代职业教育，2020（38）：120-121.

[19]孙小博.高教视界：课程思政与高校思想政治教育的整合与互动研究[M].北京：北京教育出版社，2023.

[20]谭丙华.高校网络思想政治教育队伍建设研究[D].重庆：西南大学，2010.

[21]汪荣有，黎丰辉.网络舆情视域下高校意识形态安全的机遇、挑战及对策[J].南昌工程学院学报，2020（5）：13-19.

[22]王宏彬，王珊珊.网络化条件下思想政治工作方法论的突破与应对[J].东北农业大学学报（社会科学版），2004（3）：35-37.

[23]王学良.基于网络平台的高校思政课评价机制探索[J].黑龙江教育（高教研究与评估），2020（3）：59-60.

[24]王亚奇.高校网络育人方法研究[D].武汉：武汉大学，2018.

[25]王志强.基于高校网络舆情的思想政治教育机制创新[J].佳木斯职业学院学报，2017（4）：138.

[26]吴杰.论新时代思想政治教育视角下高校网络舆情的引导[J].苏州科技大学学报（社会科学版），2021（2）：7-13.

[27]徐绍华.高校网络思想政治教育的实效性研究[M].昆明：云南民族出版社，2006.

[28]徐瑶.新时代高校网络思想政治教育环境建构研究[D].成都：电子科技大学，2022.

[29]张果瑞，韩雪.基于"课程思政"的高校网络育人体系研究[J].

新丝路，2022（28）：211-213.

[30]张澜,梅宇宸.高校网络思想政治教育平台建设研究[J].牡丹江教育学院学报,2022（11）：83-85.

[31]张筱荣.网络思想政治教育研究的主要成果及问题分析[J].齐齐哈尔大学学报（哲学社会版）,2016（10）：11-15.

[32]张耀灿,陈万柏.思想政治教育学原理[M].北京：高等教育出版社,2000.

[33]章洪丽.高校网络思想政治教育平台建设的实践研究[J].辽宁农业职业技术学院学报,2023（2）：38-41.

[34]钟家全.互联网与新时代高校思想政治教育队伍建设[M].成都：西南交通大学出版社,2021.

[35]朱耀华,郝小芳.高校网络思想政治教育理论与实践[M].武汉：湖北科学技术出版社,2013.

[36]庄芩.新时代高校网络育人体系优化研究[D].武汉：华中师范大学,2021.